2022 ▶ 유튜버 수박선생이 알려주는

조리기능사
한식 양식 중식 일식 복어
필기 단기합격 위한
재미있는 기출문제
암기비법서

수박선생 편저

 이 책의 특징!

- CBT 기출복원문제 수록
- 최신 개정 법령 완벽 반영
- 이론, 문제풀이 완벽 대비
- 저자직강 유튜브 채널운영
- 필기 강좌로 단기 합격 완벽 대비
- 읽으면 바로 암기되도록 구성된 쉽고 재미있는 수험서

네이버 카페
조리사의 필기 암기법

PREFACE
조 리 기 능 사 암 기 비 법 서

본 책은 과학 이론이나 학술적인 내용을 설명하는 서적이 아닙니다

만약 학문적 의미나 원리 탐구 목적으로 기능사 필기 공부를 원하는 분은 이 책과 어울리지 않습니다.
예를 들어 어려운 계산문제 푸는 방법을 알고 싶어 한다 거나, 복잡한 물리적, 생물학적 원리를 이해하고 싶어 하는 수험생은 본 책이 어울리지 않습니다.

본 책은 필기에 어려움을 겪고 있는 분들을 위해 만들어 졌습니다.
어렵고 암기하기 어려운 내용을 재미있는 이야기로 구성해서 한번 읽으면 바로 암기되도록 합니다.
공부시간을 혁신적으로 줄여 주고 보다 오래 기억되도록 돕는 단기 합격을 위한 책입니다.

백문이 불여 일견, 조리기능사 문제 중에
소고기를 회로 먹었을 때 어떤 기생충 감염 위험이 있는가?
가.유구조충   나.선모충   다.무구조충   라.톡소플라소마
정답은 무구조충이며 본 책에서는 소고기 무국으로 외우라고 설명합니다.
소고기 무구(조충)에 기억하기 쉽게 받침 ㄱ 을 덧붙여 소고기 무국으로 암기합니다
문제에서 소고기가 나오면 무국이 떠오르고 객관식에서 무로 시작되는 답을 쉽게 찾을 수 있습니다.
여러분은 벌써 소고기 무국이라는 암기법 하나를 한번 읽었습니다.
암기하려고 노력하지 않아도 내일 소고기 하면 무국이 떠오른다면 본 책을 선택하세요

공부를 어렵게 정석으로 하느냐 쉽고 재미있게 하느냐는 본인의 선택입니다
자격증 시험공부를 학문탐구 목표로 할 것인지 단기 합격을 목표로 할 것인지 결정하세요
본 책은 빠른 시간 안에 필기시험 합격하길 원하는 분들을 위한 책입니다.

실무 능력은 좋은데 필기시험에서 안타깝게 떨어지는 분들을 많이 봤습니다.
그 분들에게 암기법을 알려 드리고 시험을 본 결과 합격한 사례를 많이 봤습니다.
공부는 암기력 싸움입니다.
보다 짧은 시간에 보다 오래 기억된다면 이보다 더 좋을 수 없을 것입니다.

저자는 어떻게 하면 좀 더 빠르고 재미있게 기억할까 오랜 시간 고민하며 책을 만들었습니다.
저자의 노력으로 구독자 여러분이 자격증 취득에 도움이 되었으면 합니다.

- 서재에서 수박선생

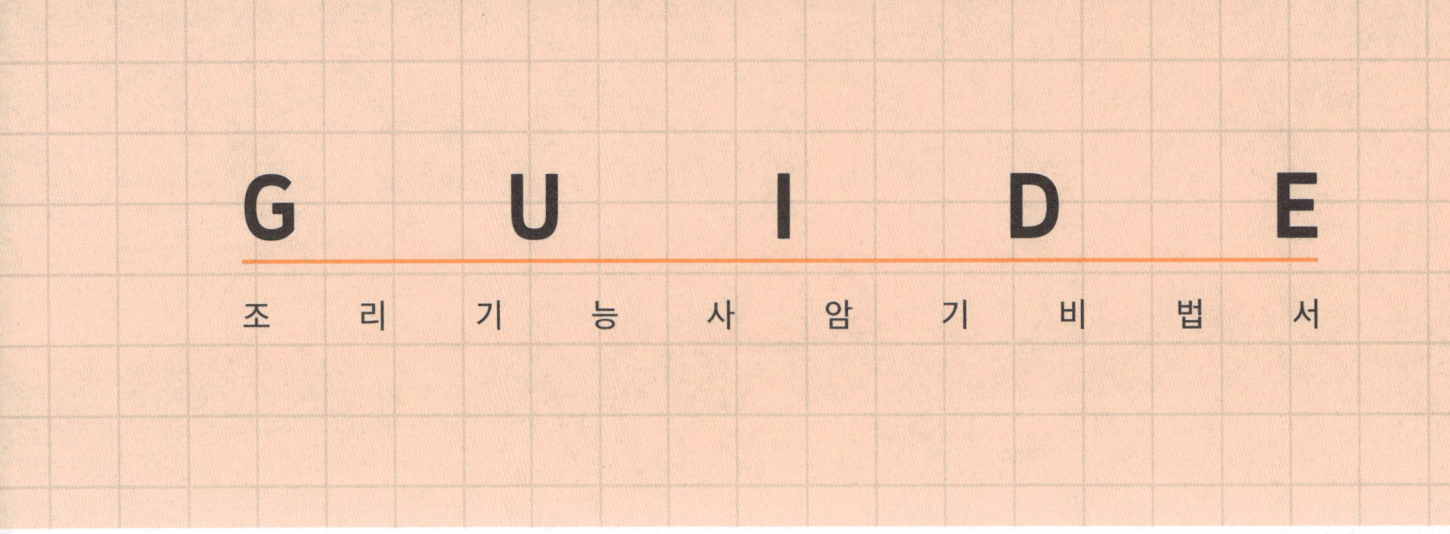

기출문제 공부 방법 안내

시험문제는 문제은행식 출제 방식입니다.
시험 인원이 100명이라 가정하면 5명도 못 맞추는 초고난이도 문제, 20명도 맞추는 고난이도, 60명 정도 맞추는 것을 중난이도, 80명 이상 맞추는 것을 저난이도, 90명 이상 맞추는 초저난이도 문제로 구분해서 문제은행에 담아 놓습니다.

초고난이도는 틀리라고 내는 문제입니다. 100점 합격자가 많이 나오면 지난 시험 불합격자들로부터 출제가 너무 쉬웠다는 형평성 비난을 받기 때문에 틀리라고 내는 문제가 포함되어 있습니다. 보통 시험문제의 5% 정도가 초고난이도 문제입니다.
여러분은 초고난이도 문제를 맞추겠다고 노력하는 실수를 범하지 않아야 합니다
초고난이도 문제를 하나 맞춘 것과 저난이도 문제 하나를 맞춘 점수는 동일 합니다
초고난이도 문제를 풀려고 노력하는 시간에 중난이도, 저난이도 문제를 한문제라도 더 외우는 것이 합격의 지름길입니다

고난이도 문제는 전체 문제 수의 20% 비중이며, 중난이도 문제는 40% 비중입니다.
저난이도 문제는 30%, 초저난이도 문제는 5%입니다
그래서 공부하지 않고 시험을 봐도 저난이도 문제와 초저난이도 문제를 맞춰 30점대가 나오는 경우가 많고, 중요한 것만 공부를 하면 중난이도, 저난이도, 초저난이도 문제를 맞추면서 60~70점을 받을 수 있고, 좀 더 노력하면 80점이상 받을 수 있는 것입니다.
90점 이상 받는 것은 기초실력이 출중하거나 지나치게 공부를 많이 한 것입니다.

기능사 시험은 수험생 여러분을 떨어뜨리려고 문제를 출제하는 것이 아니라 기본이 되는 것을 아느냐에 초점을 맞추기 때문에 중요한 것만 공부하면 됩니다.
그럼 어떻게 공부를 하면 될까요? 눈치 빠른 분은 파악하셨겠지만 기본이 되는 중요한 문제는 반복출제 되므로 기출문제를 많이 풀어 보면 볼수록 어떤 문제가 반복출제 되는지 알게 됩니다. 어려운 문제는 앞에서 말씀드렸듯이 틀리라고 내는 문제이니 과감히 넘어 가시고 중난이도, 저난이도 문제를 많이 풀어보면 단기간 합격이 가능합니다.

그럼 얼마나 많은 문제를 풀어봐야 하느냐가 궁금하실 겁니다
이건 답이 정해져 있지 않습니다. 개인마다 기초실력이 다 다르기 때문입니다. 어떤 분은 시험 전 날 한두시간 기출문제 공부 후 합격하는 분도 계십니다. 이런 분은 생물학, 수학, 보건학 등 기초지식이 남다르기 때문에 가능한 것입니다.
그래도 답을 드리자면 문제 60문제 중 풀어서 40개 이상은 맞추는 실력이 될 때 까지는 계속 풀어야 한다고 말씀드리겠습니다

수험생이 자주 하는 질문이 있습니다. 이거 올해 최신 기출문제인가요?
문제은행에 담겨 신 문제는 10년이 지난 문제든 1년이 된 문제든 난이도에 따라 언제든 출제될 수 있고 기본적이고 중요한 문제인지가 중요하지 올해 문제인지 아닌지 중요하지 않습니다. 올해 나온 문제가 다음 시험에 똑 같이 나온다는 보장이 없고, 기본이 되는 중요한 문제는 예전이나 지금이나 미래에도 계속 출제됩니다. 최신 문제를 보고 출제경향을 파악해 보겠다는 마음은 충분히 이해는 가지만 문제를 보고 출제경향을 분석할 정도의 실력이면 벌써 합격의 수준을 넘은 기능장 수준입니다
많은 분들이 기출문제를 공부해서 합격하고 계십니다.
조리기능사 기출문제 암기비법 유튜브 채널도 운영하고 있으니, 유튜브 댓글에 합격하신 분들이 남긴 후기를 보시면 믿음이 가실 것이라 생각됩니다.

다시 강조합니다.
100점을 받으려고 노력하지 마세요
"이 문제는 어려운데 설명해주세요! 푸는 방법을 알려주세요? 원리가 뭐 죠?"와 같은 질문을 하는 수험생은
저의 의도와는 다른 공부법으로 공부하는 분들이십니다
나쁘다는 것이 아니라 조리학을 연구하며 이론적인 궁금증을 해소하며 성취감을 느끼시는 분들은 조리관련
다른 박사님들이 출판한 책으로 이론 공부를 하시는 것이 좋습니다

전 계산 문제를 풀어드리거나 원리를 설명하는데 시간을 소비하지 않습니다
그 시간에 어떻게 하면 자주 출제되는 문제를 알기 쉽게 암기할 수 있을까 고민해서 전달합니다.   왜냐면
기능사 시험은 학문을 연구하기 위한 시험이 아니라 중요한 사항을 알고 있는 지 확인하여 합격 여부를
가리는 시험이기 때문에 반복 출제되는 중요한 내용을 쉽고 재미있게 공부해서 시험 볼 때까지 오랫동안
기억할 수 있게 하는 것이 제 역할이라 생각 하기 때문입니다.
저를 믿고, 만약 저를 못 믿겠다면 합격하신 분들의 댓글을 믿고 따라오시면 합격하실 거라 의심치 않습니다

CONTENTS
조 리 기 능 사 암 기 비 법 서

PART 1 수박선생 암기비법 이론서

- 01. 위생관리 — 10
- 02. 안전관리 — 32
- 03. 재료관리 — 35
- 04. 구매관리 — 46
- 05. 기초 조리 실무 — 51
- 06. 한식 — 59
- 07. 양식 — 71
- 08. 중식 — 81
- 09. 일식 — 91
- 10. 복어 — 99

PART 2 수박선생 암기비법 기출문제

- 기출 1. 암기비법 60 — 106
- 기출 2. 암기비법 120 — 136
- 기출 3. 암기비법 180 — 166
- 기출 4. 암기비법 240 — 196
- 기출 5. 암기비법 300 — 226
- 기출 6. 암기비법 360 — 256
- 기출 7. 암기비법 420 — 286
- 기출 8. 암기비법 480 — 316
- 기출 9. 암기비법 540 — 346

조리기능사
비법이론서

01. 위생관리

1. 개인위생관리

1.1 위생관리 기준

1) 위생관리

식품 및 식품첨가물 그리고 기구 용기 및 포장 제조와 가공, 쓰레기, 분뇨, 폐기물 처리, 음료수 처리, 공중위생, 위생용품 관리에 관한 위생관련 업무를 위생관리라 합니다.

> 📁 **수박선생**
>
> 외울 필요 없습니다.
> 위생관리 나오면 맥도널드만 기억하세요.
> 맥도날드에서 볼 수 있는 것들이 위생관리 대상입니다.
>
> 맥도널드에서 음료수 나오죠.
> 쓰레기도 나옵니다.
> 화장실도 있죠.
> 조리도 합니다.
> 소스와 같은 식품첨가물도 있습니다.
> 포장도 해주죠.
>
> 맥도널드 매장에서 관리하는 것들이 위생관리 항목이라 생각하면 되기에 외울 필요 없습니다.
>
>

2) 위생관리의 필요성

① 식중독 위생사고 예방
② 식품의 안전
③ 식품위생법 지침 준수
④ 고객 만족
⑤ 매장 이미지 개선
⑥ 매출 증진

> 📁 **수박선생**
>
> 시험에서 자주 나오는 건 위생관리가 의료나 치료목적이 아니라는 거 하나 기억해 두세요.
> 조리사가 의료목적 행위를 한다면 의사협회에서 가만히 있지 않을 거 에요.
>
>

3) 손의 위생관리

① 식품을 취급하는 사람은 역성비누 사용 권장

> 📁 **수박선생**
>
> 역성비누는 일반비누보다 세척력은 약하지만 살균작용이 있다는 거 상식으로 알아 두세요.
>
>

② 손 씻기만 철저히 해도 손으로 인해 감염되는 질병의 반이상은 예방 가능

1.2 식품 위생에 관련된 질병

1) 일을 하면 안 되는 경우

① 설사·구토·황달·기침·콧물·가래·오한·발열 등의 증상이 있는 경우
② 음식물을 통해 전염 가능한 병원균 보균자인 경우

2) 상급자에게 보고 후 작업을 중단해야 하는 경우

피부병, 부상으로 인한 화농성 질환, 위장염 증상, 베인 부위가 발견된 경우

3) 식품영업에 종사하지 못하는 질병

화농성질환, 피부병, 활동성 결핵, 후천성면역결핍증(감염 우려가 있는 영업장 환경 종사자)

2. 식품위생관리

2.1 미생물의 종류와 특성

1) 미생물 생육의 조건

미생물 증식 3대 조건 : 온도, 영양소, 수분

> 📁 **수박선생**
>
> 미생물들은 복잡한 거 싫어해서 "등 따시고 배 부른 것이 최고다"로 기억하세요.
> 등 따뜻하게 하려면 온도가 중요하고, 배 부르려면 영양소가 필요하고,
> 먹었으면 물 한잔 해야 하기에 수분이 필요하다 생각하면 됩니다.
>
>

2) 미생물에 의한 식품 변질의 종류

① 산패 : 유지 성분이 산화되어 변질
② 후란 : 단백질 식품이 호기성 세균에 의해 변질
③ 부패 : 단백질 식품 미생물로 인해 분해
④ 발효 : 탄수화물이 미생물에 의해 분해, 유기산을 생성
⑤ 변패 : 탄수화물, 지방 식품이 미생물에 의해 분해

> 📁 **수박선생**
>
> 헷갈리시죠. 이렇게 암기하세요.
>
> 후란의 후의 받침을 꺼꾸로 하면 호가 되죠.
> 호기성 세균과 연관 있다 생각하면 됩니다.
>
> 변패는 변을 생각하면 탄수화물 많이 먹으면 변도 많이 나온다 생각하면 변패는 탄수화 물과 연관이 있구나 생각하면 됩니다.
>
> 산패는 첫 자가 산이 들어가 있으니 산화와 연관이 있다 생각하면 됩니다.
>
> 발효는 현미식초 생각하면 좋아요. 현미는 쌀이니 탄수화물이고 탄수화물이 미생물에 의해 발효되어 식초가 되면 유기물질이 많아 몸에 좋다고 기억해두면 좋습니다.
>
>

3) 미생물의 종류와 특성

① 세균 : 2분법으로 증식

② 곰팡이 : 포자법 증식, 건조한 상태에서 증식 가능

③ 리케차 : 세균과 바이러스 중간에 해당, 살아있는 세포 속에서 증식

④ 효모 : 출아법 증식, 곰팡이와 세균의 중간 크기

⑤ 바이러스 : 미생물 중 크기가 가장 작음, 살아있는 세포에서만 증식

⑥ 스피로헤타 : 매독균, 회귀열 존재

> 📁 **수박선생**
>
> 시험에서는 크기를 물어보는 문제가 종종 출제됩니다.
> 곰팡이가 가장 크고 바이러스가 가장 작다 정도는 기억해두세요.
>
> 곰팡이는 이름에 곰이 들어가 있듯이 미생물 중 크기가 가장 큽니다.
> 곰은 느릿느릿하고 물 없이도 한겨울엔 굴 속에서 잠만 잔다고 합니다.
> 곰팡이도 마찬가지로 미생물 중에선 덩치가 크고 물이 아주 조금밖에 없는 곳에서도 살아남는 녀석입니다.
>
> 효모는 호모라는 글자와 유사하게 생겼습니다.
> 호모는 이것도 아니고 저것도 아닌 애매할 때 칭하는데요. 곰팡이도 아니고 세균도 아닌 중간 상태라 이해하면 됩니다.
>
> 스피로헤타는 스피드로 했다로 읽으세요. 스피드 즉 속도죠. 전속력으로 질주하면 열나죠.
> 스피로헤타는 회규열과 관련 있다 정도만 알면 됩니다.
>
> 리케차는 니가 날 차로 바꿔 읽으세요. 세균과 바이러스가 사귀다가 바이러스가 헤어지자고 바이~ 하고 작별 인사합니다. 그래서 하는 말 니가 날 차(리케차) 세균과 바이러스 사이 작별인사 바이 떠오르면 리케차 기억할 수 있겠죠.
>
>

4) 미생물 관리 - 가열살균법

① 저온살균법 : 61~65도에서 약 30분 가열 살균 후 냉각 (우유, 간장, 소스, 술)

② 고온단시간살균법 : 70~75도에서 15~30초 가열 살균 후 냉각 (우유, 과즙)

③ 고온장시간살균법 : 90~120도에서 약 60분 가열살균 (통조림)

④ 초고온순간살균법 : 130~140도에서 1~2초 가열 살균 후 냉각 (우유, 과즙)

📁 수박선생

이렇게 암기 하세요.
우리 몸의 온도는 36.5도 즉 30도대의 온도입니다.
두배인 60도대면 살균할 수 있는데 이를 저온살균이라 합니다. 살균온도 치고는 낮다는 뜻입니다.

온도와 시간을 정확히 암기하려 노력하진 마세요.
만약 정확한 온도와 시간을 물어오는 문제가 나왔다면 그건 틀려주세요 하고 나온 문제이니 맞추려 노력하지 않아도 됩니다.
이런데 암기하려 시간을 투자하기 보다 다른 걸 암기하여 점수를 높이는 것이 합격의 지름길입니다.

중요한 건 우유와 과즙 같이 신선한 건 짧은 시간 살균해야 한다는 것과 이미 죽어 통조림에 있는 것들은 장시간 살균해도 된다 정도만 알면 됩니다.

📁 수박선생

위생지표 세균은 대장균입니다.
사람은 먹으면 변으로 내보내야 합니다. 일상적이고 당연한 것이기 때문에 대장에서 나온 대장균이 위생의 지표가 된 것이라 생각하세요. 그래서 우리가 화장실에서 나온 뒤 위생관리를 위해 손을 씻는 거라 생각하면 됩니다.

5) 대장균의 특징은 다음과 같습니다.

   ① 식품이나 수질의 분변 오염지표

   ② 유당 분해하여 산과 가스 생산

   ③ 그람음성의 무포자 간균

   ④ 병원성 대장균의 경우 병을 일으킴

📁 수박선생

대장균은 대장에서 나온 균이니 분변과 관련이 있습니다
아이스크림 처럼 단 거 많이 먹으면 소화되면서 냄새 고약한 방귀 나오죠. 산과 가스를 생산하는 과정입니다.
대장균은 몸속에서 살죠 그럼 양지인가요? 음지인가요? 음지이지요. 그러면 음성이라 해도 되니 그람음성이라 기억해두면 됩니다.

2.2 식품과 기생충병

1) 채소류 기생충

① 십이지장충

> 📁 **수박선생**
>
> 동네 이장님이 밭을 갈다가 똥을 밟고 하는 말 "십○ 누가 이 밭(지)에 똥(장) 싸 놨어"
> 변에 있는 기생충이 피부를 통해 감염되는 것이 십이지장충 입니다.
> 피부감염을 한자로 하면 경피감염이라 합니다.
> 먹어서 감염되는 것을 경구감염이라 하는데 식품은 대부분 경구감염은 공통적입니다.
>
>

② 요충

> 📁 **수박선생**
>
> 항문 주위에 사는 기생충인데, 지하철 앉은 자리에 다른 사람이 앉죠
> 이렇게 집단감염 위험성이 있는 기생충이 요충입니다.
>
>

③ 회충

> 📁 **수박선생**
>
> 회를 좋아해서 일까요? 우리나라엔 회충 감염률이 가장 많습니다.
>
>

2) 어패류 기생충의 감염 경로

① 고래회충 : 바다새우 > 어류 > 고래
② 횡천흡충 : 다슬기 > 민물고기 > 사람
③ 간흡충 : 우렁이 > 민물고기 > 사람
④ 폐흡충 : 다슬기 > 가재, 민물고기 > 사람
⑤ 광절열두조충 : 물벼룩 > 민물고기 > 사람
⑥ 유극악구충 : 물벼룩 > 어류, 조류 > 야생동물

> 📁 **수박선생**
>
> 문제에서 폐흡충이 자주 나오는데 다슬기는 껍질이 딱딱하죠.
> 가재도 껍질이 딱딱합니다. 망치로 패야 껍질이 깨집니다.
> 그래서 껍질이 단단한 것은 패가 들어가는 폐흡충과 연관 있다 생각하세요.
>
>

3) 육류 기생충

① 만손열두조충 : 뱀, 개구리

② 선모충 : 개

③ 유구조충 : 돼지

④ 무구조충(민촌충) : 소

> 📁 **수박선생**
>
> 우리가 주로 먹는 육류는 소와 돼지이기 때문에 무구조충과 유구조충이 자주 출제됩니다.
>
> 소고기 나오면 소고기 무국으로 기억하세요.
> 소고기 무구에다 ㄱ 받침을 붙이면 소고기 무국이 됩니다.
> 소기기 무국으로 기억하면 객관식이기 때문에 비슷한 단어인 무구조충을 쉽게 찾을 수 있습니다.
>
> 돼지는 소고기의 반대이니 무의 반대인 유로 기억해도 되고 이렇게 기억해도 됩니다.
> 충청도에는 돼지 목장이 많습니다. 그래서 "돼지유", 충청도에는 돼지농장, 충청도의 특유 사투리 유~, 유구조충으로 기억하면 됩니다.
> 앞머리 첫 글자만 떠올라도 객관식이기 때문에 맞출 수 있는 문제가 많습니다.
>
>

2.3 살균 및 소독의 종류와 방법

① 소독 : 미생물의 감염력을 약화시키는 것

② 살균 : 미생물을 죽이는 것

③ 방부 : 미생물의 증식을 억제시키는 것

④ 멸균 : 균을 모두 죽여 무균상태로 만드는 것

> 📁 **수박선생**
>
> 멸균이 무균상태로 만드는 가장 센 방법이라는 정도는 기억해 두세요.
>
>

1) 물리적 살균

① 비열처리법(무가열처리법) : 방사선, 자외선 살균
② 가열처리법 : 열탕소독, 저온살균(61~65도 30분간 가열 살균), 고온단시간살균, 초고온순간살균

> 📁 **수박선생**
>
> 가열처리에서 기억해 둘 건 저온살균이 영양손실이 가장 적다는 것과
> 초고온순간살균이 영양손실을 줄이면서 멸균에 가까운 살균이 가능하다는 점입니다.
>
>

2) 화학적 소독법

① 석탄산(3%) : 하수도, 변기 등 오물 소독에 사용, 변기, 하수도에 사용되는 만큼 냄새가 독함

> 📁 **수박선생**
>
> 이런 문제가 종종 출제 됩니다.
>
> 소독 살균력의 지표가 되는 것은?
> 1.에탄올　　　　　2.석탄산　　　　　3.역성비누　　　　　4.염소
> 정답은 석탄산입니다.
>
> 이렇게 암기 합니다.
> 1970년대 나라 경제가 어려워 청년들이 해외에서 달러를 벌기 위해 서독에서 석탄을 캤다고 합니다. 서독(소독)하면 석탄을 떠올리세요.
>
>

② 표백분 : 우물, 수영장, 채소 소독에 사용
③ 염소.치아염소산나트륨 : 대표적인게 락스죠. 채소, 식기, 과일 소독에 사용됩니다.
④ 역성비누 : 세척력은 일반 비누에 비해 떨어지지만 살균력이 있음

⑤ 크레졸비누액(3%) : 석탄산 보다 소독력이 2배 강함

⑥ 생석회 : 오물 및 우물 소독에 사용

2.4 식품의 위생적 취급기준

1) 식자재는 선입선출 관리한다.

먼저 들어온 것부터 사용해야 오래되어 썩어 버리는 경우를 예방할 수 있습니다.

나중에 들어온 것부터 사용하게 된다면 오래 전에 들어온 것은 썩어 버리고 말 것입니다.

2) 냉장, 냉동고의 관리

① 세척, 살균을 자주해준다.

② 음식물이 닿는 부분은 세척 및 살균해준다.

>  **수박선생**
>
> 가끔 혼동되는 문제가 출제되기도 합니다.
> 위생관리에서 세척 및 건조 한다라는 표현인데요.
> 객관식 보기 문항에서 살균이라는 용어가 들어가 있는데 하나의 문항만 건조라 표기되어 있다면
> 건조보다는 살균이 더 정확한 위생관리법이라 생각하고 풀어야 합니다.

2.5 식품첨가물과 유해물질

1) 변질/부패 방지 식품첨가물

① 살균제 : 부패 원인균을 궤멸시키기 위한 목적

② 보존제 : 미생물 증식 억제, 영양가와 신선도 보존 목적

③ 산화방지제 : 지방이 산소에 의해 산화되지 않도록 방지 목적

2) 기호 및 관능 향상 식품첨가물

① 발색제 : 식품의 색소단백질과 반응하여 색을 선명하게 함

② 조미료 : 맛을 강화 및 조절

③ 감미료 : 단맛 추가

④ 표백제 : 식품의 갈변, 착색 억제

⑤ 산미료 : 신맛 추가

⑥ 착향료 : 냄새 강화 또는 제거

3) 식품 가공 식품첨가물

① 소포제 : 거품 생성 방지제

② 팽창제 : 부풀게 하여 조직을 연하게 함

③ 껌 기초제 : 껌의 탄력성과 점성 부여

4) 유해물질

① 아크릴아미드 : 전분 식품 가열시 아미노산과 당의 결합 생성물

② 헤테로사이클릭아민 : 육류, 어류 고온 조리시 아미노산과 크레아틴 반응 생성물

③ 엔-니트로사민 : 육가공품 발색제 사용으로 인한 아질산과 아민 결합 생성물

④ 다환방향족 탄화수소 : 유기물 고온 가열 시 생성되는 단백질, 지방 분해 생성물

⑤ 메탄올 : 주류 발효 중 생성

📁 **수박선생**

에탄올은 알코올이라고도 하죠 술입니다. 유사한 이름의 메탄올은 먹을 수 없는 유해물질입니다.
엔-니트로사민 하면 아질산염이 떠올라야 합니다.
철수 어디있니? 아직 산이염, 추울텐데 니트로살께
아직 산(아질산), 니트(니트로사민), N이 붙어 있으니 뉴밸런스라는 메이커 니트인가 봅니다.
탄화수소 나오면 고온 가열이 떠올라야 합니다.
고온 가열하면 탄다라고 생각하면 기억하기 쉽습니다.

해태를 아시나요? 불의 기운을 막는 영험한 동물이라 해서 궁에 가보면 불타지 말라고 해태상이 있거든요,
해태의 생김새는 어류도 아니고 호랑이 모습도 아닌데요.
어류와 육류의 고온 가열이라는 말이 나오면 해태를 떠올리세요.

출처:해치서울

3. 주방위생관리

3.1 주방위생 위해요소
해충과 위생 관리 안된 조리기구

1) 방충 및 소독
① 화학적 방역 : 약제 살포, 단시간 효과 볼 수 있는 경제적 방법
② 물리적 방역 : 해충 서식지 제거 및 발생하지 못하도록 물리적 환경 조성
③ 생물학적 방역 : 천적생물 활용

3.2 식품안전관리인증기준(HACCP)
① 준비단계 : 팀 구성 > 제품설명서 작성 > 제품용도 확인 > 공정 흐름도 작성 > 현장 확인
② 7원칙 : 위해요소분석 > 중요관리점 결정 > 중요관리점 한계 기준 설정 > 모니터링 체계 확립 > 개선 조치 방법 수립 > 검증 절차 및 방법 수립 > 문서화, 기록 유지 방법 설정

> 📁 **수박선생**
>
> HACCP이 중요하긴 하나 내용을 암기하기 어렵다면
> 7원칙 중 요소분석이 첫번째이고 문서 기록하는 것이 마지막이다 정도는 기억해두세요.
>
>

3.3 작업장 교차오염발생요소
교차 오염은 생선, 행주, 채소 선반과 창고 등에서 발생
출제는 문제를 읽으면 답이 보이는 정도로 출제되므로 작업장 오염 관리 설명은 생략합니다.

4. 식중독관리

4.1 세균성 식중독

감염형 : 장염비브리오, 살모넬라, 병원성 대장균, 클로스트리디움 퍼프리젠스(웰치균)

📁 수박선생

장염비브리오는 비린내 나는 어패류, 해조류에 많습니다.
비린내 난다 하여 비브리오라 생각하면 어패류와 해조류를 쉽게 생각 할 수 있습니다.

살모넬라균은 계란껍질에 서식하는 경우가 많습니다.
계란하면 삶은 계란이듯 삶으면 살모넬라균은 대부분 죽습니다. 삶아라 해서 살모넬라

웰치균은 감염형과 독소형으로 나뉩니다.
감염형은 A, C 유형이며 독소형은 B, E, F, D 유형입니다.
이렇게 암기합니다.
에이 시(AC) 감염되어 버렸네(운이 없게도 감염돼서 화가 났나 봅니다)
독소형은 독때문에 베프(BEF : 베스트프랜드)가 죽었다(Die)라고 기억하세요.

4.2 독소형 식중독

① 황색포도상구균 식중독, 클로스트리디움 보툴리눔 식중독

📁 수박선생

포도상구균은 잠복기가 가장 짧은 균입니다. 그래서 먹으면 바로 배가 아프기 시작합니다.
손에 고름이 있는 상태에서 음식 조리 시 음식에 포도상구균을 옮길 수 있습니다.
고름을 한자로 화농소라고도 합니다. 시험에서 화농성균하면 고름에 의한 균이라 이해하면 됩니다.
수험생들이 자주 헷갈려 하는 문제가 있습니다.
포도상구균체는 열에 약합니다. 하지만 포도상구균이 발생시키는 엔트로톡신이라는 독소는
왠만한 열에 죽지 않습니다. 이 점은 헷갈리지 말아야 문제의 함정을 피할 수 있습니다.
포도는 여름철 열에 의해 쉽게 상합니다. 포도 자체는 열에 약합니다.
하지만 싱히고 난 뒤 생기는 독수 엔트로톡신은 열로 가열해도 잘 죽지 않는다는 점 꼭 기억하세요.

클로스트리디움 보툴리눔 식중독은 잠복기가 가장 길며 치사율이 가장 높은 식중독입니다.
영화 클라이막스를 생각해보세요.
가장 늦게 클라이막스가 나오고 주인공이 죽든 적이 죽든 클라이막스 시청률이 가장 높은 것과 유사합니다.

② 자연독 식중독

1) 동물성 식중독 : 복어(테트로도톡신), 모시조개(베네루핀), 섭조개(삭시톡신)

> 📁 **수박선생**
>
> 복어 독은 치명적인 거 아시죠? 얼마나 강하면 죽음으로 가게 하는 독의 신이라 할까요.
> 죽음으로(데드로) 독의 신(독신)
>
> 함경도 어시장에서 싸움이 생겼습니다.
> 모시 어드레, 눈에 뵈는 것이 없네!
> 모시(모시조개), 뵈는 것이 없네(베네루핀)
>
> 섬에서 조개 캐는 색시는 독신이라 합니다.(섬에 남자가 없데요)
> 섭조개, 색시 독신(삭시톡신), 색시 독신이라 외워도 객관식이기 때문에
> 비슷한 발음인 삭시톡신이란 답을 찾을 수 있습니다.
>
>

2) 식물성 식중독

① 독버섯(무스카린)

② 매실(아미그달린)

③ 독미나리(시큐톡신)

④ 감자(솔라닌)

⑤ 피마자(리신)

⑥ 목화씨(고시폴)

동물성 식중독 : 복어(테트로도톡신), 모시조개(베네루핀), 섭조개(삭시톡신)

📁 **수박선생**

많이 출제되는 문제인데 외우기 어려우시겠죠. 쉽게 암기시켜 드리겠습니다.
독버섯 먹으면 무슨 일 있었습니까 하고 기억이 없어진다 합니다.
독버섯-무슨 일 있었습니까?(무스카린)

강원도에서는 경사가 생기면 감자를 쏜다고 하네요.
감자-쏜다(솔라닌)

총각이 매번 실실 웃고 다니자 어르신이 마, 그 달린 거 떼 버리라 하고 꾸짖으시네요.
매번 실실(매실)-마, 그 달린 거(아미그달린)

독일과 미국의 나리들이 비밀스럽게 만나 독무기를 개발했다고 합니다.
독일, 미국 나리(독미나리)-비밀 독무기(시큐 톡신)

분신사바를 외치자 벽에 붉은 물이 흐릅니다.
동생이 놀라며 이거 피마자? 하자 형이 그건 미신이라고 합니다.
피마자-미신(리신)

예전엔 목화 솜 이불을 사용했던 거 아시나요? 어머니가 목화를 보며 말씀하셨죠.
고거시 폭신폭신 하구만
목화씨-고거시 폭신폭신(고시폴)

4.3 화학적 식중독

1) 화학적 식중독이란 유해한 화학물질이 들어간 식품을 섭취해 중독된 증상

2) 농약 중 유기인제 : 파라티온, 말라티온, 다이아지논 : 신경 증상과 근력감퇴, 혈압상승을 일으킴

📁 **수박선생**

유기인제의 종류는 이렇게 암기합니다.
유아인이 파라 마운틴사와 계약하여 계약금으로 다이아반지를 샀다.
유아인(유기인), 파라(파라티온), 마운틴(말라티온), 다이아(다이아지논)
필기는 객관식이기 때문에 유사한 첫 글자만 알아도 정답을 찾을 수 있습니다.

3) 알레르기성 식중독

① 원인 균은 모르가넬라 모르가니균

② 히스타민 독소를 가짐

③ 고등어처럼 붉은 살 어류에 균이 서식

④ 증상은 두드러기와 열을 동반

⑤ 히스타민의 대책은 항히스타민제 복용방법이 있음

> 📁 **수박선생**
>
> 우리 누나 노처녀 히스테리는 정말 알다가도 모르겠어, 갑자기 열을 내니 원
> 히스테리(히스타민) 모르겠어(모르가니균) 열을 내니(열 동반)
>
>

4) 메틸알코올(메탄올)

① 에틸알코올과 냄새와 맛이 동일하며 두통, 현기증 구토 증상

② 공업용 용매로 주류 발효 시 펙틴으로부터 생성됨

③ 섭취 시 포름알데히드로 변환되어 치명적임

5) 중금속

① 수은 : 미나마타병

② 카드뮴 : 이타이이타이병

③ 납 : 빈혈 발생

④ 주석 : 부식된 깡통 통조림에 함유, 구토, 현기증 발생

> 📁 **수박선생**
>
> 납세 기일이 다가오면 부자들은 머리가 어지러운 빈혈증상이 발생된다고 합니다.
> 납세(납) - 빈혈
>
> 성적표에 온통 미가 가득합니다. 어머니가 미가 뭐니! 미가? 하고 혼내시자 아들이 말합니다.
> 어머니, 이번 시험은 어려워서 수는 미나 마찬가지라고요.
> 수는(수은), 미나 마찬가지(미나마타)
>
> 카드를 하고 돈을 다 잃자 이 따위 사기가 어디 있어! 하며 화를 냅니다.
> 카드(카드뮴), 이 따위(이타이)
>
>

4.4 곰팡이 독소

① 신장독 : 시트리닌, 신장 장애

② 신경독 : 파툴린, 뇌와 신경 장애

③ 피부염 : 스포리데스핀, 소랄렌

④ 간장독 : 아플라톡신, 간암 유발

>  **수박선생**
>
> 간이 아프면 얼마나 아프면 아무것도 못한다 합니다.
> 간(간장독) - 아프면(아플라톡신)
>
> 신경이 막히면 무협고수들은 혈 도를 팍 뚫어 줄 수 있다고 합니다.
> 신경(신경독) - 팍 뚫어(파툴린)
>
> 피부상처는 스포츠하다 넘어져서 생기며 상처가 쓰라리다고 합니다.
> 피부상처(피부염) - 스포츠(스포리데스핀), 쓰라리(소랄렌)
> 피부염을 스포리데스핀과 소랄렌으로 외우기 보다는 피부상처, 스포츠, 쓰라리다 식으로 연상되는 문장으로 외우면 쉽고 빠르게 암기할 수 있습니다.

5. 식품위생 관계 법규

5.1 식품위생법
① 식품 : 의약품을 제외한 음식물
② 식품첨가물 : 식품 제조, 조리, 보존 과정 중 첨가되는 감미료, 착색료, 산화방지제
③ 식품위생 : 식품, 식품첨가물, 기구 및 용기, 포장에 대한 위생

1) 식품위생의 기준은 총리령으로 정한다.

2) 식품의 출입,수거,검사는 필요시 수시로 시행하되 행정처분 업소에 대해서는 6개월에 1회 이상 실시

3) 식품 위생 교육 시간

> 📁 **수박선생**
>
> 교육을 하는 사람이 공무원이라 가정하면 정시 퇴근이므로 하루 8시간 근무 중 준비하는데 1시간,
> 마감 정리하는 1시간 빼면 6시간이라고 기억해 둡니다.
> 예외적으로 소분업을 한다면 작을 소자가 들어갔으므로 2시간 빼서 4시간 교육이라 하고,
> 가공업을 한다면 더할 가가 들어가 있다 보고 2시간 더해 8시간이라 생각하면 됩니다.
>
>

4) 식품제조나 가공 공장은 우수업체 지정을 식품의약품안전처장과 시.군.구청장이 할 수 있음

> 📁 **수박선생**
>
> 집단급식소나 일반음식점의 모범업소 지정은 시·군·구청장이 할 수 있음
> 우수업체와 모범업체가 헷갈릴 수 있는데 이렇게 구분합니다.
> 모범택시 운전사들은 기사식당처럼 집단급식소나 일반음식점에서 식사하시죠.
> 모범택시(모범업체) - 집단급식소, 일반음식점
>
>

5) 벌칙
① 조리사 취소처분 후 1년 내 위반 : 면허 취소
② 업무정지기간 중 조리사 업무 수행 : 면허 취소
③ 조리사, 영양사 위생교육 미 이수 : 시정명령 > 업무정지 15일 > 업무정지 1개월

④ 식중독 사고 책임자 : 업무정지 1개월 > 업무정지 2개월 > 면허취소

⑤ 면허 대여 : 업무정지 2개월 > 업무정지 3개월 > 면허취소

> 📁 **수박선생**
>
> 이렇게 암기합니다.
> 교육 미 이수는 위생사고는 아니니 1차 적발 시 경고등의 시정명령
> 식중독 사고 나면 1개월 업무정지, 면허 대여는 2개월 업무정지로 외웁니다.
>
>

5.2 제조물 책임법

1) 제조물의 결함으로 발생한 손해에 대한 피해자 보호를 위해 제정된 법률

6. 공중보건

6.1 공중보건의 개념

1) WHO(세계보건기구) 보건헌장의 건강 : 질병이나 허약의 부재를 포함한 육체적, 정신적, 사회적 안녕의 상태

2) 영아사망률
① 생후 1년 미만 0세 아기의 사망률
② 한 국가의 보건수준을 보여주는 대표지표

3) 공중보건사업의 최소단위는 시·군·구

> 📁 **수박선생**
>
> 시·군·구에 소재한 보건소를 생각해보면 이해가 빠를 것입니다.
>
>

6.2 환경위생 및 환경오염 관리

1) 일광 : 자외선, 가시광선, 적외선
① 자외선은 살균효과가 있어 소독에 활용되며 파장이 짧음
② 적외선은 온도를 높이는 효과가 있고 파장이 김

2) 감각온도 3요소 : 기온, 기습, 기류

> 📁 **수박선생**
>
> 문제 보기에 기압을 넣어 놓고 감각온도가 아닌 것을 고르는 문제가 나오곤 합니다.
> 덥다, 습하다, 바람이 세다는 감각으로 느낄 수 있지만 기압은 느끼기 어렵습니다.
>
>

3) 기온역전현상 : 고도가 높을수록 기온이 높아 대기의 수직 이동이 없는 현상

4) 실내 공기의 오염지표는 CO2
   ① 이산화탄소는 0.03% 존재하는데 실내 이산화탄소로 실내공기의 전반적인 공기 조성 상태를 알 수 있다. 이산화탄소가 기준치 보다 많다면 오염도가 높다고 볼 수 있음
   ② 8시간 기준 실내 이산화탄소 허용 한계는 0.1%

5) 대기오염
   ① 1차 오염원은 분진, 매연, 황과 질소산화물
   ② 2차 오염원은 오존과 스모그 등

6) 군집독
   ① 사람이 밀집된 공간에서 실내공기의 이화학적 공기 조성변화에 의해 발생
   ② 증상으론 현기증, 구토, 악취 등이 발생한다.

6.3 역학 및 감염병 관리

1) 역학이란 질병 예방을 위한 발생 원인을 규명하는 것

> 📁 **수박선생**
> 역학의 목적이 질병 치료에 있지 않다는 정도는 알고 있어야 합니다.
>
>

2) 직업병
   ① 고열환경 : 열중증
   ② 저온환경 : 참호족염
   ③ 고압환경 : 잠함병
   ④ 저압환경 : 고산병
   ⑤ 분진 : 진폐증
   ⑥ 소음 : 난청
   ⑦ 조명 : 안구진탕증
   ⑧ 진동 : 레이노드병
   ⑨ 방사선 : 백혈병, 궤양과 암 발생

3) 감염병의 감수성 지수 : 천연두·홍역 > 백일해 > 성홍열 > 디프테리아 > 폴리오

> 📁 **수박선생**
> 홍역이 제일 감염되기 쉽고 폴리오가 감염성이 낮다 정도는 기억해야 합니다.
>
>

4) 경구감염병
① 감염균이 있는 식품, 식수 섭취가 원인
② 2차 감염 유발
③ 면역성 있음
④ 독성이 강함
⑤ 잠복기가 김

5) 세균성 식중독
① 감염균이 있는 식품 섭취가 원인
② 2차 감염과 면역성이 없음
③ 독성이 약함
④ 잠복기가 짧음

6) 감염병의 분류

(1) 호흡기
① 바이러스 : 홍역, 유행성이하선염, 인플루엔자
② 세균 : 디프테리아, 백일해, 결핵, 한센병, 성홍열, 폐렴

(2) 소화기
① 바이러스 : 유행성간염, 폴리오
② 세균 : 콜레라, 장티푸스, 파라티푸스, 세균성 이질

(3) 피부점막
① 바이러스 : 일본뇌염, 광견병, 후천성면역결핍증
② 세균 : 파상풍, 페스트

7) 인수 공통 감염병 : 인수란 사람과 동물을 의미하며 사람과 동물 둘 다 감염가능한 병
① 바이러스 : 일본뇌염, 광견병, 동물인플루엔자, 후천성면역결핍증
② 세균 : 탄저, 브루셀라증, 결핵, 돈단독증

8) DPT : 백일해, 디프테리아, 파상풍

> 📁 **수박선생**
>
> DPT를 암기하기 쉽게 디스코파티의 약자라고 생각해 봅시다.
> 백일 기념으로 카페테리아 빌려서 파티하자.
> 디스코파티(DPT) : 백일(백일해), 카페테리아(디프테리아), 파티(파상풍)

9) 유형별 인구 구성 형태

① 선진국 : 항아리형, 출생도 적고 사망도 적음

② 도시형 : 별형(서울특별시로 외우면 됩니다), 생산 층 인구가 도드라지게 많음

③ 후진국 : 피라미드형, 출생률은 많으나 생존율이 적음

④ 농촌형 : 표주박형, 청년층이 적고 노령층 인구가 도드라지게 많음

⑤ 이상형 : 종형, 출생에서 사망까지 완만하게 줄어듦

02. 안전관리

1. 개인안전관리

1.1 개인 안전사고 예방 및 사후 조치

1) 위험도 경감의 원칙
① 위험 요소 제거
② 위험 발생 경감
③ 사고 피해 경감

> 📁 **수박선생**
> 위험도 경감의 원칙은 "사고 위험"으로 외우세요.
> 첫 문자만 외워도 객관식이기에 틀린 답을 쉽게 찾을 수 있습니다.
>
>

2) 개인안전관리 점검

(1) 유형별 위험 요소
① 사람(Man) : 무의식(심리적원인), 피로(생리적원인), 팀워크(작업환경요인)
② 기계(Machine) : 설비 불량
③ 관리(Management) : 잘못된 관리 매뉴얼, 훈련과 감독 부족
④ 매체(Media) : 부적절한 자세/정보/환경

1.2 작업 안전관리

1) 안전 교육의 목적
① 불의 사고 예방
② 안전 지식 습득
③ 안전 생활 습관 형성
④ 생명의 존엄성 인식

2) 주방 내 안전사고

(1) 주방 내 사고 요인

① 인적 요인 : 정서적 요인, 행동적 요인, 생리적 요인

② 물적 요인 : 안전장치 미비, 시설 노후화

③ 환경적 요인 : 소음, 진동, 조명

> 📁 **수박선생**
>
> 인적요인 중 정서적 요인과 생리적 요인을 혼동하는 경우가 많습니다.
> 정서적 요인은 신체적 결함 이라 생각하세요.(시력, 체력, 지식, 기능, 병)
>
> 생리적 요인은 피로, 신체 동작 통제 불능
> 왜 생리적 요인에 신체 동작 통제 불능인지 이해가 안된다고요? 이런 경험 한번쯤 있을 거 에요,
> 길을 가는 중에 배가 몹시 아파 화장실을 찾는 중에는 어떤 신체 동작도 하기 힘들죠.
> 심지어 걷기조차 힘드니까요. 쉽게 암기하라고 하는 이야기입니다.
>
>

(2) 주방 내 재해 유형

베임, 미끄러짐, 끼임, 데임, 감전

> 📁 **수박선생**
>
> 주방에서는 칼을 다루는 시간이 많기에 베임 사고가 가장 많습니다.
>
>

2. 장비·도구 안전작업

1) 조리장비·도구 안전관리 지침

점검 종류 : 일상점검, 정기점검(매년 1회 이상), 긴급점검

3. 작업환경 안전관리

3.1 작업장 환경관리

작업장의 온도, 환기, 소음 등 작업자에게 영향을 주는 환경을 관리

3.2 작업장 안전관리

1) 조리장비 사용시 안전 수칙

① 전기 도구 사용 시 손에 물기 제거

② 냉장, 냉동고 잠금장치 확인

③ 조리장비 사용방법 숙지

④ 가스레인지, 오븐 사용 전, 후 전원상태 확인

3.3 화재예방 및 조치방법

1) 화재발생시 대처 요령

① 경보를 올리고 큰소리로 알린다

② 화재 원인 제거

③ 소화기를 사용하여 불을 제거

2) 소화기 종류

(1) 분류별 소화기 색상과 알파벳 표기

① 일반용 : 백색 바탕 A표시

② 유류용 : 황색 바탕 B표시

③ 전기용 : 청색 바탕 C표시

> 📁 **수박선생**
>
> 일반 소화기를 사용하면 흰색 가루가 분사되는 거 아시죠.
> 일반용은 흰색 A
> 유류용은 식용유 노란색이죠. 유류는 B, 삼국지의 유비(기름 유, B)라고 외우세요.

03. 재료관리

1. 식품재료의 성분

1.1 수분

1) 수분의 종류

　① 자유수(유리수) : 용매, 미생물 번식, 유기물로부터 분리 쉬움, 0도 이하 동결
　② 결합수 : 자유수 특징과 반대, 자유수보다 밀도가 큼

2) 수분활성도

(1) 수분활성도 = $\dfrac{\text{식품 내 물의 수증기압}}{\text{순수한 물 최대 수증기압}}$

> 📁 **수박선생**
>
> 수분활성도는 공식이 간단하므로 계산문제라고 포기하지 마세요.
> 수분을 꺼꾸로 읽으면 분수입니다. 분수 다시 말하면 나눈다 정도만 알고 있어도 정답을 찾을 수 있습니다.
> 공식도 어렵게 외우지 마세요. 물 컵에 얼음 하나 띄운 걸 생각하세요.
> 물이 밑에 있고 식품인 얼음이 위에 있죠. 분모가 순수한 물이라는 것만 이해하면 됩니다.
>
>

(2) 수분활성도 크기

　세균 > 효모 > 곰팡이 > 내건성 곰팡이 > 내삼투압 효모

> 📁 **수박선생**
>
> 곰팡이는 미생물 중 덩치는 크지만 물이 적어도 살 수 있습니다.
> 이름에 곰이라는 단어가 들어 있듯이 덩치는 크지만 곰이 겨울잠을 자면서 물 없이 겨울을 보낼 수 있듯이 곰팡이도 물이 적어도 살 수 있는 녀석입니다.
>
>

1.2 탄수화물

1) 탄수화물의 구성 성분 : 탄소(C), 산소(O), 수소(H)

> 📁 **수박선생**
>
> 탄수화물의 구성을 외우는 방법은 간단합니다. 앞 글자만 따서 **탄산수**
>
>

2) 탄수화물의 분류

① 단당류 : 탄수화물의 최소 구성 단위
② 오탄당 : 리보스, 자일로스, 아라비노스
③ 육탄당 : 포도당, 만노오스, 갈락토오스, 과당

> 📁 **수박선생**
>
> **오탄당 암기법**
> 불장난하다가 아버지가 아끼는 모피 옷을 태운 셋째가 말합니다.
> 옷 탄다! 이보시오, 자이리와보시오, (아버지가 탔는지) 알아보겠소?
> 옷탄다(**오탄당**), 이보시오(**리보스**), 자일로스(**자이리 와보시오**), 알아보겠소(**아라비노스**)
> 리보스, 자일로스, 아라비노스로 암기하려면 암기하기도 어렵고 암기하는데 시간도 많이 걸립니다.
> 문장으로 암기하세요, 옷 탄다, 이보시오 자이리와보시오 알아보겠소
> 객관식으로 출제되기 때문에 비슷한 단어를 쉽게 찾을 수 있습니다.
>
> **육탄당 암기법**
> 육탄당에는 포도당, 만노오스, 갈락토오스, 과당이 있습니다.
> 오늘은 회식입니다. 사장님이 말씀하십니다.
> 오늘 다들 육탄전이야! 먹고 죽자고!
> 그 날 그렇게 포도주를 마시고, 만취해서, 가다 토하고, 꽈당 하고 쓰러졌답니다.
> 육탄전, 포도주, 만취, 가다토하고, 꽈당
> 육탄전(**육탄당**), 포도주(**포도당**), 만취(**만노오스**), 가다토하고(**갈락토오스**), 꽈당(**과당**)
>
>

2) 이당류 : 자당, 맥아당, 젖당

단 맛의 세기 : 과당 > 자당(**서당 : 설탕**) > 맥아당 > 젖당(**유당**)

✓ 젖당(**유당**)이 가장 단 맛이 약하다 정도는 알아 두세요.

> 📁 **수박선생**
>
> 이당류 암기법
> 이당류에는 자당, 맥아당, 젖당이 있습니다.
> 이방이 술에 취해 들어와 부인에게 말합니다.
> 자냐? 맥주나 한잔하자!(또 술이야! 내가) 졌다! 졌어!
> 이방(이당), 자냐(자당), 맥주(맥아당), 졌다(젖당)
>
>

3) 다당류

> 📁 **수박선생**
>
> 다당류가 이름으로 보면 단 맛이 강할 것 같지만, 단 맛이 없고 물에 잘 안 녹는다는 점 유의
>
>

(1) 전분(전분은 조리에서 자주 다루는 재료이기에 자주 출제 됨)
　① 찹쌀: 아밀로펩틴 100%

> 📁 **수박선생**
>
> 쫄깃한 식감은 아밀로펩틴 때문인데요, 이렇게 암기 하세요.
> 민속촌에서 찹쌀을 떡방아로 패는 거 드라마에서 보셨죠,
> 떡 방아로 팰 때마다 찹! 찹! 소리가 납니다.
> 찹쌀, 떡방아로 패다(펩틴)
>
>

　② 멥쌀: 아밀로펩틴 80%, 아밀로오스 20%

(2) 글리코겐

(3) 섬유소

(4) 펙틴: 겔화 되어 잼이나 젤리 만드는데 사용

(5) 키틴

(6) 이눌린

1.3 지질

1) 지질의 기능적 성질

(1) 유화(에멀전화)

① 수중유적형 : 우유, 생크림, 마요네즈
② 유중수적형 : 버터, 마가린

>  수박선생
>
> 수중유적형과 유중수적형을 쉽게 분류하는 방법
> 여러분이 한 수저 떠서 먹어도 부담 없는 것이 수중이라 보면 됩니다.

수소화(경화)

(2) 연화

(3) 가소성

2) 필수지방산

리놀레산, 리놀렌산, 아라키돈산

>  수박선생
>
> 지방사람이 서울 말 하려면 필수적으로 끝에 요만 붙이면 된 데이
> 니 서울 살다 왔나? 어찌 서울 말을 잘 하노
> 니 놀랬나? 분명히 아르켜줬데이
> 지방사람(필수지방산), 니 놀랬나(리놀레산, 리놀렌산), 아르켜줬데이(아라키돈산)
>
> 여러분, 본 책은 학문적 탐구 목적이 아니라 합격을 위한 암기비법 책이라고 말씀드렸습니다.
> 책을 읽다 보면 말장난 같고 이게 정말 공부가 될까? 하고 의문이 생길 수도 있어요.
>
> 다음 문제를 풀어 보세요.
>
> 다음 중 필수 지방산이 아닌 것은?
> a.리놀레산 b.키토산 c.리놀렌산 d.아라키돈산
>
> 여러분은 한번 읽었음에도 바로 답을 찾을 수 있을 거에요.
> 쉽게 암기하고 오래 동안 암기가 지속됩니다.
> 한번에 다 암기하려 하지 말고 반복해서 읽으면 자연스럽게 암기하게 됩니다.
> 영화를 한번 보고 두번 보면 배우의 다음 행동이 떠오릅니다.
> 세번째 보면 대사도 떠오를 것입니다. 공부도 마찬가지입니다.

1.4 단백질

1) 단백질의 기능

근육이나 혈액을 구성(피부, 효소, 항체, 호르몬)

2) 성분에 의한 분류

① 단순 단백질

② 복합 단백질

③ 유도 단백질

1.5 무기질

1) 무기질의 기능

① 체내의 pH와 삼투압 조절

② 신경의 자극 전달, 근육 수축, 혈액 응고에 관여

2) 결핍증

① 칼슘 : 골다공증, 구루병

② 인 : 골연화증, 구루병

③ 철분 : 빈혈

④ 아연 : 면역 기능 저하

⑤ 요오드 : 갑상선종

1.6 비타민

1) 비타민의 기능

대사 작용 조절 역할

2) 결핍증

(1) 지용성 비타민과 결핍증

① A : 야맹증(A가 산 모양입니다. 밤에 산에 올라가면 앞이 안보이는 야맹증)

② D : 구루병(D가 배 모양입니다. 배가 불러서 굴러 다닙니다. 구루병)

③ E : 용혈작용(E로 혀를 깨물어서 피가 나오네요. 용혈작용)

④ F : 피부염(F킬라 뿌려 피부에 상처 주는 모기 박멸 합시다. 피부염)

⑤ K : 혈액 응고 지연(Kill, 죽었네요, 혈액이 계속 나옵니다)

> 📁 **수박쌤**
>
> 지용성 비타민 종류 암기법
> 지성용 선수가 KFA 대회에 참가했다.
> 지성용(지용성), KFA 대회(K, F, A, D, E)
>
>

(2) 수용성 비타민과 결핍증

① B_1 : 각기병

② B_2 : 피부염

③ B_9 : 빈혈

④ B_{12} : 악성빈혈

⑤ C : 괴혈병, 열에 의해 쉽게 파괴 되는 성질이 있음

> 📁 **수박쌤**
>
> 수용성 비타민 암기법
> 수영장에서 BC카드 되지?
> 수영장(수용성), BC
>
>

1.7 식품의 색

1) 식물성 색소

(1) 클로로필 : 알칼리성 용액에서 청녹색

(2) 카로티노이드 : 황색, 주황색, 적색

(3) 폴라보노이드 : 황색, 밀가루와 양파 등에 함유되어 있음

✓ 안토시아닌 : 적색 채소를 물에 담가 놓으면 붉은 물이 됨

2) 동물성 색소

(1) 미오글로빈 : 고기의 색

(2) 헤모글로빈 : 선홍색

(3) 아스타산틴 : 가재, 게 등의 흑색 색소, 가열 시 적색으로 변화

(4) 헤모시아닌 : 문어 등 연체류의 청색 색소, 가열 시 적자색으로 변화

(5) 멜라닌

1.8 식품의 갈변

1) 효소 갈변

(1) 갈변 방지법
  ① 환원성 물질 첨가
  ② pH 농도를 3 이하로 낮춤
  ③ 온도를 -10도 이하로 낮춤, 고온에서 데침
  ④ 설탕이나 소금에 담가서 보관
  ⑤ 밀폐용기로 공기 차단
  ⑥ 조리 시 금속 기구를 닿지 않게 함

2) 비효소 갈변

(1) 마이야르 반응

(2) 캐러멜화 반응 : 당류가 고온(180~200도) 가열 시 갈색 변화

(3) 아스코르빈산 산화 반응

1.9 식품의 맛과 냄새

1) 단맛
소량의 소금으로 단 맛 증가

2) 짠맛
신맛 추가 시 더 짠 맛 증가

3) 신맛

① 초산 : 식초
② 젖산 : 요구르트, 김치
③ 사과산 : 사과
④ 구연산 : 귤
⑤ 호박산 : 조개
⑥ 주석산 : 포도

> 📁 **수박선생**
> 호박산과 주석산은 관련 식품이 헷갈릴 수 있으니 주의해야 합니다.
>
>

4) 쓴맛

① 카페인 : 커피
② 테인 : 차

5) 감칠 맛

① 글루타민산 : 된장
② 아미노산 : 소고기
③ 이노신산 : 멸치

> 📁 **수박선생**
> 노신사는 정장에 비린내 날까 봐서 멸치를 싫어한다.
> 노신사(이노신산), 멸치
>
>

④ 구아닐산 : 버섯
⑤ 타우린 : 오징어

6) 매운 맛

① 캡사이신 : 고추
② 진저론 : 생강
③ 알리신 : 마늘
④ 차비신 : 후추

⑤ 시니그린 : 겨자
⑥ 유황화합물 : 양파

7) 떫은 맛
탄닌 성분

8) 맛의 변화 현상

(1) 맛의 혼합
① 맛의 상승 : 같은 맛 성분을 넣어 맛이 더 세짐
② 맛의 피로 : 같은 맛 지속 섭취 시 맛이 다르게 느껴 짐
③ 맛의 대비 : 다른 맛을 넣어 주된 맛이 더 세짐
④ 맛의 억제 : 다른 맛을 넣어 주된 맛이 약해 짐
⑤ 맛의 변조 : 다른 맛을 섭취 시 이전 맛이 다르게 느껴 짐
⑥ 맛의 상쇄 : 다른 맛 혼합 시 고유의 맛 없어짐

(2) 온도 변화에 따른 맛 변화
① 단맛, 짠맛, 쓴맛은 온도가 낮을수록 증가
② 매운 맛은 온도가 높을수록 증가
③ 신맛은 온도에 영향을 받지 않음

9) 식품의 냄새
① 에스테르류 : 과일
② 황화합물 : 마늘, 양파, 고추
③ 아민, 암모니아류 : 어류, 육류

1.10 식품의 물성
콜로이드성, 유화성, 기포성, 점성, 탄성, 가소성, 점탄성

1.11 식품의 유독성분
① 감자 : 솔라닌
② 독버섯 : 무스카린
③ 아플라톡신 : 아스퍼질러스 플라버스 곰팡이가 원인
④ 복어 : 테트로도톡신
⑤ 모시조개 : 베네루핀
⑥ 섭조개 : 삭시톡신

2. 효소

2.1 식품과 효소

1) 에너지원별 열량 과 구성 성분

① 탄수화물 : 4Kcal, 포도당

② 지방 : 9Kcal, 지방산, 글리세롤

③ 단백질 : 4Kcal, 아미노산

> 📁 **수박선생**
>
> 신입사원이 입사 했습니다. 회식 날
> 지방에서 왔다구? 고기 사줄께, 탄산 사이다도 시켜
> 지방에서 왔다구(지방 9Kcal), 고기 사줄께(단백질 4Kcal), 탄산 사이다(탄수화물 4Kcal)
>
>

2) 분해 효소

① 펩신 : 단백질 분해

② 리파아제 : 지방 분해

③ 레닌 : 우유 분해

3. 식품과 영양

3.1 영양소의 기능 및 영양소 섭취기준

1) 영양소 분류
　① 에너지 열량 영양소 : 탄수화물, 지방, 단백질
　② 신체 구성 영양소 : 단백질, 무기질, 물
　③ 체내 대사 조절 영양소 : 단백질, 무기질, 물, 비타민

2) 식품 별 영양
　① 곡류(탄수화물) : 에너지 공급
　② 채소, 과일 : 비타민, 무기질
　③ 고기, 계란, 콩 : 단백질
　④ 우유 : 칼슘, 단백질
　⑤ 유지 및 당 : 지방, 당

04. 구매관리

1. 시장조사 및 구매관리

1.1 시장 조사

1) 시장조사의 목적
 ① 구매 예산 결정
 ② 구매 계획 수립
 ③ 제품 개량
 ④ 신제품 설계

2) 시장조사 내용
품목, 품질, 수량, 가격, 구매 시기, 거래처, 거래조건

3) 시장조사의 원칙
 ① 비용 경제성
 ② 조사 계획성/적시성/정확성/탄력성

> 📁 **수박선생**
> (조사)를 할 때에는 (계획)을 세워서 (적시)에 (정확)하게 하되 유연하게 대처할 수 있는 (탄력성)을 가져야 한다.

1.2 식품 구매 관리

1) 구매관리의 목적
 ① 구매의 표준화, 단순화, 전문화
 ② 품질, 가격 등 최적의 상태 유지
 ③ 필요한 물품, 용역 지속적 공급
 ④ 공급업체 확보 및 구매 경쟁력 확보
 ⑤ 재고 저장 시 손실 최소화

1.3 식품 재고 관리

1) 재고관리의 목적
수요 발생 시 양품을 신속 공급 위한 최적의 재고 상태 유지

2) 적정재고 수준의 원칙
① 일정 기간 평균 수요량 산정
② 발주, 배송기간 고려
③ 저장시설 공간, 재고 회전율 고려

3) 재고회전율
① 재고회전율 < 표준회전율 : 종업원의 낭비 가능성 발생, 부정유출 우려, 식품 품질 저하
② 재고회전율 > 표준회전율 : 재고 부족 위험 높음

4) 재고자산 평가 방법
① 선입선출법 : 먼저 구입한 것부터 먼저 사용
② 후입선출법 : 나중에 구입한 것부터 먼저 사용
③ 개별법 : 평가시 개별 구입단가를 적용
④ 평균법 : 단순평균법, 이동평균법

2. 검수관리

2.1 식재료의 품질 확인 및 선별

1) 식품 검수 방법

① 생화학적 방법 : 효소반응, 효소활성도, pH 등 측정

② 화학적 방법 : 영양소 분석, 첨가물, 유해성분 검출

③ 물리적 방법 : 식품의 비중, 경도, 빙점 등 측정

④ 검경적 방법 : 현미경 이용 조직의 모양, 균의 존재 검사

2) 식품별 검수 순서

냉장, 냉동, 신선, 공산품 순

3) 검수 온도계

① 적외선 온도계 : 식품 검수 시 가장 많이 사용, 비접촉식으로 제품 손상 없이 측정 가능, 제품의 표면온도만 측정 가능

② 탐침 심부 온도계 : 식품의 내부 온도 측정 시 사용

3. 원가

3.1 원가의 의의 및 종류

1) 원가 계산의 목적

원가 관리, 예산 편성, 가격 결정, 재무제표 작성

2) 원가 계산식

(1) 직접원가 = 직접재료비 + 직접노무비 + 직접경비

(2) 제조간접비 = 간접재료비 + 간접노무비 + 간접경비

> 📁 수박선생
>
> 원가계산에서는 무기공장에서 근무하는 경비원 이야기로 암기할 수 있습니다.
> 직접원가와 간접비는 이렇게 암기합니다.
> 직접 고용하거나 간접 파견으로 고용하거나 경비원은 박봉입니다. 그래서 경비는 제로 노무비라고도 합니다.
> 직접원가 : 직접경비 직접노무비 직접재료(제로)비
> 제조간접비 : 간접경비 간접노무비 간접재료(제로)비
>
>

(3) 제조원가 = 직접원가 + 제조간접비

> 📁 수박선생
>
> 제조원에서는 직접 고용이든 간접 고용이든 상관없다고 합니다.
> 제조원(제조원가) = 직접고용(직접원가) + 간접고용(제조간접비)

(4) 총원가 = 제조원가 + 판매관리비

> 📁 수박선생
>
> 총은 제조할 수는 있어도 대한민국에서 판매할 수는 없습니다.
> 총(총원가) = 제조(제조원가) + 판매(판매관리비)

(5) 판매가격 = 총원가 + 이익

> 📂 **수박선생**
>
> 판매한다면 총은 이익이 굉장히 큰 제품일 겁니다.
> 판매(판매가격) = 총(총원가) + 이익

3) 원가 계산의 원칙
진실성, 발생기준, 중요성, 확실성, 정상성, 비교성, 상호관리, 객관성, 일관성

05. 기초 조리 실무

1. 조리준비

1.1 조리의 정의 및 기본 조리조작

1) 조리의 정의

음식물에 위생적으로 물리적, 화학적으로 소화를 돕고 풍미를 향상시켜 식욕을 증진시키는 과정

2) 조리의 목적

영양성, 안전성, 기호성, 저장성

> 📁 **수박선생**
>
> (기호)에 맞는 음식물을 (영양)가 있게 (안전)하게 (저장)하는 것
> 안전성은 질병 예방과 치료를 위한 것이 아니라는 것을 주의하세요.
> 질병 예방과 치료는 보건복지부와 의사가 해야 할 역할입니다.

3) 폐기율 및 조리방법

(1) 폐기율 $= \dfrac{\text{식품 폐기 무게}}{\text{식품 전체 무게}} \times 100$

(2) 조리방법 : 가열 조리, 물리적 조리, 생식 조리, 화학적 조리

1.2 기본조리법 및 대량 조리 기술

1) 기본조리법

① 씻기 : 가장 먼저 하는 과정

② 다듬기 : 조리 전 처리 과정

③ 썰기 : 가장 많이 사용, 먹기 좋은 크기 형성, 열전달과 조미료 침투 용이하게 함

④ 섞기 : 재료 분산, 균질화, 균일한 열의 전도

⑤ 담그기, 불리기 : 식품 내 수분 증가로 조직 연화, 불미 성분 제거, 변색 방지

⑥ 해동 : 냉동제품 해동 시 0도에 가까운 온도로 해동 속도를 완만하게 하는게 좋음

⑦ 짜기, 밀기, 빚기, 냉각, 냉동

2) 대량 조리 기술

① 국 : 건더기는 국물의 1/3
② 찌개 : 건더기는 국물의 2/3, 센 불로 끓인 후 약한 불로 줄임
③ 구이 : 불이 세거나 재료가 두껍지 않도록 유의, 달군 석쇠를 사용해야 재료가 석쇠에 붙지 않음
④ 조림 : 재료에 맛을 들게 함, 생선은 물이 끓은 후 생선을 넣어야 생선살 부서짐 적음
⑤ 튀김 : 조리 시간 많이 소요, 온도 조절 유의 필요
⑥ 무침 : 데친 채소는 식힌 후 무쳐야 함

1.3 기본 칼 기술 습득

1) 모양에 따른 칼 분류

① 다용도칼 : 16cm, 칼날 곡선, 다양한 작업 용이
② 아시아형 : 칼날 18cm, 칼등 곡선, 채 썰기 등 똑바로 자르기 적합
③ 서구형 : 20cm, 칼등과 칼날 곡선, 자르기 편함, 가정용이나 회칼로 주로 사용

2) 칼 갈기

숫돌 입자 크기 기호는 #이며 숫자가 클수록 입자가 미세하고 마무리 용으로 쓰인다.

3) 기본 칼질법

① 칼등 말아 잡기 : 자르기나 슬라이스용으로 사용
② 검지 걸어 잡기 : 후려 썰기에 이용
③ 검지 펴서 잡기 : 칼의 움직임이 클 때나 칼을 뉘어 포 뜰 때 사용
④ 칼 바닥 잡기 : 오징어 등에 칼집 넣을 때 45도 뉘어서 사용
⑤ 손 잡이 말아 잡기 : 밀어 썰기, 후려 썰기에 이용, 손잡이만 잡아 사용하기에 썰다가 칼이 돌아갈 수 있음
⑥ 엄지 눌러 잡기 : 뼈와 같은 딱딱한 재료 썰거나 부러뜨릴 때 사용

1.4 조리기구의 종류와 용도

1) 식품절단기

① 슬라이서 : 햄, 육류
② 베지터블 커터 : 채소
③ 푸드차퍼 : 식품 다지기

2) 필러 : 감자, 당근 등 껍질 벗기는 도구

3) 브로일러 : 석쇠 모양 남김, 스테이크에 활용

4) 블렌더 : 식품 혼합이나 다질 때 사용, 액체와 함께 교반

5) 믹서 : 여러 재료를 혼합

6) 휘퍼 : 반죽, 달걀 거품 생성

1.5 식재료 계량 방법

1) 계량 방법
① 액체 : 눈금과 눈높이를 같이하여 측정
② 입상식품(소금, 백설탕) : 평면으로 깍아 측정
③ 분상식품(밀가루) : 채를 친 후 깍아 측정(분상식품은 부피 보다 무게 측정을 권장)
④ 지방(버터, 쇼트닝) : 눌러 담아 평면으로 깍아 측정
⑤ 황설탕 : 눌러 담아 평면으로 깍아 측정

1.6 조리장의 시설 및 설비관리

1) 조리장 시설 고려 사항 : 위생성, 능률성, 경제성

2) 조리장의 배치
급수/배수 용이, 식품 반출 용이, 채광, 통풍, 종사자 출입 용이

3) 작업대의 종류
① 아일랜드형 : 공간 활용이 큼, 동선 단축, 환풍기와 후드를 최소화 할 수 있음
② ㄷ 자형 : 동선이 가장 짧음, 넓은 조리장에서 사용
③ ㄴ 자형 : 좁은 조리장에서 사용
④ 병렬형 : 작업자 에너지 소모가 큼
⑤ 일렬형 : 작업 동선이 길어 비능률적, 조리장이 굽어서 공간제약이 있는 경우 사용

4) 설비관리
① 내수성 자재 사용
② 창 면적은 바닥의 20%가 적당, 직사광선 피해야 함, 방충망 설치
③ 후드는 사방개방형이 가장 효율적임

2. 식품의 조리원리

2.1 농산물의 조리 및 가공.저장

1) 곡류

① 쌀 : 찹쌀(아밀로펙틴 100%), 멥쌀(아밀로펙틴 80%, 아밀로오스 20%)

② 보리 : 엿기름의 재료로도 사용

③ 밀 : 글루텐 함량에 따라 강력분＞중력분＞박력분으로 나뉨

④ 귀리 : 오트밀의 재료로 사용

⑤ 피 : 쌀과 비교하여 트립토판과 기타 필수아미노산 풍부

⑥ 수수 : 타 곡류에 비해 잘 익지 않아 소화율 나쁨

2) 서류

① 감자, 고구마, 토란 등

② 곡류에 비해 수분이 많아 저장성이 떨어짐

3) 콩류

① 대두, 팥, 완두 등

② 곡류에 비해 단백질 함량 높음, 필수아미노산 풍부

4) 전분

① 호화 : 물과 함께 가열하면 점성이 생기고 부풀어 오르는 현상

② 노화 : 호화 된 전분 방치 시 생전분의 구조처럼 변하는 현상

> 📁 **수박선생**
>
> 0~5도, 수분이 30~60%, 아밀로오스 함량이 높을수록 노화가 빨라 짐
>
>

③ 호정화 : 160~170도 건열로 가열 시 점성이 떨어지고, 구수해 지며, 색이 갈색으로 변하는 현상(빵, 미숫가루, 누룽지)

④ 당화 : 당화효소를 이용하여 가수분해 시켜 단당류, 이당류, 올리고당으로 만드는 현상(조청, 물엿)

⑤ 겔화 : 호화 후 냉각시켜 굳어지는 것(묵)

⑥ 전분의 조리

(1) 밥 맛의 영향 요인 : 쌀의 건조상태, 밥물의 pH, 아밀로펙틴 함량, 조리용구

(2) 글루텐 함량에 따른 용도
   ① 강력분 : 글루텐 13% 이상, 식빵, 파스타, 피자, 마카로니
   ② 중력분 : 글루텐 10~12%, 소면, 우동, 크래커
   ③ 박력분 : 글루텐 ~9%, 과자, 튀김

5) 채소류

(1) 분류
   ① 엽채류(잎) : 배추, 양배추, 시금치 등
   ② 경채류(줄기) : 양파, 셀러리, 아스파라거스, 죽순 등
   ③ 근채류(뿌리) : 무, 당근, 연근 등
   ④ 과채류(열매) : 가지, 호박, 고추 등
   ⑤ 화채류(꽃) : 브로콜리, 아티초크 등

(2) 갈변 방지법 : 효소 불활성화, 산소에 노출 방지, 항산화제 사용

6) 과일류
   ① 갈변 방지법 : 1% 소금물이나 설탕물에 담가 둠, 산 처리
   ② 젤리화 최적 조건 : 펙틴 1~1.5%, 산 pH 2.8~3.4, 당 60~65%

2.2 축산물의 조리 및 가공·저장

1) 근육의 육색소 : 미오글로빈, 헤모글로빈

2) 육류의 사후경직
도살 후 근육이 단단해 짐, 사후경직 이후 숙성에 의해 육질이 연해지고 풍미 향상 됨

3) 가열에 의한 변화
단백질 응고, 수축 및 분해, 중량 감소, 콜라겐이 젤라틴화 되어 연해 짐, 지방이 융해

4) 육류 연화 효소
파파야(파파인), 배(프로테아제), 파인애플(브로멜린), 키위(액티니딘), 무화과(피신)

> 📁 **수박선생**
>
> 과일과 연관된 연화 효소 암기법
> 배-프로테아제
> 배가 아프면 허리띠를 풀어헤쳐야제
> 배, 풀어헤쳐야제(프로테아제)
>
> 파인애플-브로멜린
> 아프리카 원주민 여성들은 브라 대신 파인애플 껍질을 브라로 맨다고 한다.
> 파인애플, 브라 맨다(브로멜린)
>
> 무화과-피신
> 하느님에게 무화과 먹다 들킨 이브는 피신했다고 한다.
>
>

5) 소고기 부위별 용도

① 설도(질기고 지방적음) : 스테이크, 육회, 육포, 전골
② 안심, 채끝살, 우둔살(연하고 지방적음) : 구이, 전골
③ 앞다리(질기고 결이 고움) : 장조림, 육회, 불고기
④ 양지(질김) : 편육, 탕

6) 달걀

① 6% 소금물에 담가 비중법에 의한 신선한 달걀 선별 : 가라앉아 누워 있으면 신선하며 가라앉아 세워지거나, 세워져서 물 위로 떠오를수록 신선하지 않음
② 구성 : 난각(신선한 것은 표면이 까칠함), 난백(점도가 높은 농후난백에서 수양난백으로 변화 됨), 난황(수중유적형의 현탁액)
③ 난황의 레시틴은 유화제로 사용 됨(관련 식품 : 마요네즈)

7) 우유

① 우유 응고 요인 : 산, 레닌, 가열

> 📁 **수박선생**
>
> 러시아는 추워서 (우유가 쉽게 응고)되는데 (산)에서 (레닌)이 녹여 보려고 (가열)하고 있었다.
>
>

② 우유의 균질화 : 압력으로 지방 입자 크기를 작게 하는 과정, 소화 흡수 용이해짐, 크림층 형성 방지하나 산패되기 쉬워 짐

2.3 수산물의 조리 및 가공.저장

1) 신선한 어류 판정법
① 관능적 방법 : 아가미 속살이 선홍색, 눈알이 맑고 투명, 광택 있는 비늘, 탄력 있고 냄새 없음
② 이화학적 방법 : 휘발성 염기질소, 트리메틸아민, 히스타민 함량이 작을수록 신선

2) 어취 제거 방법
물로 세척, 레몬즙이나 식초 첨가, 우유에 담금, 향신료 사용, 된장이나 간장 첨가

3) 해조류의 분류
① 녹조류 : 파래, 청각, 청태 등(파란, 청의 이름을 가진 것 중 녹조류가 있으니 주의)
② 갈조류 : 미역, 다시마
③ 홍조류 : 김, 우뭇가사리

2.4 유지 및 유지가공품

1) 유지의 물리적 성질
① 비중이 물보다 작음, 물에 녹지 않음, 가소성, 쇼트닝성, 크리밍성이 있음
② 유화성 : 수중유적형, 유중수적형

> 📁 **수박선생**
> 수중유적형은 한 수저 떠 먹어도 부담 없는 것이라 생각하면 판별하기 쉬운데
> 우유, 마요네즈, 아이스크림 등이 있다.
>

③ 유지가 발연점이 낮아지는 요인 : 유리지방산 많아 짐, 용기 표면적이 넓음, 기름 재사용 회수가 많음, 이물질

2) 유지의 산패 요인
고온도, 자외선, 수분, 금속류, 불포화지방산이 많을수록 산패 촉진

2.5 냉동식품의 조리

1) 냉동식품의 정의 : 영하 18도 이하 급속 동결하여 포장된 식품

2) 냉동 식품별 해동방법

① 채소류 : 가열 처리 후 냉동 되었으므로 해동과 조리를 함께 할 수 있음
② 과일류 : 냉장고나 실온에서 해동
③ 육류, 어류 : 급속냉동, 완만해동이 신선도 유지에 좋음
④ 튀김류 : 기름에 바로 튀기거나 오븐에서 데움
⑤ 빵, 과자 : 상온 해동 또는 오븐 사용

2.6 조미료와 향신료

1) 정의

① 조미료 : 식품의 맛, 향기, 색에 풍미를 증가시키는 물질
② 향신료 : 특별한 목적(냄새 제거, 특별한 향기 강화 등)으로 첨가하는 조미료

2) 조미료의 종류

감미료(단맛), 함미료(짠맛), 산미료(신맛), 고미료(쓴맛), 지미료(감칠맛), 신미료(매운맛), 아린맛

3) 조미료 첨가 순서

설탕-술-소금-식초-간장-된장-고추장-화학조미료

> 📁 **수박선생**
>
> 설날에 친척들이 옵니다. 큰 집에선 부담이 아닐 수 없습니다.
> "설에 술 조금씩만 먹고 간데, 고마와"
> 설(설탕), 술, 조금(소금), 씩(식초), 간데(간장, 된장), 고마와(고추장, 화학조리료)
>
>

06. 한식

0. 한식기초

1) 양념의 종류

(1) 소금

① 호렴 : 굵고 거친 천일염, 김장이나 생선 절일 때 사용

② 제제염(꽃소금) : 간 맞춤용

③ 정제염 : 바닷물의 여과 침전을 거친 순수 소금

④ 자염 : 천일염 끓여 추출한 소금

> 📁 **수박선생**
>
> 겨울철 김장할 때는 손을 호 불어가며 소금을 뿌린다고 해서 호렴
>
>

> ✏️ **연습문제**
>
> **김장할 때 사용하는 소금은?**
>
> 가. 제제염
> 나. 정제염
> 다. 호렴
> 라. 자염
>
> **답** 다

(2) 간장

① 국간장 : 메주에 소금물을 넣어 만듦

② 양조간장 : 약 6개월 발효 산장

③ 청장 : 1년 된 맑은 간장

④ 진간장 : 콩을 분해해 아미노산을 액화시켜 만든 화학간장

⑤ 향신간장 : 진간장에 대파, 마늘 등 재료를 넣어 맛을 추가한 요리용 간장

(3) 식초

① 양조식초 : 곡물이나 과일에서 변성된 알코올을 아세트산 발효시켜 만든 식초

② 합성식초 : 화학적으로 합성하거나 초산을 물로 희석한 식초

③ 혼성식초 : 합성식초와 양조식초를 혼합한 식초

2) 첩수(반찬수)에 따른 분류

① 품상 : 5첩 이상, 접대용

② 수라상 : 12첩

> 📁 **수박선생**
>
> 조선은 유교의 나라인지라 임금에게 1년 12달, 정성을 담은 음식을 바치고자 수라상은 12첩
>
>

✏️ **연습문제**

수라상의 첩 수는 몇 첩인가?

가. 5첩
나. 7첩
다. 9첩
라. 12첩

답 라

---

3) 식기

① 조칫보 : 찌개, 찜을 담는 그릇

② 보시기 : 김치, 국물 반찬 담는 그릇

③ 쟁첩 : 반상기 중 가장 많이 쓰임, 첩수의 기준이 되는 그릇

✏️ **연습문제**

반상기 중 가장 많이 쓰이며 첩 수의 기준이 되는 그릇은?

가. 조칫보
나. 보시기
다. 쟁첩
라. 접시

답 다

1. 밥조리

1.1 밥 재료 준비

1) 세척의 목적

  불순물 제거, 식감 증진, 맛 증진

1.2 밥 조리

① 침지 30분~1시간
② 물의 양은 쌀의 1~1.5배(쌀이 물을 흡수하는 양)
③ 60도대에서 호화가 시작, 100도에서 20분 정도면 호화 완료

✏️ 연습문제

밥을 지을 때 물의 양은 쌀의 몇 배가 좋은가?

가. 0.5배
나. 1.5배
다. 2.5배
라. 2.5배

답 나

1.3 밥 담기

  주걱으로 섞어 담되 눌러 담지 않음

2. 죽조리

2.1 죽 재료 준비
① 전복 : 살아있으며 광택이 있고 탄력이 있는 것
② 새우 : 투명하고 윤기가 있으며 껍질이 단단한 것
③ 호두 : 윤기가 있으며 껍질이 얇은 것
④ 잣 : 윤기가 있으며 크기가 일정한 것
⑤ 오이 : 오이 꼭지 제거(쓴맛), 굵기가 일정하고 오톨도톨하며 무거운 것
⑥ 양파 : 껍질이 광택이 나고, 단단하며 적황색인 것
⑦ 당근 : 굵기가 고르고, 연하며 속 안까지 색이 짙은 것

2.2 죽 조리
① 재료를 약 2시간 물에 불리기
② 물의 양은 5~6배
③ 두꺼운 냄비에 재료를 담아 나무 주걱으로 저으면서 강불에서 끓기 시작하면 약불로 줄여 조리
④ 간을 하지 않거나 약하게 하며 기호에 따라 간을 더할 간장을 별도로 마련

2.3 죽 담기
용도에 맞게 그릇 크기 선택, 시각적인 맛을 위해 고명을 곁들임

3. 국탕조리

3.1 국.탕 재료 준비
① 대파 : 푸른 부분, 양념에는 흰 부분 준비
② 마늘 : 깔끔한 국물 낼 때는 깐 통마늘 준비
③ 양파 : 단 맛 보강 필요시 준비
④ 양파, 통후추 : 누린내, 비린내 제거용

3.2 국.탕 조리
① 고기 국물 맛을 원할 때 : 찬 물에 고기 넣고 조리
② 고기 자체의 맛을 원할 때 : 뜨거운 물에 고기 넣고 조리

3.3 국·탕 담기
① 뚝배기 : 오랫동안 열기를 유지할 수 있음
② 유기그릇 : 놋쇠로 만들어 보온, 보냉, 항균 효과 있음

4. 찌개 조리

4.1 찌개 재료 준비

1) 육류
　① 고기와 뼈의 핏물 제거
　② 곱창은 기름기 제거, 깨끗이 주물러 씻음

2) 어패류
　① 생선 : 비늘, 아가미, 내장 제거, 생선 모양 유지 필요시 아가미를 통해 내장 제거
　② 조개 : 씻은 후 소금 물에 담금(해감)
　③ 게 : 껍질을 수세미로 닦음, 몸통의 모래주머니·아가미·발끝 제거
　④ 새우 : 등쪽에 있는 내장 제거, 모양 유지 필요시 몸통의 껍질만 제거

3) 해조류
　다시마 : 찬물에 담가 둠

4) 버섯류
　석이버섯 : 물에 불린 후 소금을 사용 해 표면에 이물질 제거

4.2 찌개 조리

설탕, 소금, 식초, 간장, 된장 순으로 조미료 첨가

> 📁 **수박선생**
>
> 설에 친척들이 온다고 합니다. 큰 집에서는 부담이 됩니다.
> "설에 술 조금씩만 먹고 간데"
> 설(설탕), 술, 조금(소금), 씩(식초), 간데(간장, 된장)
>
>

4.3 찌개 담기

찌개에 들어간 무를 바닥에 깐 후 그 위에 재료를 올린다.

5. 전·적조리

5.1 전·적 재료 준비

1) 육류
① 윤기 나며 탄력 있는 고기 선별
② 가열하면 줄어들기 때문에 줄어드는 길이 감안하여 썰기

2) 가금류
① 윤기 나고 탄력 있는 생 후 1년 이하 닭
② 닭은 조리 전 하루 숙성

3) 어패류
① 탄력 있고, 눈이 투명, 아가미는 선홍색
② 흰살 생선

4) 채소류
① 깻잎 : 짙은 녹색, 흰색 반점 없고, 벌레 먹거나 마르지 않은 것
② 도라지 : 잔뿌리가 많고 조직이 단단하지 않은 것

5) 기름
발연점이 높은 콩기름, 옥수수기름, 카놀라유, 대두유, 포도씨유 등 사용

5.2 전·적 조리

① 재료 크기는 한입 크기로 준비
② 달궈진 팬에 재료를 넣어야 함
③ 기름이 적으면 눌러 붙고 많으면 기름이 흡수되니 유의
④ 달걀 물에 소금을 넣을 때 과하면 반죽 입힌 표면이 벗겨 질 수 있으니 유의
⑤ 소리 시 열진달을 동일하게 하기 위해 재료를 동시에 올리고 동시에 꺼낸다.
⑥ 키친타월 위에 조리된 전/적을 올려 기름기를 흡수하도록 한다.

5.3 전·적 담기

① 음식을 강조하려면 어두운 색 접시를 사용
② 풍성하게 보이려면 재료와 같은 색 접시를 사용

6. 생채·회 조리

6.1 생채·회 재료 준비
① 해산물 : 삶은 후 차게 식힌다.
② 채소류 : 무는 씻어 껍질을 벗기고 일정한 크기로 채를 만든다, 더덕이나 도라지는 소금에 절인 후 사용

6.2 생채·회 조리
① 물로 씻어 불순물 제거
② 잔 뿌리나 껍질 제거
③ 생채 조리 시 물이 과하게 생기지 않도록 유의

6.3 생채·회 담기
① 신선함을 제공하기 위해 조리 후 바로 담아낸다.
② 단색 그릇에 담는다.

7. 조림·초 조리

7.1 조림·초 재료 준비

1) 육류

　① 소고기 : 지방이 적은 사태, 우둔살, 홍두깨살을 주로 사용

　② 돼지 : 지방이 적은 뒷다리살 사용

　③ 닭 : 지방이 적은 닭가슴살 사용

2) 부재료

　① 메추리알 : 껍질이 깨끗하고 거칠며 무게감이 있는 것

　② 꽈리고추 : 모양이 일정하며 탄력이 있는 것

7.2 조림·초 조리

　① 바닥이 넓은 팬을 사용한다.

　② 강불로 시작해서 끓으면 중불로 줄여 조리하고 약불로 마무리

　③ 거품은 걷어낸다.

　④ 조림장이 끓은 후 생선을 넣고 뚜껑을 열어 비린내를 날려 버린다.

　⑤ 육류는 물에 넣어 끓인 후 꺼내 간장에 조린다.

7.3 조림·초 담기

　① 오목한 그릇에 담음

　② 국물은 자박한 정도로 담음

8. 구이조리

8.1 구이 재료 준비
① 석쇠 또는 망을 준비한다.
② 소금구이용 어류는 적당히 칼집을 넣어 소금 간을 해준다.
③ 소고기는 소금이나 간장구이로 돼지고기는 고추장구이 재료로 준비한다.

8.2 구이 조리
① 생선구이시 약 불로 구워야 한다.
② 고추장 양념은 타기 쉽기 때문에 나중에 발라 구워야 한다.
③ 초벌구이로 유장을 발라 겉을 익히고 재벌구이로 속까지 익히며 뒤집기로 전체를 익힌다.

8.3 구이 담기
재료 크기나 길이에 따라 접시에 흐트러지지 않게 보기 좋게 담는다.

9. 숙채 조리

9.1 숙채 재료 준비
① 숙채는 나물이라고도 하며 끓는 물에 데치기, 찌기, 볶기 후 양념한 것
② 시금치 : 윤기 나는 연녹색 잎, 억센 줄기나 대가 없는 것, 뿌리는 선명한 붉은색
③ 숙주 : 잔뿌리가 없고, 흰 광택, 통통하지 않은 것
④ 고사리 : 밝은 갈색, 대가 통통하고 미끈거림 없는 것
⑤ 미나리 : 진한 녹색의 줄기가 매끄럽고 굵지 않으며 꺾으면 잘 부러지는 것
⑥ 콩나물 : 통통하고 줄기가 짧은 것을 고른다.

9.2 숙채 조리
끓는 물에 데쳐 양념하여 무친다. 단, 호박, 오이, 도라지 같은 단단한 재료는 소금에 절인 후 기름에 볶는다.

9.3 숙채 담기
정갈한 그릇에 보기 좋게 담아 낸다.

10. 볶음조리

10.1 볶음 재료 준비
① 소금 또는 장으로 짠 맛을 내게 하며 설탕이나 당 또는 익으면서 자연적인 단 맛이 나오는 양파 등으로 단 맛을 보강한다. 그 외 식초나 고추가루, 후추 등을 준비한다.
② 넓은 팬을 준비

10.2 볶음 조리
① 강한 불에 단시간에 조리한다.
② 소량의 기름을 사용한다.

10.3 볶음 담기
볶아 낸 요리는 잔 열로 갈변 되기 전에 바로 큰 접시에 담아 낸다.

07. 양식

0. 양식개요

0.1 서양의 조리 특징
① 미국 : 인건비가 비싸 인스턴스 식품 발달
② 프랑스 : 초원이 많아 낙농업 발달, 치즈, 버터 생산
③ 독일 : 브런치 문화 발달, 소시지

0.2 서양의 식사
① 브랙퍼스트(아침식사) : 달걀, 빵, 주스
② 런치(점심식사) : 빵, 샐러드, 고기, 수프
③ 런천(점심 대접용) : 빵, 샐러드, 고기, 수프, 메인 요리, 후식, 음료
④ 디너(저녁식사) : 빵, 샐러드, 고기, 수프, 후식, 음료

> **연습문제**
>
> **서양에서 저녁에 먹는 풍성한 식사는?**
> 가. 브랙퍼스트
> 나. 런치
> 다. 런천
> 라. 디너
>
> 답 라

⑤ 서퍼(야참) : 빵, 다과 등 가벼운 식사
⑥ 빵 : 기본 세팅, 메인 요리 대기하면서 애피타이저나 수프와 함께 식사
⑦ 애피타이저 · 식사 전 요리, 카나페, 베이컨, 주스 등

> ✏️ **연습문제**
>
> **식사 전 입 맛을 돋구기 위해 먹는 음식은?**
>
> 가. 서퍼
> 나. 앙트레
> 다. 런천
> 라. 애피타이저
>
> 답 라

⑧ 수프 : 애피타이저 다음 요리
⑨ 앙트레 : 메인 육류 요리(송아지, 닭, 양고기)
⑩ 샐러드 : 채소, 과일, 베이컨 등을 섞어 만든 요리
⑪ 디저트 : 후식으로 먹는 제과, 제빵, 과일

0.3 서양의 조리법

① 로스트 : 육류를 오븐에 통으로 굽는 방법
② 훈제 : 뜨거운 연기로 익히는 방법
③ 태린 : 육류를 항아리에 보존하는 방법
④ 그라탱 : 치즈, 달걀 등을 올려 윗면이 황금색을 내게 만드는 방법
⑤ 갈라틴 : 프랑스 전통방법으로 스톡에 익혀 식히는 방법
⑥ 세비체 : 해산물에 레몬즙, 다진 채소와 소스를 넣어 만드는 방법
⑦ 콩디망 : 여러 양념을 섞어 독특한 맛을 만들어 내는 요리 방법

> ✏️ **연습문제**
>
> **육류를 오븐에 통으로 굽는 방식은?**
>
> 가. 훈제
> 나. 로스트
> 다. 갈라틴
> 라. 콩디망
>
> 답 나

1. 스톡조리

1.1 스톡재료 준비

① 부케가르니 : 향을 내는 재료로 통후추, 월계수 잎, 타임, 파슬리 줄기, 마늘, 샐러리

② 미르포아 : 향을 내는 재료로 양파, 당근, 샐러리

> 📁 **수박선생**
>
> 미국 대선에서 공화당에 맞서기 위해, 양당에서 힐러리를 밀어보기로 했다.
> 양당(양파, 당근), 힐러리(샐러리) = 밀어보기(미르포아)
>
>

③ 뼈 : 뼈를 조각 내어 영양성분과 맛을 추출

✏️ **연습문제**

미르포아 구성 재료에 해당하지 않는 것은?

가. 양파
나. 당근
다. 후추
라. 샐러리

답 다

1.2 스톡 조리

① 찬 물에 재료를 넣는다.

② 물이 끓으면 약 불로 줄인다.

③ 거품과 불순물을 걷어 낸다.

1.3 스톡 완성

① 본체, 향, 투명도, 색이 좋아야 한다.

② 완성된 스톡은 냉장 보관 시 3~4일, 냉동 보관 시 5~6개월 보관할 수 있다.

2. 전채요리

2.1 전채재료 준비
① 양념 : 소금, 식초, 올리브유
② 육류는 안심, 등심, 간을 사용

2.2 전채 조리
① 원재료 형태와 맛 그대로 인 것을 플레인이라 하며 꾸며 내놓은 것을 드레스드라 한다.
　예 생굴(플레인), 굴구이(드레스드)
② 짠 맛과 신 맛의 조화가 있어야 한다.
③ 애피타이저 용도로 소량만 만든다.
④ 주 요리 재료와는 다른 재료와 조리법을 사용하는 것이 좋다.
⑤ 요리에 콩디망을 뿌리거나 별도로 제공하여 맛의 풍미를 증가시킨다.
⑥ 콩디망 : 맛을 조절할 때 쓰이며 오일 바네그레트, 발사믹 소스, 마요네즈, 베지터블 비네그레트, 토마토 살사 등이 있다.

2.3 전채요리 완성
① 기본적으로 원형 접시에 담아 내며 분위기에 따라 다양한 접시를 사용할 수 있다.
② 고객이 먹기 편하게 담아내야 하며 과하지 않게 중앙에 담아 낸다.

3. 샌드위치 조리

3.1 샌드위치 재료 준비
① 부드러우며 단 맛이 적은 것이 좋다.
② 식빵은 1.2cm 바게트는 1.5cm가 적당하다.
③ 식빵과 재료의 접합 역할과 재료의 물기가 빵에 스며들지 않게 방어하는 역할을 하는 것이 스프레드이며 촉촉하고 끈기가 있는 것이 적당하다.

3.2 샌드위치 조리
① 샌드위치 빵 종류를 선택한다.
② 스프레드를 바른다.
③ 속재료를 올린다.
④ 적당한 부재료인 가니쉬를 올린다.
⑤ 양념을 가미한다.

3.3 샌드위치 요리 완성
① 심플하게 깔끔하게 담아낸다.
② 먹기 편하도록 세팅한다.
③ 샌드위치 재료 온도에 맞춰 접시온도를 선택한다.

4. 샐러드 조리

4.1 샐러드 재료 준비
① 본체와 색이 다른 채소를 준비한다.
② 드레싱은 샐러드의 맛을 증가시키는 역할을 한다.
③ 가니쉬는 가니쉬 자체의 맛과 함께 시각적인 미를 증가시키는 역할을 한다.

4.2 샐러드 조리
① 채소 재료를 씻어 물기를 털어 내고 담는다.
② 소스를 만들어 뿌려주거나 별도 용기에 담아 낸다.
③ 마요네즈를 만들 때는 노른자를 저어 주면서 기름을 조금씩 넣어가며 농도를 유지하는 게 중요하다.

4.3 샐러드 요리 완성
① 접시 중심에 샐러드를 담되 색의 조화를 이룰 수 있도록 담아 낸다.
② 드레싱을 뿌릴 경우 완성 바로 전에 뿌리며 과하지 않아야 하고 너무 묽지 않아야 한다.

5. 조식조리

5.1 달걀 요리 조리

물에 익히는 방법으론 보일드 에그, 포치드 에그가 있고 팬에 익히는 방식은 계란 프라이, 스크램블 에그, 에그 베네딕트, 오믈렛이 있다.

5.2 조찬용 빵류 조리

① 프렌치토스트 : 아침식사용으로 건조한 빵에 계피가루, 설탕, 우유를 넣고 달걀물에 담근 후 팬에 버터를 두르고 구워 낸다.
② 팬케이크 : 밀가루, 달걀, 물을 섞어 반죽 후 팬에 구워 낸다.
③ 와플 : 밀가루 반죽을 구워 벌집 모양으로 바삭하게 만들어 낸다.

5.3 시리얼류 조리

① 시리얼은 아침식사 대용으로 기호에 따라 완제품을 선택하여 그릇에 담아 우유나 음료를 넣어 먹는다.
② 오트밀은 식이섬유가 풍부하며 귀리를 볶아 만든 따뜻한 시리얼임을 기억해두자

연습문제

귀리를 볶아 만든 시리얼은?

가. 오트밀
나. 콘프레이크
다. 아몬드시리얼
라. 와플

답 가

6. 수프조리

6.1 수프 재료 준비
① 스톡을 준비한다.
② 스프의 농도를 맞출 때 사용할 루를 준비한다.
③ 가니쉬와 허브, 향신료를 준비한다.

6.2 수프 조리
① 콩소메 : 고기, 채소를 푹 고아 걸러낸 맑은 수프
② 베샤멜 : 화이트 루에 우유를 넣어 만든 묽은 수프
③ 포타주 : 리에종을 사용하지 않고 재료의 녹말성분을 이용해 걸죽하게 만든 수프

> **연습문제**
>
> **고기와 채소를 고아 걸러낸 맑은 스프는?**
> 가. 베샤멜
> 나. 콩소메
> 다. 포타주
> 라. 크림스프
>
> 답 나

6.3 수프 요리 완성
① 과하지 않게 깔끔하게 담아낸다.
② 접시는 재료의 온도에 맞춰 준다.

7. 육류조리

7.1 육류 재료 준비
① 신선한 육류를 선택하고 함께 조리할 부재료를 준비한다.
② 고기의 누린내를 제거하고 부드럽게 만들기 위해 기름, 과일, 식초 등을 사용한 마리네이드를 한다.

7.2 육류 조리
익힘의 정도에 따라 레어, 미디엄 레어, 미디엄, 미디엄 웰던, 웰던으로 나뉜다.

> **연습문제**
>
> **고기를 완전히 익혀 내는 방식은?**
> 가. 레어
> 나. 미디엄 레어
> 다. 미디엄
> 라. 웰던
>
> 답 라

7.3 육류 요리 완성
고기, 곡류, 채소, 소스, 과일 순으로 담아낸다.

8. 파스타 조리

8.1 파스타 재료 준비
① 파스타는 밀가루 중 경질 소맥을 사용한다.
② 건조 파스타의 종류엔 짧은 파스타, 긴 파스타가 있다.

8.2 파스타 조리
① 물 1리터당 파스타 100그램 정도를 넣는다.
② 깊이가 깊은 냄비에 삶고, 삶아 낸 후 씹히는 식감이 있어야 한다.

8.3 파스타 요리 완성
① 조리 후 바로 먹을 수 있도록 한다.
② 허브와 스파이스를 뿌려 향과 맛을 증가시킨다.

9. 소스조리

9.1 소스 재료 준비
만들려는 소스에 따라 부케가르니, 미르포아, 향신료, 농후제, 전분, 달걀, 버터 등을 준비한다.

9.2 소스 조리
리큐어 소스 : 과일즙에 약간의 리큐어나 럼을 넣어 만든다.

9.3 소스 완성
차갑게 내는 소스에는 푸딩, 무스, 과일, 젤리 등이 있다.

08. 중식

0. 중식 개요

0.1 특징
① 재료가 다양하고 기름을 이용해 높은 열로 단시간에 조리한 요리가 많음
② 4대요리 : 북경, 남경, 사천, 광동

> 📁 **수박선생**
>
> 4대요리는 끝 자리만 외우세요. (경)(천)(동)지 할 만한 맛이다.
> 아니면 동서남북으로 외워도 됩니다. 광(동), (사)천, (남)경, (북)경
>
>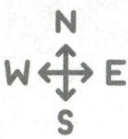

> ✏️ **연습문제**
>
> **중국 4대요리가 아닌 것은?**
>
> 가. 북경
> 나. 광동
> 다. 상하이
> 라. 남경
>
> 🔑 다

0.2 썰기 용어
정(사각형), 괴(덩어리), 쓸(채썰기), 미(쌀알크기), 조(막대), 말(참깨 크기)

> 📁 **수박선생**
>
> 이렇게 외워 보세요.
> 정(사각형)(덩어리) 괴물이 (채)쓸어 담지 못한 (쌀)을 미친듯이 먹고 있자
> 조조가 (막대)를 들어 쫓아 냈다고 하던데, (찹)말일까?
>
>

> ✏️ **연습문제**
>
> 중국 조리에서 사용하지 않는 썰기 용어는?
>
> 가. 정
> 나. 괴
> 다. 조
> 라. 찹
>
> 답 라

0.3 향신료와 조미료

① 향신료 : 계피, 산초, 팔각(잡내 제거), 정향(살균, 방부제 역할), 파, 은행
② 조미료 : 소금, 식초, 간장, 굴소스, 해선장(대두, 설탕, 고추 발효), 두반장(발효콩과 고추 혼합)

> 📁 **수박선생**
>
> 향신료는 원재료 그대로 사용하는 것이 많다고 생각하고,
> 조미료는 혼합하여 만드는 장, 소스가 들어간 명칭이 많다 정도 구분하여 기억하세요.
>
>

1. 절임·무침 조리

1.1 절임 무침 준비
① 양파 : 기름을 이용한 요리가 많은 중국요리는 심혈관계에 좋은 양파를 많이 사용한다.
② 청경채 : 성장 기간이 짧은 것이 특징

1.2 절임류 만들기
① 장아찌 : 채소, 어패류, 해조류를 장이나 초에 담가 만든다.
② 자짜이 : 소금에 절인 후 물에 헹궈 소금기를 뺀다. 설탕, 식초, 고추기름 등을 넣고 버무린다.

1.3 무침류 만들기
① 채소, 육류, 해산물을 사용하여 무침을 만드는데 채소는 소금으로 적당히 숨을 죽인다.
② 국물 없이 양념하여 무쳐낸다.

1.4 절임 보관 무침 완성하기
보관을 위해 건조 시키거나 굴소스나 두반장처럼 발효시키거나 훈연 시키거나 통에 넣어 땅 속에 보관하는 움저장법이 있다.

2. 육수·소스 조리

2.1 육수·소스 준비하기
① 신선한 뼈나 갑각류를 준비한다.
② 냄새를 없앨 향신료를 준비한다.

2.2 육수·소스 만들기
① 찬물에 재료를 넣어 끓인다.
② 센 불로 시작하여 물이 끓으면 불을 줄인다.
③ 거품이나 불순물을 제거한다.
④ 완성되면 건더기와 육수를 걸러 낸다.
⑤ 완성된 육수를 금속 용기에 담아 식힌다.
⑥ 식힌 육수를 냉장고에 보관한다.

2.3 육수·소스 완성 보관하기
냉장 시 육수는 3일 정도 보관 가능하며 냉동 보관 시 5개월 정도 보관 가능하다.

3. 튀김 조리

3.1 튀김 준비
① 밀가루는 박력분을 사용
② 소량의 식소다는 바삭한 식감을 만들어 준다.

3.2 튀김 조리
① 고열로 단시간 조리하여 영양손실을 최소화 한다.
② 초 : 볶기
③ 폭 : 데치기, 튀기기, 1.5cm 정육면체 조각 재료를 센 불에서 익힌다.
④ 작 : 튀기기
⑤ 전 : 지지기
⑥ 류 : 볶기
⑦ 팽 : 삶기
⑧ 첩 : 쌓아서 수증기로 익히기

연습문제

1.5cm 정육면체 조각으로 썰어 센 불에 익혀 내는 방식은?

가. 초
나. 폭
다. 전
라. 팽

답 나

3.3 튀김 완성
기름을 적당히 뺀 후 용기에 담아 낸다.

4. 조림조리

4.1 조림 준비
조림은 국물이 자박해질 때 까지 불로 익히는 요리로 재료와 양념, 전분물을 준비한다.

4.2 조림 조리
① 생선은 비린내를 날리기 위해 팬의 뚜껑을 열고 조리한다.

② 생강, 마늘은 재료가 거의 익었을 때 넣는 것이 좋다.

4.3 조림 완성
재료의 크기에 맞는 접시를 선택해서 올려 주며 재료 주위에 자박한 조림소스를 과하지 않게 부어준다.

5. 밥조리

5.1 밥 준비
용도에 따라 쌀의 종류를 선택한다.

5.2 밥 짓기
쌀과 물의 양을 적절히 조절한다.

5.3 요리별 조리하여 완성
① 류산슬덮밥 : 전분물로 농도를 맞춘 후 팽이버섯과 익힌 고기를 넣어 만든다.

② 마파두부덮밥 : 두반장을 사용하며 두부를 넣고 전분물로 농도를 맞춘다.

③ XO볶음밥 : 건관자, 건새우, 건고추, 전복 등으로 만든 XO소스를 넣어 만든다.

6. 면조리

6.1 면 준비
① 중국식 국수 : 밀가루와 알카리 용액으로 만든 노란색 면을 준비한다.
② 한국식 국수 : 밀가루와 소금, 물을 혼합해 만든 흰색 면을 준비한다.
③ 파스타 : 세몰리나가 들어간 호박색 면을 준비한다.
④ 냉면 : 메밀가루와 알카리제로 만든 면을 준비한다.
⑤ 당면 : 전분으로 만든 면을 준비한다.

6.2 반죽하여 면 뽑기
① 세면 : 중국, 일본에서 사용하는 굵기가 가장 가는 면
② 소면 : 잔치국수나 비빔면에 사용하는 소면 보다 좀 더 굵은 면
③ 중화면 : 자장면, 짬뽕에 사용되는 소면 보다 좀 더 굵은 면
④ 칼국수면 : 칼국수에 사용되는 중화면 보다 굵은 면
⑤ 우동면 : 우동에 사용되는 중화면 보다 굵은 면

6.3 면 삶아 담기
① 면을 삶을 때 소금을 넣어 글루텐의 점탄성을 증가시켜 준다.
② 일반적으로 면의 2~6% 정도 소금을 넣는다.
③ 면을 삶을 때는 충분한 양의 끓는 물에 삶아야 한다.

7. 냉채 조리

7.1 냉채 준비

① 요리 가격과 조리 방법에 따라 재료와 균형을 이룰 수 있도록 냉채를 선택한다.

② 무침 냉채 : 해파리, 미역, 닭가슴살, 자차이

③ 데침 냉채 : 오징어, 새우, 양장피

④ 삶는 냉채 : 삼겹살, 오향장육

⑤ 양념 냉채 : 사천포채, 진피무

7.2 냉채 조리

① 새우 : 수염, 머리, 꼬리의 뾰족한 부분 제거

② 오징어 : 내장, 껍질 제거

③ 무치거나, 장국물에 끓이거나, 소금, 간장, 술, 설탕과 식초로 만든 양념에 담가 만든다.

7.3 냉채 완성

냉채를 담을 때는 봉긋하게 쌓거나 평편하게 펴 놓거나 계단형태로 쌓기를 많이 사용하며 둥그렇게 두르거나 꽃처럼 장식하여 담기도 한다.

8. 볶음조리

8.1 볶음 준비
색과 향을 살릴 수 있는 재료를 준비한다.

8.2 볶음 조리
① 팬에 기름을 두르고 고온의 화력으로 짧은 시간에 볶아 낸다.
② 초:기름을 두르고 센 불에서 짧은 시간 볶아 내는 조리 방법
③ 폭:1.5cm 정육면체 재료를 데치거나 튀겨내는 방법
④ 류:튀김 옷을 입혀 기름에 튀기거나 볶는 방식

8.3 볶음 완성
조리 후 전분 물을 첨가하여 자작하게 만들어 담는다.

9. 후식 조리

9.1 후식 준비
① 식사를 마칠 무렵 제공되도록 준비한다.
② 따뜻한 후식을 먼저, 차가운 후식을 나중에 제공한다.

9.2 더운 후식류 조리
빠스류 : 설탕을 가미해 달콤한 맛을 낸다, 고구마빠스/바나나빠스 등이 있다.

9.3 찬 후식류 조리
① 시미로 : 타피오카 전분과 재료를 섞어 차게 만든 후식
② 과일
③ 무스류 : 차가운 크림 형태의 과자
④ 파이류 : 과일이나 견과류를 활용한 디저트로 호두파이, 사과파이 등이 있다.

9.4 후식류 완성
식 후에 제공하는 것이므로 과하지 않게 소량을 정갈하게 담아 낸다.

09. 일식

0. 일식 개요

0.1 조리법
① 다섯가지 조리법(5법) : 회, 찜, 튀김, 구이, 조림

> 📁 **수박선생**
> 볶음이 들어 가지 않는다는 정도 기억해두면 된다.
>
>

> ✏️ **연습문제**
>
> **일식의 대표적 조리법이 아닌 것은?**
>
> 가. 찜
> 나. 튀김
> 다. 볶음
> 라. 조림
>
> 답 다

② 5색 : 노란색, 빨간색, 검은색(독일국기 색상), 흰색, 파란색(포카리스웨트 색상)

> 📁 **수박선생**
> 5색을 물어보는 경우는 드물지만 외우고 싶은 수험생은
> 독일 축구선수가 포카리스웨트 먹는 모습을 떠올리면 된다.
>
>

0.2 일식 요리 담는 방법
① 자연의 멋과 공간의 미를 살린다.
② 그릇 바깥쪽에서 자기 앞쪽으로 담는다.
③ 오른쪽에서 왼쪽으로 담는다.
④ 생선 머리는 왼쪽으로 배는 자기 앞쪽으로 향하게 한다.

1. 무침조리

1.1 무침 재료 준비
① 살아있는 문어로 흡반이 크고, 몸이 적자색인 것이 좋다.
② 해삼은 딱딱하며 냄새가 나지 않는 것이 좋다.
③ 새우는 껍질이 단단하고, 투명하며 윤기나는 것이 좋다.
④ 생선은 살이 단단한 것이 좋다.

1.2 무침 조리
신선한 재료와 향신료를 사용하여 상에 올리기 직전에 무친다.

1.3 무침 담기
작고 깊이가 있는 화려하지 않은 접시에 담아 낸다.

2. 국물조리

2.1 국물재료 준비
① 주재료는 어패류, 육류, 가공품을 사용하며 특히 봄에는 지방이 적은 도미가 제철이다.
② 맑은 국물에는 두릅, 죽순을 사용하며 된장국에는 미역을 사용한다.
③ 다시마는 검은색 또는 녹갈색의 두껍고 하얀 염분이 묻어 있는 것이 좋다.
④ 가다랑어포는 참치를 훈연 후 말려 대패로 포를 뜬 것으로 이노신산이라는 감칠맛을 낸다.

2.2 국물 우려 내기
① 곤부다시 : 다시마 표면을 닦아낸 후 찬물에 우려낸 후 강한 불에 끓으면 불을 꺼 식힌다.
② 니보시다시(멸치다시) : 쪄서 말린 멸치의 내장을 제거하고 상온의 물에 우려낸 후 끓여서 면보에 걸러 낸다.

2.3 국물 요리 조리
① 맛을 살리고 재료의 잡냄새를 잡아 주기 위해 갈은 무, 생강, 레몬, 시치미 등을 사용한다.
② 시치미는 고추가루, 파래, 산초가루, 양귀비씨, 깨, 후추, 겨자, 진피를 섞어 만든 것으로 덮밥이나 우동, 국수의 향을 내기 위해 사용한다.

3. 조림조리

3.1 조림 재료 준비
제철 채소를 준비하며 어떤 맛을 낼지에 따라 간장, 소금, 맛술, 설탕, 된장, 식초를 준비한다.

3.2 조림 하기
① 육수를 만들어 넣은 후 조미료를 가미해 조린다
② 아메니 : 엿, 조청을 넣은 윤기나는 조림
③ 간로니 : 민물고기 조림
④ 시라니 : 하얀 야채 조림
⑤ 미소니 : 된장 조림
⑥ 스니 : 식초 조림

3.3 조림 담기
음식을 접시에 정갈하게 담아낸다.

4. 면류조리

4.1 면 재료 준비
굵기에 따라 세면, 소면, 중화면, 칼국수면, 우동면 순으로 굵어 진다.

4.2 면 조리
① 우동 면은 냉동면을 사용하며 데쳐서 조리한다.
② 메일국수와 소면은 물에 소금을 넣어 삶다가 끓으면 찬물을 부어 2~3번 끓인 후 찬물에 헹궈 낸다.

4.3 면 담기
면의 남은 물기를 제거하기 위해 소쿠리에 담거나, 스테인레스 그릇에 담는다.

5. 밥짓기

5.1 밥 짓기
① 쌀을 씻은 후 쌀에 따라 물의 양과 불리는 시간을 30분에서 1시간 정도 불린다.
② 물의 양은 쌀의 1~1.5배로 한다.
③ 밥은 60도에서 호화가 시작하여 100도에서 20분 정도 지나면 호화가 완성된다.

5.2 녹차 밥 조리
① 녹차를 우려낸 물에 간을 한 후 밥 위에 붓는다.
② 고명을 올린다.

5.3 덮밥 류 조리
소고기 조림을 올리는 규동, 돈가스를 올리는 가츠동, 돼지고기를 올리는 부타동 등이 있다.

5.4 죽 류 조리
① 쌀의 10배 물을 부어 끓이는 오카유, 쌀의 2배의 물을 부어 끓이는 조우스이가 있다.
② 조우스이는 전골요리 후 남은 국물에 밥을 넣어 만든 짧은 시간 조리하여 먹는 죽이다.

6. 초회조리

6.1 초회 재료 준비
① 신선한 재료를 깨끗이 씻는다.
② 어패류는 소금으로 씻고, 채소류는 소금물에 절인다.
③ 삶거나 데쳐내고, 건조된 것은 물에 불려 둔다.

6.2 초회 조리
① 향기나 색을 보강하기 위해 향신료를 넣는데 야쿠미라고 한다.
② 무와 고추를 갈아 넣기도 하며 아카오로시 또는 모미지오로시라고 한다.

6.3 초회 담기
접시에 정갈하게 담아 낸다.

7. 찜조리

7.1 찜 조리
신주 찜은 흰 살 생선을 메밀 국수에 넣어 쪄 낸 것이다.

7.2 찜 담기
담을 때 재료가 부서지거나 흐트러지지 않게 담아 낸다.

8. 롤초밥조리

8.1 롤 초밥 재료 준비
① 쌀은 투명하고 윤기가 있으며 탄력과 끈기가 적당한 것이 좋다.
② 초밥용 쌀은 햅쌀 보다 묵은 쌀이 좋다.
③ 밥은 약간 되게 지어야 초를 넣어 조리하기 좋다.
④ 박고지는 여물기 전의 박을 썰어 말려 사용한다.
⑤ 오보로는 흰 생선살을 삶아 핑크 색소와 소금 등으로 간을 하여 증기로 말린다.
⑥ 냉동참치는 3% 식염수를 사용하여 해동하며 물의 온도는 겨울에는 따뜻한 물에 여름철엔 시원한 물이 적당하다.

8.2 롤 양념 초 조리
밥과 초의 비율은 15:1이 적당하다.

8.3 롤 초밥 조리
① 나무 통에 밥과 초를 넣어 고루 섞어 준 후 부채질하여 식혀 준다.
② 김은 초벌로 살짝 구운 후 2장을 겹쳐 바삭하게 구워 낸다.

8.4 롤 초밥 담기
① 왼쪽에서 오른쪽으로 담고, 그 앞쪽에서 왼쪽에서 오른쪽으로 담아 낸다.
② 부재료는 오른쪽에 담는다.

9. 구이 재료 준비

9.1 구이 재료 준비
① 어류는 비늘과 내장을 제거하고, 두꺼운 생선은 칼집을 낸다.
② 육류는 지방덩어리와 힘줄을 제거하고 양념에 재워 둔다.
③ 야채는 단단한 재료를 사용하며 사전에 간을 세게 한다.

9.2 구이 조리
① 셀러맨더는 위에서 열을 가하는 조리도구이며, 오븐은 뜨거운 공기로 열을 가하는 것으로 재료를 뒤집지 않아도 된다는 점이 특징이다.
② 곁들임 음식은 초절임, 단조림, 간장조림, 레몬 등이 있으며 입 안의 비린내를 제거하는데 좋다.

9.3 구이 담기
① 생선은 머리는 왼쪽, 배는 앞쪽으로 담는다.
② 곁들임 음식(아시라이)는 오른쪽 앞, 양념장은 구이 접시 오른쪽에 둔다.
③ 토막 생선은 넓은 부위를 왼쪽에 두며 껍질이 위를 향하게 담는다.
④ 육류 또한 껍질이 위를 향하게 담는다.

✏️ 연습문제

생선 구이를 담을 때 머리의 위치는?

가. 왼쪽
나. 오른쪽
다. 위쪽
라. 아래쪽

답 가

10. 복어

0. 복어 개요

복어는 무색, 무취의 맹독인 테트로도톡신이 있으므로 유의하여 조리해야 한다.

1. 복어 부재료 손질

① 복어의 독은 근육<장<피부<간<난소 순으로 많이 들어 있다.
② 눈과 내장, 아가미는 먹지 않으므로 조심해서 제거한다.

> **연습문제**
>
> **복어의 독이 가장 많은 부위는?**
>
> 가. 근육
> 나. 장
> 다. 피부
> 라. 간
>
> **답** 라

1.1 복어 종류와 품질 판정법

복어는 식용 가능 복어와 식용 불가능 복어로 나눌 수 있는데, 식용 불가능 복어는 별복, 선인복, 배복, 벌레복, 국매리가 있다.

> 📁 **수박선생**
>
> 외우는 방법은 (별)난 (선)(배)가 (벌레)(국)을 끓여 주었는데 (먹을 수 없었다)로 암기합니다.
>
>

> **연습문제**
>
> **다음 중 식용 가능한 복어는?**
> 가. 별복
> 나. 황복
> 다. 선인복
> 라. 배복
>
> 답 나

1.2 채소 손질

① 채소는 대체적으로 묵직하고 윤기가 나는 것이 좋다.

② 손질한 채소는 밀폐용기에 보관하거나 얼음에 넣어 두거나 신문지를 싸서 보관한다.

1.3 복떡 굽기

① 복떡을 잘라 쇠꼬챙이에 끼워 불에 굽는다.

② 구운 떡은 얼음 물에 담가 식혀서 물기를 제거 후 지리에 넣는다.

2. 복어 양념장 준비

2.1 초간장 만들기
① 다시마, 물, 가스오부시로 국물을 만들어 식초, 간장, 레몬을 섞어 초간장을 만든다.
② 초간장에 가스오부시를 넣고 숙성 시킨 후 면보로 거른다.
③ 양념을 담아 완성한다.

2.2 양념 만들기
① 무를 강판에 갈아 낸 후 물을 이용해 매운 맛을 씻어 낸다.
② 고추가루와 실파의 파란 부분을 썰어 넣는다.

2.3 조리별 양념장 만들기
① 삼배초는 국간장에 술과 설탕을 넣어 만든다.
② 이마스는 청주에 설탕과 미림을 넣어 만든다.
③ 고추간장은 간장에 겨자와 미림, 다진 고추를 넣어 만든다.

3. 복어 껍질 초회 조리

3.1 복어 껍질 준비
① 소금으로 문질러 물에 헹군다.
② 겉껍질과 속껍질을 분리한다.
③ 복어 표면의 가시를 제거한다.
④ 삶은 후 얼음물에 넣는다.
⑤ 물기 제거 후 냉장고에 넣어 건조한다.

3.2 복어 초회 양념 만들기
① 양념 재료는 무, 실파, 고추가루를 사용한다.
② 초간장 재료는 간장, 식초, 설탕, 가스오부시, 다시마를 사용한다.

3.3 복어 껍질 무치기
복어 껍질과 미나리를 넣고 양념과 초간장으로 버무려 담아 낸다.

4. 복어 죽조리

4.1 복어 맛국물 준비
① 끓는 물에 가스오부시를 넣고 불을 끈다.
② 다시마를 넣고 가열하다 끓으면 불을 끄고 다시마를 건져 낸다.
③ 다시마 국물에 가스오부시를 넣어 맛이 우러나면 가스오부시를 걸러 낸다.

4.2 복어 죽재료 준비
쌀을 준비하되 죽을 만드는 쌀과 물의 비율은 1:8 정도 이다.

4.3 복어 죽 끓여서 완성
① 조리 방법에 따라 오카유와 조우스이로 나눈다.
　ㄱ. 오카유 : 쌀을 적당히 갈아 끓이거나 밥에 물을 넣고 국자로 으깨면서 끓인 것
　ㄴ. 조우스이 : 밥을 씻어 해물이나 야채를 넣고 다시 끓인 것
② 소금과 국간장으로 간을 하고, 계란으로 농도 조절, 참기름과 나물, 실파, 김을 올려 담아낸다.

5. 복어 튀김 조리

5.1 복어 튀김재료 준비
복어, 전분 또는 박력분, 간장 정종, 유자를 준비한다.

5.2 복어 튀김 옷 준비
박력분 또는 전분을 사용하거나 혼합해서 튀김 옷을 만든다.

5.3 복어 튀김 조리 완성
① 조리 방식에 따라 튀김 옷 없이 튀기는 스아게, 박력분 튀김 옷을 입혀 부재료를 묻혀 튀기는 고로모아게, 박력분 튀김 옷만 입혀 튀기는 가라아게
② 완성된 튀김을 기름기를 뺀 후 덴다시(간장소스)와 함께 낸다.

6. 국화모양 조리

6.1 복어 살 전처리 작업
① 생선포 뜨기 종류에는 두장, 세장, 다섯장 뜨기 방법이 있다.

> 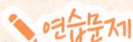 연습문제
>
> **생선포 뜨기의 종류가 아닌 것은?**
> 가. 두장 뜨기
> 나. 세장 뜨기
> 다. 네장 뜨기
> 라. 다섯장 뜨기
>
> 답 다

② 복어살은 물로 씻거나, 간장이나 된장, 식초를 넣어 비린내를 제거할 수 있다.

6.2 복어 회 뜨기
① 칼을 기울여 살을 두개로 나눈다.
② 폭이 넓은 쪽을 접시 바깥쪽에 놓는다.

6.3 복어 회 국화모양 접시에 담기
① 접시 오른쪽에서 왼쪽으로, 바깥쪽에서 앞쪽으로 담아낸다.
② 둥근 접시에 국화, 모란, 공작 모양으로 담는다.

조리기능사
기출문제

기출 1. 암기비법 60

> 📁 **수박선생**
>
> **포도상구균에 대해 알아보자.**
> - 포도상구균 문제가 나오면 포도로 생각하고 문제를 풀어보자.
> - 포도는 열에 약하다.
> - 상온에서도 곪고 썩는다.(화농성이라고도 한다)
> - 포도는 입으로 톡쏘(독소)는 신맛이 전해진다.
> - 포도(포도상구균) 입으로(엔트로) 톡 쏘는 신맛(톡신)이 전해진다.

01

황색 포도상구균의 특징이 아닌 것은?

① 균체가 열에 강함
② 독소형 식중독 유발
③ 화농성 질환의 원인균
④ 엔테로톡신(enterotoxin) 생성

답 ①

✏️ **암기 노트**

> 📁 **수박선생**
>
> **섭조개의 독소성분에 대해 알아보자.**
> - 섭조개의 독소는 삭시톡신이다.
> - (섬에 남자가 없어서) 섬에서 조개 캐는 색시는 독신이라 한다.
> - 줄이면 섬조개(섭조개) 색시독신(삭시톡신)

02

섭조개에서 문제를 일으킬 수 있는 독소 성분은?

① 테트로도톡신(tetrodotoxin)
② 셉신(sepsine)
③ 베네루핀(venerupin)
④ 삭시톡신(saxitoxin)

답 ④

✏️ **암기 노트**

> 📁 **수박선생**
> 어패류의 신선도 지표에 대해 알아보자.
> - 참치에는 오메가쓰리가 많다.
> - 오메가쓰리가 얼마나 많은지가 신선도 평가 점수다.
> - 어패류 하면 오메가쓰리를 떠올리자.
> - 어패류 오메가쓰리(트리)
> - 어패류의 선도평가는 트리메틸아민

03

어패류의 선도 평가에 이용되는 지표성분은?

① 헤모글로빈
② 트리메틸아민
③ 메탄올
④ 이산화탄소

답 ②

✏️ **암기 노트**

> 📁 **수박선생**
> 식품과 연관된 독을 알아보자.
> - 피마자의 독 이름은 리신
> - 대문에 피를 뿌리면 악귀가 못 온다고 한다.
> - 이거 피마자? 그건 미신이야!
> - (피마자)하면 미신(리신)을 떠올리자(피마자 독 이름은 리신이다)
>
> - 매실의 독 이름은 아미그달린이다.
> - 매번 실실 웃는 아들에게 어머니가 말씀하신다.
> - 남자가 매번 실실 웃고! 그러려면 아 그 달린 거 떼 버려라
> - (매)번(실)실 (아)그(달린) 거 떼 버려라
> - 매실의 독 - 아미그달린
>
> - 모시조개의 독 이름은 베네루핀이다.
> - 함경도 어시장에서 다툼이 일어났다.
> - 모시 어드레? 눈에(뵈)는 게 없(네)?
> - 모시가 나오면 뵈는 게 없네
> - 모시조개의 독 베네루핀

04

식품에서 자연적으로 발생하는 유독물질을 통해 식중독을 일으킬 수 있는 식품과 가장 거리가 먼 것은?

① 피마자
② 표고버섯
③ 미숙한 매실
④ 모시조개

답 ②

✏️ **암기 노트**

> 📁 **수박선생**
> 중금속과 관련된 질병을 알아보자.
> - 수은은 미나마타병과 관련 있다.
> - 미나마타는 미나 마찬가지다의 줄임 말이다…
> - 채점 점수가 주관적이어서 수는 미나 마찬가지다.
> - 수는(수은)(미나마)찬가지(다)
>
> - 카드뮴과 관련된 질병은 이타이이타이병이다.
> - 카드 타짜에 이 몸이 당하다니, 이따위 이따위 사기가 어디에 있어!
> - (카드)뮴 이따위 이따위(이타이 이타이)

05

과거 일본 미나마타병의 집단발병 원인이 되는 중금속은?

① 카드뮴
② 납
③ 수은
④ 비소

답 ③

✏️ **암기 노트**

> 📁 **수박선생**
> 육색 고정에 관련된 식품첨가물을 알아보자.
> - 착색이라고 답을 적어 틀리는 경우가 많다.
> - 발육이라고 외우자.(발)색제 - (육)색 고정
> - 고기가 발육이 잘 됐군

06

소시지 등 가공육 제품의 육색을 고정하기 위해 사용하는 식품첨가물은?

① 발색제
② 착색제
③ 강화제
④ 보존제

답 ①

✏️ **암기 노트**

> 📁 수박선생
>
> **소독의 지표에 대해 알아보자.**
> - 소독을 서독으로 바꿔 읽어보자.
> - 70년대 우리나라 청년들이 서독에 가서 석탄 캐며 외화를 벌던 시절이 있었다.
> - 서독 하면 석탄이 떠올라야 한다.
> - 서독(소독)(석탄)산

07

소독의 지표가 되는 소독제는?

① 석탄산
② 크레졸
③ 과산화수소
④ 포르말린

답 ①

✏️ 암기 노트

> 📁 수박선생
>
> **식품의 변화를 나타내는 용어에 대해 알아보자.**
> - 발효는 미생물에 의한 것이다.
> - 발효는 화학물질이 안 들어가기에 모두들 발효 식품이 몸에 좋다고 하는 것이다.

08

식품의 변화현상에 대한 설명 중 틀린 것은?

① 산패 : 유지식품의 지방질 산화
② 발효 : 화학물질에 의한 유기화합물의 분해
③ 변질 : 식품의 품질 저하
④ 부패 : 단백질과 유기물이 부패 미생물에 의해 분해

답 ②

✏️ 암기 노트

> 📁 **수박선생**
> **유기인제 농약에 대해 알아보자.**
> - 영화를 좋아하는 분이라면 파라마운트 배급사를 들어 봤을 것이다.
> - 파라마운트 배급사 영화에 유아인이 캐스팅되었다.
> - 파라, 마운틴, 유아인(파라티온, 말라티온 – 유기인)

09

파라티온(parathion), 말라티온(malathion)과 같이 독성이 강하지만 빨리 분해되어 만성중독을 일으키지 <u>않는</u> 농약은?

① 유기인제 농약
② 유기염소제 농약
③ 유기불소제 농약
④ 유기수은제 농약

답 ①

✏️ **암기 노트**

> 📁 **수박선생**
> **식품첨가물의 용도를 알아보자.**
> - 호박산은 산도조절제이다. 산도조절제의 산도를 과자 이름으로 바꿔 생각해보자.
> - 땅콩 맛 산도 다음 제품은 (호박)맛 (산도) 입니다.
> - 호박 나오면 산도를 떠올려야 한다.
>
> - (참고) 이름에 이산화가 들어간 건 착색료에 많다.
> - 이 옷은 이산에 핀 꽃들로 물감을 만들어 착색한 제품이라네
> - 이산에 핀 꽃(이산화) 착색한 제품(착색제)

10

식품첨가물의 주요용도 연결이 옳은 것은?

① 삼이산화철 – 표백제
② 이산화티타늄 – 발색제
③ 명반 – 보존료
④ 호박산 – 산도 조절제

답 ④

✏️ **암기 노트**

> 📁 **수박선생**
> 식중독 사고가 발생하면 우선 해당 시, 군, 구의 우두머리에게 연락해야 담당 공무원에게 대응지시를 할 수 있다.

11

식품위생법상 식중독 환자를 진단한 의사는 누구에게 이 사실을 제일 먼저 보고하여야 하는가?

① 보건복지부장관
② 경찰서장
③ 보건소장
④ 관할시장·군수·구청장

답 ④

✏️ **암기 노트**

> 📁 **수박선생**
> - 조리사 면허취소 효력 기간은 취소된 날로부터 1년이다.
> - 실업급여 지급 기간도 1년 미만이므로 생계 문제상 1년으로 한다.

12

조리사 면허 취소에 해당하지 <u>않는</u> 것은?

① 식중독이나 그 밖에 위생과 관련한 중대한 사고 발생에 직무상의 책임이 있는 경우
② 면허를 타인에게 대여하여 사용하게 한 경우
③ 조리사가 마약이나 그 밖의 약물에 중독된 경우
④ 조리사 면허의 취소처분을 받고 그 취소된 날부터 2년이 지나지 아니한 경우

답 ④

✏️ **암기 노트**

> 📁 수박선생
> - 모든 식품을 냉동, 냉장 보관할 필요는 없다.
> - 실온에 보관해도 되는게 있다. 예를 들어 식초

13

식품위생법상 식품 등의 위생적인 취급에 관한 기준이 아닌 것은?

① 식품 등을 취급하는 원료보관실·제조가공실·조리실·포장실 등의 내부는 항상 청결하게 관리하여야 한다.
② 식품 등의 원료 및 제품 중 부패·변질되기 쉬운 것은 냉동·냉장시설에 보관·관리하여야 한다.
③ 유통기한이 경과된 식품 등을 판매하거나 판매의 목적으로 전시하여 진열·보관하여서는 아니 된다.
④ 모든 식품 및 원료는 냉장·냉동시설에 보관·관리하여야 한다.

답 ④

✏️ 암기노트

> 📁 수박선생
> 공인된 사항을 표시한 것은 과대광고나 허위광고가 아니다.

14

식품위생법상 허위표시, 과대광고, 비방광고 및 과대포장의 범위에 해당하지 않는 것은?

① 허가·신고 또는 보고한 사항이나 수입신고한 사항과 다른 내용의 표시·광고
② 제조방법에 관하여 연구하거나 발견한 사실로서 식품학·영양학 등의 분야에서 공인된 사항의 표시
③ 제품의 원재료 또는 성분과 다른 내용의 표시·광고
④ 제조연월일 또는 유통기한을 표시함에 있어서 사실과 다른 내용의 표시·광고

답 ②

✏️ 암기노트

> 📁 **수박선생**
> "식품에 넣는다"는 다른 말로 첨가 한다라는 말과 같다.

15

식품위생법상 "식품을 제조·가공 또는 보존하는 과정에서 식품에 넣거나 섞는 물질 또는 식품을 적시는 등에 사용하는 물질"로 정의된 것은?

① 식품첨가물
② 화학적 합성품
③ 항생제
④ 의약품

답 ①

✏️ **암기 노트**

> 📁 **수박선생**
> **전분의 변화에 대해 알아보자.**
> - 전분이 가열에 의해 알파 전분이 되는 현상을 호화라 한다.
> - 전분 하면 생각나는 것은 빵이 아닐까? 겨울에 빵 하면 생각나는 것이 호빵이고
> - 전분을 가열하면 빵이 되고 뜨거운 빵은 호호 불면서 먹는다고 호빵.
> - (전분 가열)(호)빵, 가열에 의해 알파화 되는 건 호화

16

β-전분이 가열에 의해 α-전분으로 되는 현상은?

① 호화
② 호정화
③ 산화
④ 노화

답 ①

✏️ **암기 노트**

> 📁 수박선생
> - 중성지방의 구성은 지방과 글리세롤이다.
> - 중성지방에는 말 그대로 지방은 기본적으로 들어간다.
> - 남자도 아니고 여자도 아닌(중성)이 뭘까?(글쎄?)
> - (중성)(글)리(세)롤

> 📁 수박선생
> - 새우젓에 소금 50% 이상은 염기에 새우가 녹아 형태가 남아 나질 않는다.
> - 새우젓이 아닌 소금물이 되는 것이다. 그래서 소금은 여름에는 50%가 안 되는 40% 정도, 가을에는 이 보다 덜한 30% 정도만 사용한다.

17

중성지방의 구성 성분은?

① 탄소와 질소
② 아미노산
③ 지방산과 글리세롤
④ 포도당과 지방산

 ③

18

젓갈의 숙성에 대한 설명으로 **틀린** 것은?

① 농도가 묽으면 부패하기 쉽다.
② 새우젓의 소금 사용량은 60% 정도가 적당하다.
③ 자기소화 효소작용에 의한 것이다.
④ 호염균의 작용이 일어날 수 있다.

답 ②

✏️ 암기 노트

✏️ 암기 노트

> 📁 **수박선생**
>
> **결합수에 대해 알아보자.**
> - 결합수란 순수한 물이 아닌 무언가 섞여 결합된 물이라 생각하자.
> - 이미 섞여 있는 물이기에 또 다른 것을 녹일 용매로 적당치 않다.

19

결합수의 특징이 아닌 것은?

① 전해질을 잘 녹여 용매로 작용한다.
② 자유수보다 밀도가 크다.
③ 식품에서 미생물의 번식과 발아에 이용되지 못한다.
④ 동·식물의 조직에 존재할 때 그 조직에 큰 압력을 가하여 압착해도 제거되지 않는다.

답 ①

✏️ **암기 노트**

> 📁 **수박선생**
>
> **우유단백질의 응고성에 대해 알아보자.**
> - 우유가 응고되면서 걸죽해진 것이 요구르트다.
> - 더 걸죽해지면 요거트가 되고 더 걸죽해지면 치즈가 된다.

20

요구르트 제조는 우유 단백질의 어떤 성질을 이용하는가?

① 응고성
② 용해성
③ 팽윤
④ 수화

답 ①

✏️ **암기 노트**

> 📁 **수박선생**
>
> **알칼리성 식품의 구성 성분을 알아보자.**
> - 알칼리의 구성성분은 나트륨, 칼륨, 칼슘, 마그네슘이다.
> - 나까마 라고 아시는가?
> - 도매상을 일본어로 나까마라고 한다.
> - 나카마가 취급하는 대표적 알칼리 음료는 포카리스웨트다.
> - 나까마(Na Ca, k Ma)(알칼리)음료

21

알칼리성 식품에 대한 설명으로 옳은 것은?

① Na, K, Ca, Mg이 많이 함유되어 있는 식품
② S, P, Cl이 많이 함유되어 있는 식품
③ 당질, 지질, 단백질 등이 많이 함유되어 있는 식품
④ 곡류, 육류, 치즈 등의 식품

답 ①

✏️ **암기 노트**

> 📁 **수박선생**
>
> **우유의 균질화에 대해 알아보자.**
> - 균질화나 균일이나 일맥 상통하는 말이다.
> - 균일하니 특별히 큰 지방구는 없을 것이다.
> - 불규칙한 거 보다 균일한 게 소화가 잘 될 것이다.
> - 균질화는 지방 함량을 맞추는 것이 아니라 여과기로 걸러 크기를 균일하게 맞추는 것임

22

우유의 균질화(homogenization)에 대한 설명이 아닌 것은?

① 지방구 크기를 0.1~2.2㎛ 정도로 균일하게 만들 수 있다.
② 탈지유를 첨가하여 지방의 함량을 맞춘다.
③ 큰 지방구의 크림층 형성을 방지한다.
④ 지방의 소화를 용이하게 한다.

답 ②

✏️ **암기 노트**

> 📁 **수박선생**
>
> **안토시아닌에 대해 알아보자.**
> - 안토시아닌은 적색을 띠게 하는 색소이다.
> - 안구에 톡하고 식초가 들어가면 아리죠, 그러면 안구는 붉은 색으로 충혈됩니다.
> - (안)구에 (톡)하고 (식)초 들어가면 (아리)죠, (붉은 색) 충혈

23

레드 캐비지로 샐러드를 만들 때 식초를 조금 넣은 물에 담그면 고운 적색을 띠는 것은 어떤 색소 때문인가?

① 안토시아닌(anthocyanin)
② 클로로필(chlorophyll)
③ 안토잔틴(anthoxanthin)
④ 미오글로빈(myoglobin)

답 ①

✏️ **암기 노트**

> 📁 **수박선생**
>
> **섬유소에 대해 알아보자.**
> - 섬유소가 체내에서 소화되지 않는 것을 나쁘다고 생각하는지 소화되지 않는다를 답으로 하는 사람이 많다.
> - 섬유소는 소화되지 않으면서 변 사이 사이 자리 잡아 변을 뭉치게 않게 한다. 즉 변비 예방을 하는 좋은 것이다.
> - 한강은 넓은 강, 한천은 넓은 개울이라 생각해보자.
> - 개울에 산을 옮겨 놓으면 개울 물길이 분해된다.
> - 마찬가지로 한천에 산을 첨가하면 분해된다는 말이다.

24

섬유소와 한천에 대한 설명 중 틀린 것은?

① 산을 첨가하여 가열하면 분해되지 않는다.
② 체내에서 소화되지 않는다.
③ 변비를 예방한다.
④ 모두 다당류이다.

답 ①

✏️ **암기 노트**

> 📁 **수박선생**
> - 젤리화의 3요소는 당, 산, 펙틴이다.
> - 젤리는 당산동에서 사는게 진리다.
> - (젤리)는(당)(산)동 진리(팩트)다.

25

과실의 젤리화 3요소와 관계 없는 것은?

① 젤라틴
② 당
③ 펙틴
④ 산

답 ①

✏️ **암기 노트**

> 📁 **수박선생**
> **5탄당의 종류에 대해 알아보자.**
> - 5탄당은 리보오스, 자일로오스, 아라비노오스
> - 5탄당 하면 오랑우탄을 떠올리자.
> - 초등학교 시절 오랑우탄이란 별명을 가진 친구를 60년이 지나 만났다.
> - "이보시요, 자이리오시오, 아라보겠소"
> - 오랑우탄(5탄당), 이보시오(리보오스), 자이리오시오(자일로오스), 아라보겠소(아라비노오스)

26

탄수화물의 분류 중 5탄당이 아닌 것은?

① 갈락토오스(galactose)
② 자일로오스(xylose)
③ 아라비노오스(arabinose)
④ 리보오스(ribose)

답 ①

✏️ **암기 노트**

> 📁 **수박선생**
> **CA저장에 대해 알아보자.**
> - CA를 칼슘으로 생각하면 안된다.
> - C는 Control 즉 제어한다는 것이고 A는 Air를 말한다.
> - 밀폐된 공기속에 저장해도 향이 살아 있는 건 상큼한 과일이다.
> - 육류, 우유, 생선은 공기 중에 놓으면 금새 부패한다.
> - 암기가 안된다면, CA를 발음 그대로 읽으면 카, 과일의 과와 비슷한 발음이니 보기에서 과일을 답으로 선택해도 된다.

27

CA저장에 가장 적합한 식품은?

① 육류
② 과일류
③ 우유
④ 생선류

답 ②

✏️ **암기 노트**

> 📁 **수박선생**
> **황이 함유된 아미노산에 대해 알아보자.**
> - 황함유 아미노산은 메 나 시로 시작하는 경우가 많다.
> - 축구(황)제 (메)(시)로 암기하자.

28

황함유 아미노산이 아닌 것은?

① 트레오닌(threonine)
② 시스틴(cystine)
③ 메티오닌(methionine)
④ 시스테인(cysteine)

답 ①

✏️ **암기 노트**

> 📁 수박선생
>
> **식품의 열량 계산법에 대해 알아보자.**
> - 식품을 구성하는 단백질, 탄수화물, 지방의 열량은 단백질은 4Kcal, 탄수화물 4Kcal, 지방 9Kcal
> - 이렇게 암기하면 쉽다.
> - 고기집에 가서 단백한 4골국물과, 탄산수 4이다, 지방이 꽃 무늬 있는 꽃등심 9워 먹자.
> - 단백질은 4Kcal, 탄수화물 4Kcal, 지방 9Kcal
> - 2500 × 0.18 = 450
> - 단백질은 4Kcal, 탄수화물 4Kcal, 지방 9Kcal
> - 단백질의 양을 물었으므로 4로 나누어 주면 된다.

29

하루 필요 열량이 2500Kcal일 경우 이 중의 18%에 해당하는 열량을 단백질에서 얻으려 한다면, 필요한 단백질의 양은 얼마인가?

① 50.0g
② 112.5g
③ 121.5g
④ 171.3g

답 ②

✏️ **암기 노트**

> 📁 수박선생
>
> **천연색소 변색요인에 대해 알아보자.**
> - 질소는 과자 부서지지 말라고 과자봉지에 넣는다.
> - 변색과는 거리가 멀다.

30

조리와 가공 중 천연색소의 변색 요인과 거리가 먼 것은?

① 산소
② 효소
③ 질소
④ 금속

답 ③

✏️ **암기 노트**

> 📁 **수박선생**
> 냉동식품의 특성에 대해 알아보자.
> 냉동식품은 신선도 유지를 위해 급속 동결한다.

31

조리에 사용하는 냉동식품의 특성이 아닌 것은?

① 완만 동결하여 조직이 좋다.
② 미생물 발육을 저지하여 장기간 보존이 가능하다.
③ 저장 중 영양가 손실이 적다.
④ 산화를 억제하여 품질 저하를 막는다.

답 ①

✏️ **암기 노트**

> 📁 **수박선생**
> 조리기구의 열전도율에 대해 알아보자.
> - 열전달이 우수한 재료는 당연히 금속이다. 그래서 후라이팬이나 냄비도 가벼운 금속인 알루미늄을 많이 사용한다.
> - 어, 알루미늄 색은 흰색인데 집에 있는 건 검은색이라 이해가 안 된다면 그건 겉에 음식물이 들러붙지 말라고 코팅 시켰기에 검은색인 것이다.

32

조리기구의 재질 중 열전도율이 커서 열을 전달하기 쉬운 것은?

① 유리
② 도자기
③ 알루미늄
④ 석면

답 ③

✏️ **암기 노트**

> 📁 **수박선생**
> 달걀과 관련된 조리식품을 알아보자.
> - 달걀은 많이 이용하는 재료이기 때문에 자주 출제된다.
> - 치즈는 일반적으로 우유로 만든다.

33

달걀을 이용한 조리식품과 관계가 <u>없는</u> 것은?

① 오믈렛
② 수란
③ 치즈
④ 커스터드

답 ③

✏️ **암기 노트**

> 📁 **수박선생**
> 소금 절임의 저장성에 대해 알아보자.
> - 소금은 고삼투압 작용을 한다.
> - 강한 소금기가 식품 안의 물기를 밀어내는 탈수효과를 만든다.

34

소금 절임 시 저장성이 좋아지는 이유는?

① pH가 낮아져 미생물이 살아갈 수 없는 환경이 조성된다.
② pH가 높아져 미생물이 살아갈 수 없는 환경이 조성된다.
③ 고삼투성에 의한 탈수효과로 미생물의 생육이 억제된다.
④ 저삼투성에 의한 탈수효과로 미생물의 생육이 억제된다.

답 ③

✏️ **암기 노트**

> 📁 **수박선생**
>
> 밀가루 용도별 분류하는 기준 성분을 알아보자.
> - 밀가루는 면발이 얼마나 탱탱한지에 따라 나눈다.
> - 글루탱이 많이 들어 있을 수록 탱탱한 면발이 된다.
> - 글루탱이 많이 들어 있으면 탱탱함이 강력한 강력분
> - 글루탱이 적당이 들어 있으면 중력분
> - 글루탱이 야박하게 조금 들어 있으면 박력분이라 한다.

35

밀가루의 용도별 분류는 어느 성분을 기준으로 하는가?

① 글리아딘
② 글로불린
③ 글루타민
④ 글루텐

답 ④

✏️ **암기 노트**

> 📁 **수박선생**
>
> 소고기 부위별 특성에 따른 조리법을 알아보자.
> - 설도는 혀가 아니라 궁둥이 살이다.
> - 궁둥이 살은 질겨서 물에 넣어 탕으로 먹지 않는다.
> - 기억하기 쉽게 엉덩이 냄새 날까 봐 탕으로 안 먹는다고 생각하자.

36

소고기의 부위별 용도와 조리법 연결이 <u>틀린</u> 것은?

① 앞다리 - 불고기, 육회, 장조림
② 설도 - 탕, 샤브샤브, 육회
③ 목심 - 불고기, 국거리
④ 우둔 - 산적, 장조림, 육포

답 ②

✏️ **암기 노트**

> 📁 **수박선생**
> - 젤라틴은 물기가 없어야 응고가 빠르다.
> - 염류는 고삼투압작용으로 물기를 밀어내 므로 젤라틴 응고에 도움을 준다.

37

젤라틴의 응고에 관한 설명으로 <u>틀린</u> 것은?

① 젤라틴의 농도가 높을수록 빨리 응고된다.
② 설탕의 농도가 높을수록 응고가 방해된다.
③ 염류는 젤라틴의 응고를 방해한다.
④ 단백질의 분해효소를 사용하면 응고력이 약해진다.

답 ③

✏️ **암기 노트**

> 📁 **수박선생**
> - 수박, 바나나, 감은 먹으면서 지방이 많아 느끼하다고 생각해본 적은 없을 것이다.
> - 아보카도는 열대 과일인데 지방함량이 많아 느끼한 맛이 난다.
> - 지방이 많아 식용유 대용으로 볶아도(보까도) 되지 않을까라고 해서 아보카도일까?

38

과일의 일반적인 특성과는 다르게 지방 함량이 가장 높은 과일은?

① 아보카도
② 수박
③ 바나나
④ 감

답 ①

✏️ **암기 노트**

> 📁 **수박선생**
>
> 전자레인지의 조리 원리를 알아보자.
> - 전자레인지는 전자파를 이용한 것이다.
> - 보기 중 파가 들어간 걸 찾으면 된다. 초단파
> - 전자레인지 바로 옆에 있으면 전자파가 많으니 떨어져 있도록 하자.

39

전자레인지의 주된 조리 원리는?

① 복사
② 전도
③ 대류
④ 초단파

답 ④

✎ 암기 노트

40

닭고기 20kg으로 닭강정 100인분을 판매한 매출액이 1,000,000원이다. 닭고기의 kg당 단가를 12,000원에 구입하였고 총양념 비용으로 80,000원이 들었다면 식재료의 원가 비율은?

① 24%
② 28%
③ 32%
④ 40%

> 📝 **수박선생**
>
> - 닭고기 구입가격 = 닭고기 단가 × 수량
>   = 20 × 12,000 = 240,000
> - 양념 구입가격 = 80,000
> - 총구입 비용 = 240,000 + 80,000 = 320,000
> - 매출액이 100만원, 식재료구입비용이 32만원이므로 식재료비율은 32%

답 ③

✎ 암기 노트

> 📁 **수박선생**
> 생선에 레몬과 같은 산성 액체를 뿌리면 살이 탱탱해진다.

41

생선에 레몬즙을 뿌렸을 때 나타나는 현상이 <u>아닌</u> 것은?

① 신맛이 가해져서 생선이 부드러워진다.
② 생선의 비린내가 감소한다.
③ pH가 산성이 되어 미생물의 증식이 억제된다.
④ 단백질이 응고된다.

답 ①

✏️ **암기 노트**

> 📁 **수박선생**
> **튀김의 특징에 대해 알아보자.**
> - 기름을 이용해 고온으로 튀기면 영양소 손실이 적다.
> - 고온이라 영양소 파괴가 심할 것 같지만 튀김은 겉면을 고온으로 익히면서 겉은 바삭, 속은 촉촉함을 주는 조리법으로 겉면의 영양소는 파괴되더라도, 재료 속의 영양소는 보전하여 다른 조리법보다 영양소 손실이 적은 것이다.
> - 튀긴다 해서 불미성분이 제거 되진 않는다.

42

튀김의 특징이 <u>아닌</u> 것은?

① 고온 단시간 가열로 영양소의 손실이 적다.
② 기름의 맛이 더해져 맛이 좋아진다.
③ 표면이 바삭바삭해 입안에서의 촉감이 좋아진다.
④ 불미성분이 제거된다.

답 ④

✏️ **암기 노트**

> 📁 **수박선생**
> 생선 조리 방법에 대해 알아보자.
> - 기름기 많은 생선은 구워야 마이야르 반응으로 풍미가 생긴다.
> - 삼겹살이나 꽃등심을 국으로 먹지 않고 구워 먹는 이유와 같다.
> - 기름기 적은 동태는 탕으로 먹지만 기름기 많은 조기는 구워 먹는다.

43

생선의 조리방법에 관한 설명으로 옳은 것은?

① 생선은 결제조직의 함량이 많으므로 습열조리법을 많이 이용한다.
② 지방 함량이 낮은 생선보다는 높은 생선으로 구이를 하는 것이 풍미가 더 좋다.
③ 생선찌개를 할 때 생선 자체의 맛을 살리기 위해서 찬물에 넣고 은근히 끓인다.
④ 선도가 낮은 생선은 조림국물의 양념을 담백하게 하여 뚜껑을 닫고 끓인다.

답 ②

✏️ **암기 노트**

> 📁 **수박선생**
> 식품의 계량방법을 알아보자.
> 우유와 같은 액체는 액체표면의 밑부분을 기준으로 한다.

44

계량방법이 잘못된 것은?

① 된장, 흑설탕은 꼭꼭 눌러 담아 수평으로 깎아서 계량한다.
② 우유는 투명기구를 사용하여 액체 표면의 윗부분을 눈과 수평으로 하여 계량한다.
③ 저울은 반드시 수평한 곳에서 0으로 맞추고 사용한다.
④ 마가린은 실온일 때 꼭꼭 눌러 담아 평평한 것으로 깎아 계량한다.

답 ②

✏️ **암기 노트**

> 📁 **수박선생**
>
> **원가 산출공식에 대해 알아보자.**
> - 담배를 좋아하는 노무현 대통령이 담배가격이 올라 불만이었다. 어느 날 (노무)현 대통령이 담배공사 지나다가 (경비)원에게 (재료)비가 얼만지 (직접) 물어보러 갔다.
>   <u>노무 + 경비 + 재료 = 직접원가</u>
> - 대통령 신분을 밝히고 (직접) 물어볼까 하다가 (간접)적으로 (제조)하는데 얼마 들어가는지 물어보기로 마음을 바꿨다.
>   <u>직접 + 간접 = 제조원가</u>
> - 경비원이 대통령인지 모르고 담배가게 하려는 상인이라 생각하고 귀찮다는 듯 말한다. (제조원가)는 왜 물으세요? (판매관리) 하려고요? 대통령이 말씀하길 어데요 (총) 맞았습니까?
>   <u>제조원가 + 판매관리 = 총원가</u>
> - (총) 맞기 싫으면 어여 갈 길 가세요, (이익)은 많은데 아무나 못 (팝니다)
>   <u>총원가 + 이익 = 판매가격</u>

45

총원가에 대한 설명으로 맞는 것은?

① 제조간접비와 직접원가의 합이다.
② 판매관리비와 제조원가의 합이다.
③ 판매관리비, 제조간접비, 이익의 합이다.
④ 직접재료비, 직접노무비, 직접경비, 직접원가, 판매관리비의 합이다.

답 ②

✏️ **암기 노트**

> 📁 **수박선생**
>
> - 시험에는 문제만 잘 읽으면 누구나 맞출 수 있는 초저난이도 문제가 5% 정도 출제된다.
> - 만약 0점자가 속출하면 문제난이도가 어려웠다며 지난 시험과 형평성이 맞지 않다는 논란이 생길 수 있기 때문에 초저난이도와 저난이도 문제를 통해 기본 점수를 주려는 것으로 보인다. 그래서 공부를 조금만 한 사람도 40~50점을 받으면서 조금만 더 공부했으면 합격인데 하며 재시험 도전을 이끄는 동기를 주게 된다.
> - 직접 운영하는 건 (직)적운(영)을 줄여서 직영이라 한다.

46

대상집단의 조직체가 급식운영을 직접 하는 형태는?

① 준위탁급식
② 위탁급식
③ 직영급식
④ 협동조합급식

답 ③

✏️ **암기 노트**

> 📁 수박선생
> **수라상에 대해 알아보자.**
> - 수라상은 왕의 밥상으로 첩수는 12첩으로 한다.
> - 1년은 12달, 매월 나는 음식으로 왕의 건강을 기원하는 의미

47

수라상의 찬품 가짓수는?

① 5첩
② 7첩
③ 9첩
④ 12첩

답 ④

✏️ **암기 노트**

> 📁 수박선생
> **브레이징에 대해 알아보자.**
> - 조리법 중 갈색이라는 말이 나오면 브라운을 떠올려도 되고 썬탠하는 갈색 피부를 생각해도 된다.
> - (갈색 피부) 만들려고 물 마시면서 업드려 있는 모습.
> - 당연히 서양처럼 나체 썬탠은 아니기에 브레이지어(브레이징) 자국이 남는다.

48

덩어리 육류를 건열로 표면에 갈색이 나도록 구워 내부의 육즙이 나오지 않게 한 후 소량의 물, 우유와 함께 습열조리하는 것은?

① 브레이징(braising)
② 스튜잉(stewing)
③ 브로일링(broiling)
④ 로스팅(roasting)

답 ①

✏️ **암기 노트**

> 📁 **수박선생**
> **식품검수 방법에 대해 알아보자.**
> 검경이란 검사 검에 현미경 경이다. 현미경으로 검사하는 것이다.

49

식품검수 방법의 연결이 <u>틀린</u> 것은?

① 화학적 방법 : 영양소의 분석, 첨가물, 유해성분 등을 검출하는 방법
② 검경적 방법 : 식품의 중량, 부피, 크기 등을 측정하는 방법
③ 물리학적 방법 : 식품의 비중, 경도, 점도, 빙점 등을 측정하는 방법
④ 생화학적 방법 : 효소반응, 효소 활성도, 수소이온농도 등을 측정하는 방법

답 ②

✏️ **암기 노트**

> 📁 **수박선생**
> - 시간이 지나면 자연적으로 빠져나오는 것을 이장 현상이라 한다.
> - (이장)이 우물을 파서 (물을 퍼 올리는 모습)을 떠올리자.
> - 삼투현상은 염기의 농도 관련한 말이 언급되야 한다.

50

한천 젤리를 만든 후 시간이 지나면 내부에서 표면으로 수분이 빠져나오는 현상은?

① 삼투현상(osmosis)
② 이장현상(sysnersis)
③ 님비현상(NIMBY)
④ 노화현상(retrogradation)

답 ②

✏️ **암기 노트**

> 📁 **수박선생**
> 인분과 연관된 기생충을 알아보자.
> - 인분은 똥이다.
> - 경피적 감염이란 맨발로 걸어 다니다 피부로 감염되는 것을 말한다.
> - 십이지장충을 줄여 이장으로 바꾸어 생각해보자.
> - 이장이 밭에 뿌리라고 생색내며 나눠 준 거름은 이장의 똥이었다.
> - 이장(십이지장)(똥 밭)

51

인분을 사용한 밭에서 특히 경피적 감염을 주의해야 하는 기생충은?

① 십이지장충
② 요충
③ 회충
④ 말레이사상충

답 ①

✏️ **암기 노트**

> 📁 **수박선생**
> 소고기의 기생충을 알아보자.
> - 소고기의 기생충은 무구조충이다.
> - 소고기 무국으로 암기하자.
> - (소고기) 무국(무구조충)
> - 소고기와 돼지고기는 많이 이용되는 식재료이므로 시험문제에서 자주 출제된다.

52

무구조충(민촌충) 감염의 올바른 예방대책은?

① 게나 가재의 가열 섭취
② 음료수의 소독
③ 채소류의 가열 섭취
④ 소고기의 가열 섭취

답 ④

✏️ **암기 노트**

> 📁 수박선생
>
> **면역의 분류에 대해 알아보자.**
> - 예방접종에 의해 생기는 면역은, 누가 강제 연행하여 강제로 주사하는 것이 아니고 사람이 자발적으로 보건소에 가서 예방접종을 하는 것이기에
> - 사람이(인공) 자발적(능동) 면역에 해당한다.

53

사람이 예방접종을 통하여 얻는 면역은?

① 선천면역
② 자연수동면역
③ 자연능동면역
④ 인공능동면역

답 ④

✏️ 암기 노트

> 📁 수박선생
>
> **감염병의 매개체를 알아보자.**
> - 서양 영화에 쥐가 나오면 생각 나는 장면이 쥐 잡으려고 긴 빗자루로 이리 저리 패 대는 장면이다.
> - (쥐) 패대는(페스트)
> - 쥐는 페스트를 옮긴다.

54

쥐에 의하여 옮겨지는 감염병은?

① 유행성이하선염
② 페스트
③ 파상풍
④ 일본뇌염

답 ②

✏️ 암기 노트

> 📁 **수박선생**
>
> **조명에 대해 알아보자.**
> - 눈을 보호하는 가장 좋은 조명 방식은 간접조명이다.
> - 전등 갓이 괜히 있는 것이 아니었다. 직접적인 조명은 눈에 좋지 않기 때문이다.

55

눈 보호를 위해 가장 좋은 인공조명 방식은?

① 직접조명
② 간접조명
③ 반직접조명
④ 전반확산조명

답 ②

✏️ **암기 노트**

> 📁 **수박선생**
>
> **중금속과 연관된 병을 알아보자.**
> - 카드뮴은 신장병과 관련 있다.
> - (카드) 중독되면 잘못 하다 카드 빚 때문에 (신장) 떼는 일이 발생할 수 있다.
> - 납은 정신병과 관련 있다.
> - 부자들은 (납)세일이 다가오면 제(정신)으로 살 수 없을 정도의 스트레스가 온다고 한다.

56

중금속과 중독 증상의 연결이 잘못된 것은?

① 카드뮴 - 신장기능 장애
② 크롬 - 비중격천공
③ 수은 - 홍독성 흥분
④ 납 - 섬유화 현상

답 ④

✏️ **암기 노트**

> 📁 수박선생
> **작업에 의한 질병과 예방법에 대해 알아보자.**
> 열을 막는 방열복은 진동을 막아 주거나 줄여 주지는 못한다.

57

국소진동으로 인한 질병 및 직업병의 예방대책이 아닌 것은?

① 보건교육
② 완충장치
③ 방열복 착용
④ 작업시간 단축

답 ③

✏️ 암기 노트

> 📁 수박선생
> **쓰레기 처리방법에 대해 알아보자.**
> - 미생물까지 완전히 없애려면 물기를 완전 제거해야 하기에 태워야 한다.
> - 완전히 태워버리는 것을 소각법이라 하고, 태우는 장소를 소각장이라 한다.

58

쓰레기 처리방법 중 미생물까지 사멸할 수는 있으나 대기오염을 유발할 수 있는 것은?

① 소각법
② 투기법
③ 매립법
④ 재활용법

답 ①

✏️ 암기 노트

> 📁 **수박선생**
>
> **DPT에 대해 알아보자.**
> - DPT 하면 댄스 파티의 알파벳 약자라고 생각해 보자.
> - 백일 기념으로 파도풀이 보이는 곳으로 예약한 호테리야, 댄스파티 하자.
> - 백일(백일해) 파도풀(파상풍) 호테리야(디프테리야) - 댄스파티(DPT)
> - DPT는 백일해, 파상풍, 디프테리아와 관련된 접종이다.

59

디피티(D.P.T) 기본접종과 관계없는 질병은?

① 디프테리아
② 풍진
③ 백일해
④ 파상풍

답 ②

✏️ **암기 노트**

> 📁 **수박선생**
>
> **보건수준지표에 대해 알아보자.**
> 영아는 병원체에 취약하고, 스스로 거주지역을 옮기지도 못한다. 그래서 현황 파악하여 통계를 내기가 상대적으로 쉽기 때문에 보건지표로 가장 많이 사용된다.

60

국가의 보건수준 평가를 위하여 가장 많이 사용되고 있는 지표는?

① 조사망률
② 성인병 발생률
③ 결핵 이완율
④ 영아 사망률

답 ④

✏️ **암기 노트**

기출 2. 암기비법 120

> 📁 **수박선생**
>
> 가열 시 발생하는 유해물질에 대해 알아보자.
> - 단백질이나 지방이 많이 들어간 고기를 생각해보자.
> - 고온의 불로 고기를 구우면 탄다.
> - 탄 것을 먹으면 몸에 유해하다. 따라서 가열할 때의 단백질, 지방 유해물질을 물어보는 문제가 나오면 답에서 탄다의 탄을 찾으면 된다.(탄화수소)

01

식품에 존재하는 유기물질을 고온으로 가열할 때 단백질이나 지방이 분해되어 생기는 유해물질은?

① 에틸카바메이트(ethylcarbamate)
② 다환방향족탄화수소(polycyclic aromatic hydrocarbon)
③ 엔-니트로소아민(N-nitrosoamine)
④ 메탄올(methanol)

답 ②

✏️ **암기 노트**

> 📁 **수박선생**
>
> 곰팡이의 특징에 대해 알아보자.
> - 생육속도란 자라나는 속도를 의미하며 곰팡이는 세균보다 천천히 번진다.
> - 얼마나 느릿느릿하면 곰이라 부를까, 곰~팡이

02

식품의 위생과 관련된 곰팡이의 특징이 <u>아닌</u> 것은?

① 건조식품을 잘 변질시킨다.
② 대부분 생육에 산소를 요구하는 절대 호기성 미생물이다.
③ 곰팡이독을 생성하는 것도 있다.
④ 일반적으로 생육 속도가 세균에 비하여 빠르다.

답 ④

✏️ **암기 노트**

> 📁 **수박선생**
>
> **대장균의 최적 증식 온도에 대해 알아보자.**
> 대장균은 우리 몸의 대장에서 사는 균이다. 따라서 사람 몸의 체온에서 잘 증식하는 균이기에 사람의 체온인 36.5도 정도가 최적 온도다.

03

다음 중 대장균의 최적 증식 온도 범위는?

① 0~5℃
② 5~10℃
③ 30~40℃
④ 55~75℃

답 ③

✏️ **암기노트**

> 📁 **수박선생**
>
> **멸균과 살균의 차이를 알아보자.**
> - 살균은 균을 죽이는 것이다.
> - 멸균은 균을 모두 죽이는 것이다. 전멸이라는 말을 떠올리면 이해하기 쉽다. 따라서 무균 상태로 만드는 것은 멸균이다.

04

모든 미생물을 제거하여 무균 상태로 하는 조작은?

① 소독
② 살균
③ 멸균
④ 정균

답 ③

✏️ **암기노트**

> 📁 수박선생
>
> **살모넬라균에 대해 알아보자.**
> - 전하, 균이 말하길 "나로부터 안전 하려면 삶아 내어가라" 하더이다.
>   그럼 그 균의 이름을 삶아내라균이라 칭하라.
> - 삶아내라(살모넬라균)

05

60℃에서 30분간 가열하면 식품 안전에 위해가 되지 <u>않는</u> 세균은?

① 살모넬라균
② 클로스트리디움 보툴리눔균
③ 황색포도상구균
④ 장구균

답 ①

✏️ 암기 노트

> 📁 수박선생
>
> **발색제인 아질산염에 대해 알아보자.**
> - 아질산염은 발색제이며, 발암물질인 니트로사민을 생성한다.
> - 옷 가게에서 엄마가 "철수 어디 있니?" "아직 산에 있어요"
>   "그럼 바람 불어 추울텐데 니트로 사자"
>   "아직 산에 있어요" 줄이면 "아직 산이요"
>   더 줄이면 "아직산염"
>   "바람 불어 추울텐데 니트로 사자" 줄이면
>   "바람(발암)" "니트로사자(니트로사민)"

06

육류의 발색제로 사용되는 아질산염이 산성 조건에서 식품 성분과 반응하여 생성되는 발암성 물질은?

① 지질 과산화물(aldehyde)
② 벤조피렌(benzopyrene)
③ 니트로사민(nitrosamine)
④ 포름알데히드(formaldehyde)

답 ③

✏️ 암기 노트

> 📁 수박선생
>
> **산미료인 구연산에 대해 알아보자.**
> - 박카스와 비슷한 제품인 구론산 마셔 보셨는가?
> - 구연산이 들어간 음료인데 음료수로 만들어 지듯이, 구연산은 식품 사용에 허용되어 있다.

07

사용이 허가된 산미료는?

① 구연산
② 계피산
③ 말톨
④ 초산에틸

답 ①

✏️ 암기 노트

> 📁 수박선생
>
> **식품과 연관된 독을 알아보자.**
> - 독버섯은 무스카린이란 독이 있다.
>   독버섯을 먹으면 정신이 혼미해져 기억이 나간다. 깨어나면 "무슨일 있었수까?" 물어본다 한다.
>   독버섯 – 무슨일 있었수까 줄이면 무슨일있수까 더 줄이면 무스카(무스카린)
> - 감자의 독은 솔라닌이다.
>   강원도에서는 생일이면 주민과 감자를 나누어 먹는 풍습이 있다고 한다.
>   감자 – 오늘 내가 쏠라니께 줄이면 쏠라니께(솔라닌)
> - 매실의 독은 아미그달린이다.
>   남자가 매번 실실 웃는게 실없기는 그 달린거 때 버리라!
>   남자가 (매)번 (실)실 웃는게 실없기는 (그 달린)거 때 버리라!
>   매실, 살구씨 – 아미그달린
> - 목화씨의 독은 고시폴이다.
>   목화솜 이불에 들어 누우며 신랑이 하는 말 목화솜 고것이 폭신폭신 하구만
>   목화솜 – 고거시 폭신폭신 줄이면 고시폭(고시폴)

08

식품과 자연독의 연결이 맞는 것은?

① 독버섯 – 솔라닌(solanine)
② 감자 – 무스카린(muscarine)
③ 살구씨 – 파세오루나틴(phaseolunatin)
④ 목화씨 – 고시폴(gossypol)

답 ④

✏️ 암기 노트

> 📁 **수박선생**
> **보존료의 부패 방지에 대해 알아보자.**
> - 변패와 부패가 헷갈린다면 아래와 같이 생각해보자.
> - 평상시 식품이 부패되었다고 말하는가 아니면 변패 되었다고 말하는가?
> - 부패되었다는 말을 많이 할 것이다.
> - 조리는 실생활과 밀착되어 있기에 많이 들어 본 것이 답인 경우가 많다.
> - 보존료의 목적은 부패방지다.

09

식품첨가물 중 보존료의 목적을 가장 잘 표현한 것은?

① 산도 조절
② 미생물에 의한 부패 방지
③ 산화에 의한 변패 방지
④ 가공과정에서 파괴되는 영양소 보충

답 ②

✏️ **암기 노트**

> 📁 **수박선생**
> **알레르기성 식중독균에 대해 알아보자.**
> - 식중독 환자가 병원 응급실에 왔다.
> - 의사가 제일 먼저 확인하는 건 무엇을 먹고 식중독 걸렸는지 확인하는 것이다. 그런데 환자가 뭘 먹었는지 기억을 못 하는 것 같다.
> - 뭐 먹었는지 모르간? 모르겠니?
> - 식중독 - 모르간 모그겠니(모르가넬라 모르가니)
> - 알레르기성 식중독균은 모르가넬라 모르가니균이다.

10

알레르기성 식중독을 유발하는 세균은?

① 병원성 대장균(E. coli O157 : H7)
② 모르가넬라 모르가니(Morganella morganii)
③ 엔테로박터 사카자키(Enterobacter sakazakii)
④ 비브리오 콜레라(Vibrio cholerae)

답 ②

✏️ **암기 노트**

> 📁 **수박선생**
> - 식품위생법 관련 위생 교육 명령권자는 식품의약품안전처장이다.
> - 보건복지부는 건강, 질병 쪽을 관할한다.

11

식품위생법상 식품위생 수준의 향상을 위하여 필요한 경우 조리사에게 교육을 받을 것을 명할 수 있는 자는?

① 관할시장
② 보건복지부장관
③ 식품의약품안전처장
④ 관할 경찰서장

답 ③

✏️ **암기 노트**

> 📁 **수박선생**
> **식품위생법상 기구의 정의를 알아보자.**
> - 식품위생법은 영업장 위생을 단속하기 위한 법이다. 호텔의 레스토랑을 생각해 보면 쉽다.
> - 포크와 나이프가 섭취를 위한 기구이고, 소금통, 후추통이 첨가물에 닿는 기구이고, 쟁반이 운반기구이다.
> - 호미나 쟁기 같은 농산물 채취 기구는 호텔에 없다.
> - 보기에 식품이란 말이 안 들어간 건 3번 밖에 없다. 헷갈릴 때는 쉽게 생각해도 된다.

12

식품위생법의 정의에 따른 "기구"에 해당하지 않는 것은?

① 식품 섭취에 사용되는 기구
② 식품 또는 식품첨가물에 직접 닿는 기구
③ 농산품 채취에 사용되는 기구
④ 식품 운반에 사용되는 기구

답 ③

✏️ **암기 노트**

> 📁 **수박선생**
> - 식품 중 덜어서 판매할 수 없는 것 중 하나가 어육제품이다.
> - 지느러미나 꼬리만 잘라서 팔 수 있는가?
> - 모두가 원하는 건 몸통이기에 덜어서 판매할 수 있는 대상이 아니다.

13

즉석판매제조·가공업소 내에서 소비자에게 원하는 만큼 덜어서 직접 최종 소비자에게 판매하는 대상 식품이 <u>아닌</u> 것은?

① 된장
② 식빵
③ 우동
④ 어육제품

답 ④

✏️ **암기 노트**

> 📁 **수박선생**
> **식중독 사고시 행정처분에 대해 알아보자.**
> - 1차 행정처분은 업무정지 1개월이다.
> - 중대한 사고가 났는데 시정하라고만 하면 식중독 걸린 사람의 원성이 높을 것이다. 그렇다고 첫 사고인데 몇 개월 이상 영업정지하면 생계가 위험하므로 1개월로 한다.

14

식품위생법상 조리사가 식중독이나 그 밖에 위생과 관련한 중대한 사고 발생의 직무상 책임에 대한 1차 위반 시 행정처분기준은?

① 시정명령
② 업무정지 1개월
③ 업무정지 2개월
④ 면허취소

답 ②

✏️ **암기 노트**

> 📁 **수학선생 암기비법**
> - 공공 교육을 받으러 가 본 사람은 알 것이다.
> - 공무원 출근 시간이 9시이고 이것저것 1시간 정도 준비하고 수업 시작은 10시부터 시작한다.
> - 퇴근시간이 6시이지만 퇴근 전 1시간은 정리 시간을 가지기 위해 5시면 교육을 종료한다. 따라서 하루 8시간 근무시간 중 2시간을 빼면 6시간이 된다.

15

식품위생법상 식품접객업 영업을 하려는 자는 몇 시간의 식품위생교육을 미리 받아야 하는가?

① 2시간
② 4시간
③ 6시간
④ 8시간

답 ③

✏️ **암기 노트**

> 📁 **수박선생**
> **카제인에 대해 알아보자.**
> - 카제(인)은 (인)단백질이다.
> - 이름에 들어간 말이 답에도 들어 있는 경우가 많다. 그러니 설령 몰라서 찍더라도 이름과 유사한 것을 찍는 것이 좋다.

16

카제인(casein)은 어떤 단백질에 속하는가?

① 당단백질
② 지단백질
③ 도단백질
④ 인단백질

답 ④

✏️ **암기 노트**

> 📁 **수박선생**
> **전분의 노화에 대해 알아보자.**
> - 노화는 굳는 것을 말한다.
> - 냉장고에 넣으면 딱딱 해 진다. 따라서 전분 식품은 노화 억제를 위해 냉장 보관은 적합치 않다.

17

전분 식품의 노화를 억제하는 방법으로 적합하지 <u>않은</u> 것은?

① 설탕을 첨가한다.
② 식품을 냉장 보관한다.
③ 식품의 수분함량을 15% 이하로 한다.
④ 유화제를 사용한다.

답 ②

✏️ **암기 노트**

> 📁 **수박선생**
> **과실의 보관에 대해 알아보자.**
> - 과실은 CA저장으로 보관한다.
> - CA는 Control Air의 줄임 말이다. 저장고의 기체 조성 등을 조절하는 방법이다.
> - 쉽게 암기하려면 과일의 과가 영어 발음 CA와 유사하다 생각하고 답을 찾아도 된다.

18

과실 저장고의 온도, 습도, 기체 조성 등을 조절하여 장기간 동안 과실을 저장하는 방법은?

① 산 저장
② 자외선 저장
③ 무균포장 저장
④ CA 저장

답 ④

✏️ **암기 노트**

> 📁 **수박선생**
>
> **요오드 수치에 대해 알아보자.**
> - 요오드 수치는 지방결합 수치인데 온도가 높아지면 지방이 분해 되므로 수치가 낮아진다.
> - 요오드를 하드라고 생각해보자. 뜨거운 온도에서 하드는 녹아서 높이가 낮아질 것이다.
> - 뜨거운 온도에서 요오드 값은 내려 간다는 것이다.

19

유지를 가열할 때 생기는 변화에 대한 설명으로 틀린 것은?

① 유리지방산의 함량이 높아지므로 발연점이 낮아진다.
② 연기 성분으로 알데히드(aldehyde), 케톤(ketone) 등이 생성된다.
③ 요오드값이 높아진다.
④ 중합반응에 의해 점도가 증가된다.

답 ③

✏️ **암기 노트**

> 📁 **수박선생**
>
> **완두콩의 색소에 대해 알아보자.**
> - 완두콩의 녹색색소 유지는 구리클로로필 때문이다.
> - 옛날에 화장품이 없던 시절 동동구리무라는 제품으로 분 칠 하던 때가 있었다. 그럼 얼굴 색이 동일한 색으로 유지되었다.
> - 완두콩도 녹색이 변하지 않도록 동동구리무 형제인 구리클로로필이 색을 변하지 않도록 유지하는 역할을 한다.

20

완두콩 통조림을 가열하여도 녹색이 유지되는 것은 어떤 색소 때문인가?

① chlorophyll(클로로필)
② Cu-chlorophyll(구리-클로로필)
③ Fe-chlorophyll(철-클로로필)
④ chlorophylline(클로로필린)

답 ②

✏️ **암기 노트**

> 📁 **수박선생**
> **식품 연관된 산을 알아보자.**
> - 호박산이라고 호박과 관계 있다고 생각해서 틀리는 경우가 많으니 유의하자.
> - 웃으며 놀리는 친구들에게 한마디 한다.
> - 야 쪼개냐? 내가 호구로 보이지
> - 쪼개냐(조개) 호구(호박산), 호박산은 조개에 들어 있다.

21

신맛 성분과 주요 소재 식품의 연결이 <u>틀린</u> 것은?

① 구연산(citric acid) - 감귤류
② 젖산(lactic acid) - 김치류
③ 호박산(succinic acid) - 늙은 호박
④ 주석산(tartaric acid) - 포도

답 ③

✏️ **암기 노트**

> 📁 **수박선생**
> **미생물의 수분활성도에 대해 알아보자.**
> - 종종 출제되는 문제로 곰팡이가 수분활성도가 작다는 정도는 기억하자.
> - 곰은 겨울잠을 잔다. 겨울잠을 자다 물을 먹기 위해 깨는 경우는 없다.
> - 곰씨 형제, 곰팡이는 물이 아주 적어도 끈질기게 살아남는 녀석이다.
> - 벽에 물을 주지 않아도 공기 중의 수분만으로도 곰팡이는 자란다.

22

미생물의 생육에 필요한 수분활성도의 크기로 옳은 것은?

① 세균 > 효모 > 곰팡이
② 곰팡이 > 세균 > 효모
③ 효모 > 곰팡이 > 세균
④ 세균 > 곰팡이 > 효모

답 ①

✏️ **암기 노트**

> 📁 **수박선생**
> 영양소의 열량 계산법을 알아보자.
> - 단백질, 탄수화물, 지방의 열량은 이렇게 암기하면 쉽다.
> - 고기집에 가서 단백한 4골국물과, 탄산수 4이다, 지방이 꽃 무늬인 꽃등심 9워 먹자.
> - 단백질은 4Kcal, (사골) 탄수화물 4Kcal(사이다), 지방 9Kcal(구워)

> 📁 **수박선생**
> 기름에 볶는 것이 좋은 채소를 알아보자.
> - 예전에 유행하던 유행어 중에 당연하지를 당근이지라고 하던 적이 있었다.
> - 당근이지에서 지는 기름 지로 생각하면 문제를 쉽게 풀 수 있다.
> - 당근은 기름으로 볶아야 나오는 지용성 비타민을 가진 채소이다.

23

달걀 100g 중에 당질 5g, 단백질 8g, 지질 4.4g이 함유되어 있다면 달걀 5개의 열량은 얼마인가?(단, 달걀 1개의 무게는 50g이다.)

① 91.6kcal
② 229kcal
③ 274kcal
④ 458kcal

> 📝 **수박선생**
> ((5×4)+(8×4)+(4.4×9))×5÷2
> 2로 나눈 이유는 달걀 100g을 기준으로 계산했는데 달걀 1개가 50g 즉 반이기에 반으로 나눈 것이다.

답 ②

✏️ **암기 노트**

24

근채류 중 생식하는 것보다 기름에 볶는 조리법을 적용하는 것이 좋은 식품은?

① 무
② 고구마
③ 토란
④ 당근

답 ④

✏️ **암기 노트**

> 📁 **수박선생**
> **단백가의 가성비를 알아보자.**
> - 돈 천원이 있다.
> - 천원으로 가격 대비 동물성 단백질을 가장 많이 얻을 수 있는 것은 달걀이다.

25

다음 중 단백가가 가장 높은 것은?

① 쇠고기
② 달걀
③ 대두
④ 버터

답 ②

✏️ **암기 노트**

> 📁 **수박선생**
> **중력분에 대해 알아보자.**
> - 가장 많이 사용하는 밀가루는 뭐든지 중간이 이쪽 저쪽 가장 많이 사용된다.
> - 중력분이 가장 많이 사용되는 다목적 밀가루다.

26

가정에서 많이 사용되는 다목적 밀가루는?

① 강력분
② 중력분
③ 박력분
④ 초강력분

답 ②

✏️ **암기 노트**

> 📁 **수박선생**
> **산성 식품에 대해 알아보자.**
> - 남한산성에서 왜적 들과 싸우고 있는 병사에게 물었다.
> - 가장 먹고 싶은 것이 뭐에요? 하얀 쌀밥에 고기입니다.
> - 산성에서 가장 선호하는 식품은 곡류, 육류, 어류다.

27

산성 식품에 해당하는 것은?

① 곡류
② 사과
③ 감자
④ 시금치

답 ①

✏️ **암기 노트**

> 📁 **수박선생**
> **단백질의 갈색변화 반응에 대해 알아보자.**
> - 단백질의 대명사 고기, 고기를 구우면 갈색으로 노릇 노릇 구워진다.
> - 이 반응을 마이야르 반응이라 하는데 갈색하면 떠오르는 동물은 말이다.
> - 근육질(단백질), 갈색, 말이야(마이야르)

28

아미노산, 단백질 등이 당류와 반응하여 갈색물질을 생성하는 반응은?

① 폴리페놀 옥시다아제(polyphenol oxidase)
② 마이야르(Maillard) 반응
③ 캐러멜화(caramelization) 반응
④ 티로시나아제(tyrosinase) 반응

답 ②

✏️ **암기 노트**

> 📁 **수박선생**
> 단백질 응고로 생성되는 식품을 알아보자.
> - 치즈 : 우유단백질, 두부 : 콩단백질,
>   달걀 : 단백질
> - 딸기잼은 단백질 응고와는 거리가 있다.

29

제조 과정 중 단백질 변성에 의한 응고 작용이 일어나지 <u>않는</u> 것은?

① 치즈 가공
② 두부 제조
③ 달걀 삶기
④ 딸기잼 제조

답 ④

✏️ **암기 노트**

> 📁 **수박선생**
> 난황의 색소에 대해 알아보자.
> - 난황 즉 노른자는 색소가 카로티노이트라는건 몰라도 카스테라는 알 것이다.
> - 노른자로 만든 카스텔라 빵, 비슷한 이름인 카로티노이트를 고르면 된다.

30

난황에 주로 함유되어 있는 색소는?

① 클로로필
② 안토시아닌
③ 카로티노이드
④ 플라보노이드

답 ③

✏️ **암기 노트**

> 📁 **수박선생**
> 튀김 옷의 글루텐 함량에 따른 변화를 알아보자.
> 글루탱이 많을수록 탱탱해진다, 즉 쫄깃하며 글루탱이 적을수록 바삭해진다.

31

튀김옷의 재료에 관한 설명으로 <u>틀린</u> 것은?

① 중조를 넣으면 탄산가스가 발생하면서 수분도 증발되어 바삭하게 된다.
② 달걀을 넣으면 달걀 단백질의 응고로 수분 흡수가 방해되어 바삭하게 된다.
③ 글루텐 함량이 높은 밀가루가 오랫동안 바삭한 상태를 유지한다.
④ 얼음물에 반죽을 하면 점도를 낮게 유지하여 바삭하게 된다.

답 ③

✏️ **암기 노트**

> 📁 **수박선생**
> 폐기율을 고려한 발주량을 알아보자.
> 폐기율이 높을수록 발주를 많이 해야 폐기량을 제외 하더라도 모두 먹일 양을 확보 할 수 있다.

32

식품구매 시 폐기율을 고려한 총발주량을 구하는 식은?

① 총발주량 = (100-폐기율)×100×인원수
② 총발주량 = $\frac{(정미중량 - 폐기율)}{(100 - 가식률)} \times 100$
③ 총발주량 = (1인당 사용량-폐기율)×인원수
④ 총발주량 = $\frac{정미중량}{(100 - 폐기율)} \times 100 \times 인원수$

> 📝 **수박선생**
> 계산식을 보면 1번, 2번, 3번은 폐기를 많이 하면 발주량이 줄어드는 구조라 답이 아니다.

답 ④

✏️ **암기 노트**

> 📁 수박선생
>
> **달걀의 특성과 관련된 식품을 알아보자.**
> - 달걀은 액체였다가 끓이면 단백질이 굳으면서 달걀 찜이 되고
> - 케이크는 빵이 숙성 팽창되면서 스폰지 케이크와 같은 식감이 나는 것이고
> - 마요네즈는 계란을 식용유와 함께 저어가면서 만드는 것이다.
> - 맑은장국과 간섭제 연결은 영 낯설다.

33

달걀의 기능을 이용한 음식의 연결이 잘못된 것은?

① 응고성 - 달걀찜
② 팽창제 - 시폰케이크
③ 간섭제 - 맑은 장국
④ 유화성 - 마요네즈

답 ③

✏️ **암기 노트**

> 📁 수박선생
>
> **냉장고 사용법에 대해 알아보자.**
> - 냉장은 식품을 장기간 보관하기 위한 방법이 아니다.
> - 장기 보관 방법은 냉동이다.

34

냉장고 사용방법으로 틀린 것은?

① 뜨거운 음식은 식혀서 냉장고에 보관한다.
② 문을 여닫는 횟수를 가능한 한 줄인다.
③ 온도가 낮으므로 식품을 장기간 보관해도 안전하다.
④ 식품의 수분이 건조되므로 밀봉하여 보관한다.

답 ③

✏️ **암기 노트**

> 📁 수박선생
> **채소 감별법에 대해 알아보자.**
> - 채소는 속이 꽉 차 무거운 것이 좋다.
> - 예를 들어 속이 비어 바람이 든 무를 좋아하는 사람은 없다.

35

식품을 고를 때 채소류의 감별법으로 <u>틀린</u> 것은?

① 오이는 굵기가 고르며 만졌을 때 가시가 있고 무거운 느낌이 나는 것이 좋다.
② 당근은 일정한 굵기로 통통하고 마디나 뿔이 없는 것이 좋다.
③ 양배추는 가볍고 잎이 얇으며 신선하고 광택이 있는 것이 좋다.
④ 우엉은 껍질이 매끈하고 수염뿌리가 없는 것으로 굵기가 일정한 것이 좋다.

답 ③

✎ 암기 노트

> 📁 수박선생
> **조리장 설비에 대해 알아보자.**
> - 수성자재란 물에 녹는 자재이다.
> - 조리장에는 항상 물기가 많으므로 수성자재를 쓰면 안 된다.
> - 내수성자재 즉 물기를 견딜 수 있는 자재를 써야 한다.

36

조리장의 설비에 대한 설명 중 부적합한 것은?

① 조리장의 내벽은 바닥으로부터 5cm까지 수성자재로 한다.
② 충분한 내구력이 있는 구조여야 한다.
③ 조리장에는 식품 및 식기류의 세척을 위한 위생적인 세척 시설을 갖춘다.
④ 조리원 전용의 위생적 수세 시설을 갖춘다.

답 ①

✎ 암기 노트

> 📁 수박선생
>
> **고추장에 대해 알아보자.**
> - 마늘, 양파 처럼 매운 채소는 가열하거나 숙성되면 단맛이 생긴다.
> - 마늘이나 양파를 그냥 먹으면 맵지만 구워 먹으면 달작지근한 맛이 나는 걸 경험해 보았을 것이다. 따라서 고추장이 된장보다 단맛이 더 있다.

37

고추장에 대한 설명으로 틀린 것은?

① 고추장은 곡류, 메주가루, 소금, 고춧가루, 물을 원료로 제조한다.
② 고추장의 구수한 맛은 단백질이 분해하여 생긴 맛이다.
③ 고추장은 된장보다 단맛이 더 약하다.
④ 고추장의 전분 원료로 찹쌀가루, 보릿가루, 밀가루를 사용한다.

답 ③

✏️ 암기 노트

> 📁 수박선생
>
> **원가 공식에 대해 알아보자.**
> - 담배를 좋아하는 노무현 대통령이 담배가격이 올라 불만이었다. 어느 날 (노무)현 대통령이 담배공사 지나다가 (경비)원에게 (재료)비가 얼만지 (직접) 물어보러 갔다.
>   노무+경비+재료=직접원가
> - 대통령 신분을 밝히고 (직접) 물어볼까 하다가(간접)적으로 (제조)하는데 얼마 들어가는지 물어보기로 마음을 바꿨다.
>   직접+간접=제조원가
> - 경비원이 대통령인지 모르고 담배가게 하려는 상인이라 생각하고 귀찮다는 듯 말한다.
>   (제조원가)는 왜 물으세요? (판매관리) 하려고요? 대통령이 말씀하길 어데요 (총) 맞았습니까?
>   제조원가+판매관리=총원가
> - (총) 맞기 싫으면 어여 갈 길 가세요, (이익)은 많은데 아무나 못 (팝디다)
>   총원가+이익=판매가격

38

다음 원가의 구성에 해당하는 것은?

| 직접원가+제조간접비 |

① 판매가격
② 간접원가
③ 제조원가
④ 총원가

답 ③

✏️ 암기 노트

> 📁 **수박선생**
> **장조림 조리에 대해 알아보자.**
> - 고기가 단단해 지는 이유는 양념간장을 먼저 넣어서 고기 안에 간장으로 인해 조직이 수축되어 익혀져서 이다.
> - 고기를 물로 삶아 고기가 익은 후 양념을 하면 부드러운 식감이 나온다.

39

조리 시 일어나는 현상과 그 원인으로 연결이 틀린 것은?

① 장조림 고기가 단단하고 잘 찢어지지 않음 - 물에서 먼저 삶은 후 양념간장을 넣어 약한 불로 서서히 조렸기 때문
② 튀긴 도넛에 기름 흡수가 많음 - 낮은 온도에서 튀겼기 때문
③ 오이무침의 색이 누렇게 변함 - 식초를 미리 넣었기 때문
④ 생선을 굽는데 석쇠에 붙어 잘 떨어지지 않음 - 석쇠를 달구지 않았기 때문

답 ①

✏️ **암기 노트**

> 📁 **수박선생**
> **식단 작성에 대해 알아보자.**
> - 식단이란 하루 섭취 권장 영양소를 구성하기 위한 제철 식품을 구성하는 것이다.
> - 계절에 따라 제철 채소가 무엇인가(계절 식품표)
> - 가격이 비싸다면 대체할 만한 식품이 뭐가 있을까(대치 식품표)
> - 식품마다 단백질, 지방, 탄수화물이 얼만큼 들어있나(식품영양구성표)
> - 위생점검표와 식단표와는 거리가 있다.
> - 식단을 작성할 때 비짜루, 국자 위생 점검표를 구비할 필요는 없다.

40

식단을 작성할 때 구비해야 하는 자료로 가장 거리가 먼 것은?

① 계절 식품표
② 비, 기기 위생점검표
③ 대치 식품표
④ 식품영양구성표

답 ②

✏️ **암기 노트**

> 📁 **수박선생**
>
> 생선구이의 적당한 소금 양에 대해 알아보자.
> - 생선을 구울 때는 구이 망 속에 이구아나를 굽는 모습을 떠올리자.
> - 생선 2% 소금으로 구었나? 생선, 소금 2% 구었나(이구아나)

41

탈수가 일어나지 않으면서 간이 맞도록 생선을 구우려면 일반적으로 생선 중량 대비 소금의 양은 얼마가 가장 적당한가?

① 0.1%
② 2%
③ 16%
④ 20%

답 ②

✏️ **암기 노트**

42

쇠고기 40g을 두부로 대체하고자 할 때 필요한 두부의 양은 약 얼마인가?(단, 100g당 쇠고기 단백질 함량은 20.1g, 두부 단백질 함량은 8.6g으로 계산한다.)

① 70g
② 74g
③ 90g
④ 94g

> 📝 **수박선생**
> - 소고기g × 소고기 단백질함량 = 두부g × 두부 단백질 함량
> - 40 × 20.1 = 두부g × 8.6
> - 두부g = 40 × 20.1 ÷ 8.6 = 93.49

답 ④

✏️ **암기 노트**

> 📁 **수박선생**
> 약과 반죽 시 기름과 설탕 비율을 알아보자.
> 지나친 기름과 설탕은 반죽이 풀어지게 만든다.

43

약과를 반죽할 때 필요 이상으로 기름과 설탕을 넣으면 어떤 현상이 일어나는가?

① 매끈하고 모양이 좋아진다.
② 튀길 때 둥글게 부푼다.
③ 튀길 때 모양이 풀어진다.
④ 켜가 좋게 생긴다.

답 ③

✏️ **암기 노트**

> 📁 **수박선생**
> 육류 조리에 대해 알아보자.
> - 맛은 육즙에서 나온다.
> - 국물 맛이 좋아지려면 육즙을 최대한 뽑아내야 하므로 물에 담겨 있는 시간이 길어야 한다. 따라서 찬물일 때부터 고기를 넣어 끓여야 한다.
> - 반대로 고기 맛이 좋아지려면 물에 담겨 있는 시간이 짧아야 한다.
> - 뜨거운 물에 고기를 넣어 겉부터 빠르게 익혀 육즙이 되도록 빠져나오지 않게 하면 좋다.

44

육류 조리에 대한 설명으로 맞는 것은?

① 육류를 오래 끓이면 질긴 지방조직인 콜라겐이 젤라틴화 되어 국물이 맛있게 된다.
② 목심, 양지, 사태는 건열 조리에 적당하다.
③ 편육을 만들 때 고기는 처음부터 찬물에서 끓인다.
④ 육류를 찬물에 넣어 끓이면 맛 성분 용출이 용이해져 국물 맛이 좋아진다.

답 ④

✏️ **암기 노트**

> 📁 수박선생
> **단체급식의 재고관리에 대해 알아보자.**
> 많은 재료를 쌓아 놓으면 재고관리도 어렵고 신선도나 부패의 문제도 고려해야 한다.

45

단체급식에서 식품의 재고관리에 대한 설명으로 <u>틀린</u> 것은?

① 각 식품에 적당한 재고기간을 파악하여 이용하도록 한다.
② 식품의 특성이나 사용 빈도 등을 고려하여 저장 장소를 정한다.
③ 비상시를 대비하여 가능한 한 많은 재고량을 확보할 필요가 있다.
④ 먼저 구입한 것은 먼저 소비한다.

답 ③

✏️ 암기 노트

> 📁 수박선생
> **식혜를 만들기 위한 적정 온도를 알아보자.**
> - 부산항에 가면 오륙도를 돌아가는 연락선이 있다.
> - 연락선에서 파는 (식혜)가 그렇게 맛이 있다고 한다.
> - (오륙도)(식혜)
> - 50~60도 온도를 유지 해야 효소반응이 잘 일어나 맛이 좋아진다.

46

식혜에 대한 설명으로 <u>틀린</u> 것은?

① 전분이 아밀라아제에 의해 가수분해되어 맥아당과 포도당을 생성한다.
② 밥을 지은 후 엿기름을 부어 효소반응이 잘 일어나도록 한다.
③ 80°C의 온도가 유지되어야 효소반응이 잘 일어나 밥알이 뜨기 시작한다.
④ 식혜 물에 뜨기 시작한 밥알은 건져내어 냉수에 헹구어 놓았다가 차게 식힌 식혜에 띄워 낸다.

답 ③

✏️ 암기 노트

> 📁 **수박선생**
> 중조에 대해 알아보자.
> - 중조를 넣으면 콩은 잘 물러진다.
> - 그만큼 영양소 비타민 파괴는 촉진된다.

47

중조를 넣어 콩을 삶을 때 가장 문제가 되는 것은?

① 비타민 B1의 파괴가 촉진됨
② 콩이 잘 무르지 않음
③ 조리수가 많이 필요함
④ 조리시간이 길어짐

답 ①

✏️ **암기 노트**

> 📁 **수박선생**
> 분해 효소에 대해 알아보자.
> - 아밀라아제는 사람의 침 속에 들어 있는 음식물 분해 효소이다.
> - 어른들이 음식 꼭꼭 많이 씹으라는 것은 씹으면서 음식물을 자르는 역할을 하지만 침을 묻혀 소화가 잘 되게 하려는 이유도 있다.

48

고기를 연하게 하기 위해 사용하는 과일에 들어 있는 단백질 분해효소가 아닌 것은?

① 피신(ficin)
② 브로멜린(bromelin)
③ 파파인(papain)
④ 아밀라아제(amylase)

답 ④

✏️ **암기 노트**

> 📁 **수박선생**
>
> **아밀로펙틴에 대해 알아보자.**
> - 펙틴이 많으면 굳는 속도가 더디다.
> - 얼굴에 팩을 해보자 촉촉함이 더해져 안 했을 때 보다 더 촉촉함이 오래 간다. 즉 더 늦게 굳는다.

49

찹쌀떡이 멥쌀떡보다 더 늦게 굳는 이유는?

① pH가 낮기 때문에
② 수분함량이 적기 때문에
③ 아밀로오스의 함량이 많기 때문에
④ 아밀로펙틴의 함량이 많기 때문에

답 ④

✏️ **암기 노트**

> 📁 **수박선생**
>
> **폐기율이 높은 식품을 알아보자.**
> - 폐기한다는 것은 금새 썩거나 변질 된다는 것을 의미한다.
> - 당연히 생선이다.
> - 생선은 물 밖에 나오면 바로 부패가 진행된다.
> - 이를 막으려고 소금에 절이고 급속 냉동으로 보관하는 것이다.

50

다음 중 일반적으로 폐기율이 가장 높은 식품은?

① 살코기
② 달걀
③ 생선
④ 곡류

답 ③

✏️ **암기 노트**

> 📁 **수박선생**
>
> **하수오염조사방법에 대해 알아보자.**
> - 수질오염 조사 시 물 속에 산소가 얼마나 있냐를 측정한다. 많으면 좋은 물, 없으면 안 좋은 물이다.
> - 산소는 영어로 Oxygen이다.
> - 보기 중 하수오염과 관련 없는 것은 산소의 약자인 O가 안 들어간 것을 찾으면 된다.

51

하수오염 조사 방법과 관련이 <u>없는</u> 것은?

① THM의 측정
② COD의 측정
③ DO의 측정
④ BOD의 측정

답 ①

✏️ **암기 노트**

> 📁 **수박선생**
>
> **자외선에 대해 알아보자.**
> - 자외선은 살균작용을 한다.
> - 자외선은 세균을 영원히 자게 한다 해서 자외선이다.

52

다음 중 가장 강한 살균력을 갖는 것은?

① 적외선
② 자외선
③ 가시광선
④ 근적외선

답 ②

✏️ **암기 노트**

> 📁 **수박선생**
>
> **호흡기계 감염병에 대해 알아보자.**
> - 호흡기 감염병에는 백일해, 홍역, 디프테리아가 있다.
> - (백일)된 아이가 (홍역)을 앓아 (히프)에 예방주사 놓았더니 방구를 뀌어 냄새가 (호흡기)로 들어온다.
> - 어제 술 많이 마셨는데 해장국을 먹으니 속이 풀리오
> - 폴리오는 먹으면서 감염되는 소화기계 감염이다.

53

호흡기계 감염병이 아닌 것은?

① 폴리오
② 홍역
③ 백일해
④ 디프테리아

답 ①

✏️ **암기 노트**

> 📁 **수박선생**
>
> **학교급식 교육에 대해 알아보자.**
> 학교 급식 교육이 빈곤 아동들을 위한 급식 교육은 아니다.

54

학교 급식의 교육 목적으로 옳지 않은 것은?

① 편식 교육
② 올바른 식생활 교육
③ 빈곤 아동들의 급식 교육
④ 영양에 대한 올바른 교육

답 ③

✏️ **암기 노트**

> 📁 수박선생
>
> **기생충과 관련 매개체를 알아보자.**
> - 폐흡충 : 패서 껍질을 깬 후 먹어야 하는 것에 있다. 가재, 다슬기, 게
> - 선모충 : 성묘 드릴 때 돼지 머리를 놓는다, 성묘(선모) 돼지
> - 무구조충 : 소고기, 소고기 무국(무구조충)으로 암기 하자.
> - 우리가 흔히 먹는 구충재는 채소에 있는 구충을 박멸하기 위한 것이다. 그래서 들어보면 낯 익은 기생충들은 채소와 관련이 있다.
> - 회충, 구충, 편충, 동양모양선충 : 채소

55

채소로부터 감염되는 기생충으로 짝지어진 것은?

① 편충, 동양모양선충
② 폐흡충, 회충
③ 구충, 선모충
④ 회충, 무구조충

답 ①

✏️ 암기 노트

> 📁 수박선생
>
> **감각온도의 구성에 대해 알아보자.**
> - 감각이란 몸이나 피부로 느낄 수 있는 것을 말한다.
> - 기온 - 따뜻한지 추운지 느낄 수 있다.
> - 기습 - 습한지 건조한지 느낄 수 있다.
> - 기류 - 바람이 센지 약한지 느낄 수 있다.
> - 기압은 평상시 수시로 느껴 볼 수 없는 것이다.

56

감각온도의 3요소가 <u>아닌</u> 것은?

① 기온
② 기습
③ 기류
④ 기압

답 ④

✏️ 암기 노트

> 📁 수박선생
>
> **인수공통감염병에 대해 알아보자.**
> - 인수란 사람과 동물을 의미한다.
> - 광견병은 개가 걸리고 그 개가 사람을 물면 사람도 정신이 혼미해 진다고 한다.
> - 탄저병은 가축들이 걸리고 사람도 가축에 의해 감염된다.
> - 조류인플루엔자는 새가 걸리고 사람도 감염된다.
> - 백일해는 사람만이 숙주가 되어 걸리는 병이다.
> - 사람만 백일잔치를 하지 않는가? 동물은 백일 잔치가 없다.

57

인수공통감염병에 속하지 <u>않는</u> 것은?

① 광견병
② 탄저
③ 고병원성조류인플루엔자
④ 백일해

답 ④

✏️ **암기 노트**

> 📁 수박선생
>
> **아메바와 연관된 질병을 알아보자.**
> - 초등학교 시절 못생긴 아이에게 해삼, 멍게, 말미잘, 아메바라고 놀리는 아이들이 있다.
> - 외모가 이질감 느끼는 아이들을 놀리는 악동들 말이다.
> - 아메바 이질감(이질)

58

아메바에 의해서 발생되는 질병은?

① 장티푸스
② 콜레라
③ 유행성 간염
④ 이질

답 ④

✏️ **암기 노트**

> 📂 **수박선생**
>
> **폐기물 소각시의 문제점에 대해 알아보자.**
> - 악취가 발생되는 건 맞는데 공기 오염이지 수질 오염은 아니다.
> - 땅에 파 묻어 악취와 벌레가 생기는 것 보다 태우는 방법이 불쾌함이 덜하다.
> - 폐기물을 묻었을 때는 폐기물이 섞으면서 지반이 약화될 수 있으나 소각과는 거리가 멀다.
> - 소각했을 때 가장 큰 문제는 유해 가스인 다이옥신이 나오기 때문이다.

59

폐기물 소각 처리시의 가장 큰 문제점은?

① 악취가 발생되며 수질이 오염된다.
② 다이옥신이 발생한다.
③ 처리방법이 불쾌하다.
④ 지반이 약화되어 균열이 생길 수 있다.

답 ②

✏️ **암기 노트**

> 📂 **수박선생**
>
> **공중보건사업에 대해 알아보자.**
> - 공중보건사업은 질병 예방과 교육에 중점이 있다.
> - 보건소에서 예방 주사를 주는 것도 예방 차원이다.
> - 보건소에서 감기나 설사와 같은 간단한 진료는 하지만 대부분의 치료는 일선 병원과 약국이 담당한다.

60

공중보건사업과 거리가 먼 것은?

① 보건교육
② 인구보건
③ 감염병 치료
④ 보건행정

답 ③

✏️ **암기 노트**

기출 3. 암기비법 180

> 📁 **수박선생**
> **1일 섭취 허용량에 대해 알아보자.**
> 매일 이정도 먹는 것은 아무 이상 없으니 허용 한다 해서 1일 섭취 허용량이라 한다.

01

사람이 평생 동안 매일 섭취하여도 아무런 장해가 일어나지 <u>않는</u> 최대량으로 1일 체중 kg당 mg수로 표시하는 것은?

① 최대무작용량(NOEL)
② 1일 섭취 허용량(ADI)
③ 50% 치사량(LD50)
④ 50% 유효량(ED50)

답 ②

✏️ **암기 노트**

> 📁 **수박선생**
> **바지락의 독성분을 알아보자.**
> - 바지락의 독 성분은 베네루핀이다.
> - 함경도 어시장에서 장사꾼들이 싸운다. 모시 어드래, 바지 사장 주제에 눈에 뵈는 것이 없네
> - 모시(모시조개), 바지(바지락), (뵈는 것이 없네)
> - 바지락의 독 성분 이름은 베네루핀이다.(뵈는 것이 없네)

02

바지락 속에 들어 있는 독성분은?

① 베네루핀(venerupin)
② 솔라닌(solanine)
③ 무스카린(muscarine)
④ 아마니타톡신(amanitatoxin)

답 ①

✏️ **암기 노트**

> 📁 **수박선생**
>
> **식중독균의 잠복기에 대해 알아보자.**
> - 잠복기란 병에 걸린 후 증상이 나타날 때까지 걸리는 시간이다.
> - 암기하기 쉽게 이렇게 생각 해보자.
> - 황색포도상구균 : 포도는 바로 먹고, 신선한지 곪은 것인지 알 수 있다.
> - 장염, 장구균 : 장에 관련된 식중독은 식사 후 다음 날 아침 설사를 동반한다.
> - 살모넬라균 : 삶는 시간이 필요하다.

> 📁 **수박선생**
>
> **세균의 번식 환경을 알아보자.**
> - 세균은 등 따뜻하고 배 부른 걸 좋아하는 녀석이다.
> - 등이 따뜻하려면 온도가 필요하고, 배 부르려면 영양분과 물이 필요하다.
> - 산이 많은 곳에서 견딜 수 있는 건 에어리언 밖에 없지 않을까?
> - 입에서 산성 침을 질질 흘리면서 쇠가 녹는 모습이 갑자기 생각난다.

03

다음 중 잠복기가 가장 짧은 식중독은?

① 황색포도상구균 식중독
② 살모넬라균 식중독
③ 장염 비브리오 식중독
④ 장구균 식중독

답 ①

✏️ **암기노트**

04

세균 번식이 잘되는 식품과 가장 거리가 먼 것은?

① 온도가 적당한 식품
② 수분을 함유한 식품
③ 영양분이 많은 식품
④ 산이 많은 식품

답 ④

✏️ **암기노트**

> 📁 수박선생
>
> **식중독과 감염병의 차이를 알아보자.**
> - 식중독은 옆 사람이 식중독 걸렸다고 내가 식중독 걸리는 건 아니다.
> - 감염병은 옆 사람이 감염병 걸리면 다른 사람에게 감염 시킬 수 있다.

05

세균성식중독과 병원성소화기계감염병을 비교한 것으로 <u>틀린</u> 것은?(순서대로 세균성식중독, 병원성소화기계감염병)

① 많은 균량으로 발병, 균량이 적어도 발병
② 2차 감염이 빈번함, 2차 감염이 없음
③ 식품위생법으로 관리, 감염병예방법으로 관리
④ 비교적 짧은 잠복기, 비교적 긴 잠복기

답 ②

✏️ 암기 노트

> 📁 수박선생
>
> **관능에 관련된 식품첨가물을 알아보자.**
> - 관능이란 맛과 색을 말한다.
> - 동글로로필린나트륨은 착색료이다.
>   "동굴로 빌린 나이트에는 네온사인이 착색되어 아름다웠다."
>   동룩로빌린나이트(동클로로필린나트륨), 네온사인 착색(착색료)
>
> - 질산나트륨은 발색제이다.
>   "집 샀나? 발산동에 하나 샀어"
>   집 샀나(질산나트륨), 발산동(발색제)
>
> - 아스파탐은 감미료이다.
>   미션임파서블 영화를 보고 나서
>   "아, 스파이하면 탐크루즈지 스파이는 감미로운 말을 잘하는 것 같아"
>   아, 스파이 탐크루즈(아스파탐), 감미로운 말(감미료)
>
> - 소르빈산나트륨은 보존료이다.
>   "소를 비싸게 주고 샀나, 오래 동안 먹으려고 보존제를 듬뿍 발랐네"
>   소를비쌌나(소르빈산나트륨) 보존제(보존료)

06

관능을 만족시키는 식품첨가물이 <u>아닌</u> 것은?

① 동클로로필린나트륨
② 질산나트륨
③ 아스파탐
④ 소르빈산

답 ④

✏️ 암기 노트

> 📁 **수박선생**
>
> **부패의 지표물질에 대해 알아보자.**
> - 육류는 부패되었는지 먹어볼 수 없으므로 우선 냄새로 판단한다.
> - 부패 시 휘발성 냄새(**휘발성염기질소**), (**암모니아**) 냄새, 멘탈이 나가는 냄새가 난다.
> - 멘탈이 나가는 냄새라고 해서 (**메틸아민**)이라고 한다.
> - 참고로 아크롤레인이란 아크가 영어로 불꽃 이듯이 고기 구울 때 불꽃이 보이며 탈 때 나오는 성분으로 부패의 지표물질과는 거리가 있다.

07

생선 및 육류의 초기부패 판정 시 지표가 되는 물질에 해당되지 <u>않는</u> 것은?

① 휘발성염기질소(VBN)
② 암모니아(ammonia)
③ 트리메틸아민(trimethylamine)
④ 아크롤레인(acrolein)

답 ④

✏️ **암기 노트**

> 📁 **수박선생**
>
> **중금속에 대해 알아보자.**
> 철분이나 굴에 있는 아연은 생체기능유지에 필요하다. 하지만 중금속이 축적될 때 건강장애가 일어난다.

08

중금속에 대한 설명으로 옳은 것은?

① 비중이 4.0 이상의 금속을 말한다.
② 생체기능유지에 전혀 필요하지 않다.
③ 다량이 축적될 때 건강장해가 일어난다.
④ 생체와의 친화성이 거의 없다.

답 ③

✏️ **암기 노트**

> 📁 **수박선생**
>
> 중금속과 관련된 병에 대해 알아보자.
> - 이타이이타이병은 카드뮴과 관련 있다.
> - 카드 도박에서 빚을 지게 된 사람이 한탄한다.
>   "이따위 이따위 카드에 놀아나다니"
> - 이따위이따위(이타이이타이) 카드(카드뮴)

09

이타이이타이병과 관계 있는 중금속 물질은?

① 수은(Hg)
② 카드뮴(Cd)
③ 크롬(Cr)
④ 납(Pb)

답 ②

✏️ **암기 노트**

> 📁 **수박선생**
>
> 통조림에서 유래되는 식중독 원인물질을 알아보자.
> - 통조림 깡통의 식중독 원인물질은 주석이다.
> - 통조림 깡통은 주석으로 만들어져 있다.
> - 오래된 통조림은 주석이 녹아 나와 식중독을 일으키는 원인이 되는 것이다.
> - 북한에서는 우두머리를 주석이라 부른다고 한다.
>   "깡통이 주석으로 만들어 졌다던데, 그래서 북한 주석은 깡이 좋은가?"
> - 강대국인 미국이 압력을 가해도 굴하지 않는다.

10

오래된 과일이나 산성 채소 통조림에서 유래되는 화학성 식중독의 원인물질은?

① 칼슘
② 주석
③ 철분
④ 아연

답 ②

✏️ **암기 노트**

> 📁 **수박선생**
>
> **자격 취소 효력기간을 알아보자.**
> - 자격취소 효력기간은 취소일로부터 1년이다.
> - 영양사 면허 취소 받고, 실업급여 수급기간은 1년이 넘지 않으므로 생계를 위해 1년 지나면 다시 자격기회를 준다.

11

조리사 또는 영양사 면허의 취소처분을 받고 그 취소된 날부터 얼마의 기간이 경과되어야 면허를 받을 자격이 있는가?

① 1개월
② 3개월
③ 6개월
④ 1년

답 ④

✏️ **암기 노트**

> 📁 **수박선생**
>
> **위생 검사 시 무상 수거 기준에 대해 알아보자.**
> 식품 위생 검사 시 담당 공무원은 검사 목적으로 필요 최소량을 무상 수거 가능하다.

12

식품위생법상 출입·검사·수거에 대한 설명 중 틀린 것은?

① 관계 공무원은 영업소에 출입하여 영업에 사용하는 식품 또는 영업시설 등에 대하여 검사를 실시한다.
② 관계 공무원은 영업상 사용하는 식품 등을 검사를 위하여 필요한 최소량이라 하더라도 무상으로 수거할 수 없다.
③ 관계 공무원은 필요에 따라 영업에 관계되는 장부 또는 서류를 열람 할 수 있다.
④ 출입·검사·수거 또는 열람하려는 공무원은 그 권한을 표시하는 증표를 지니고 이를 관계인에 내보여야 한다.

답 ②

✏️ **암기 노트**

> 📁 **수박선생**
> **모범업소 지정기준에 대해 알아보자.**
> - 모범업소 지정 시 1회용 물 컵을 반드시 사용할 필요는 없다.
> - 일반 컵이라도 세척과 자외선 소독, 물기 말리기만 잘하면 위생상 문제없다.

13

일반음식점의 모범업소의 지정기준이 <u>아닌</u> 것은?

① 화장실에 1회용 위생종이 또는 에어타월이 비치되어 있어야 한다.
② 주방에는 입식조리대가 설치되어 있어야 한다.
③ 1회용 물컵을 사용하여야 한다.
④ 종업원은 청결한 위생복을 입고 있어야 한다.

답 ③

✏️ **암기 노트**

> 📁 **수박선생**
> **식품위생 행정업무와 관련된 기관은 식품의약품안전처이다.**
> 가끔 보건복지부에 혼동하는 경우가 있는데 보건복지부는 복지 차원의 질병 예방에 좀 더 관련이 깊다.

14

우리나라 식품위생법 등 식품위생 행정업무를 담당하고 있는 기관은?

① 환경부
② 고용노동부
③ 보건복지부
④ 식품의약품안전처

답 ④

✏️ **암기 노트**

> 📁 수박선생
> **소분업 판매 가능한 조건에 대해 알아보자.**
> - 눈으로 무엇인지 명확하게 구별할 수 없는 건 소비자 보호 차원에서 덜어서 판매할 수 없다.
> - 입자가 작은 전분, 액체인 식용유, 식초는 보기만 해서는 무엇으로 만든 것인지 알 수가 없다.
> - 빵가루는 그나마 유관으로 알갱이를 인식할 수 있어 소분 판매 가능하다.

15

소분업 판매를 할 수 있는 식품은?

① 전분
② 식용유지
③ 식초
④ 빵가루

답 ④

✏️ 암기 노트

> 📁 수박선생
> **탄수화물의 호화에 대해 알아보자.**
> - 탄수화물 하면 밀이 생각나고 밀하면 빵이 생각나고 겨울철엔 호빵이 생각난다.
> - 탄수화물은 따뜻하게 익히는 과정인 호화와 관계가 깊다.

16

탄수화물의 조리가공 중 변화되는 현상과 가장 관계 깊은 것은?

① 거품생성
② 호화
③ 유화
④ 산화

답 ②

✏️ 암기 노트

> 📁 수박선생
> **색소 보존을 위해 주의사항을 알아보자.**
> 식초는 강산성이라 데칠 때 식초를 넣으면 채소 잎의 색을 변하게 한다.

17

색소를 보존하기 위한 방법 중 틀린 것은?

① 녹색채소를 데칠 때 식초를 넣는다.
② 매실지를 담글 때 소엽(차조기 잎)을 넣는다.
③ 연근을 조릴 때 식초를 넣는다.
④ 햄 제조 시 질산칼륨을 넣는다.

답 ①

✏️ **암기 노트**

> 📁 수박선생
> **효소에 의한 갈변작용에 대해 알아보자.**
> 효소는 자연적인 발효와 연관이 있다. 예를 들어 홍차 잎은 시간이 지나면 자연적으로 녹색 잎이 갈색 낙엽으로 변한다.

18

효소적 갈변반응에 의해 색을 나타내는 식품은?

① 분말 오렌지
② 간장
③ 캐러멜
④ 홍차

답 ④

✏️ **암기 노트**

> 📁 수박선생
> **맛의 대비현상에 대해 알아보자.**
> - 변조와 대비가 헷갈릴 것이다.
> - 변조는 무엇을 넣어 완전히 다른 맛이 되는 걸 말한다.
> - 반면에 대비는 무엇을 넣었는데 상대적으로 한쪽 맛이 더 강하게 느껴지는 걸 말한다.
> 예를 들어 장도연씨가 원래 키가 크긴 하지만 김나래씨 옆에 서면 더 커 보이는 효과이다.

19

단맛성분에 소량의 짠맛성분을 혼합할 때 단맛이 증가하는 현상은?

① 맛이 상쇄현상
② 맛의 억제현상
③ 맛의 변조현상
④ 맛의 대비현상

답 ④

✏️ 암기 노트

> 📁 수박선생
> **연육작용을 하는 브로멜린에 대해 알아보자.**
> - 브로멜린은 파인애플에 함유되어 있고, 강한 산성액이 고기 조직의 결합을 해제 시키면서 부드럽게 만들어 준다.
> - 암기를 쉽게 하기 위해 원주민들이 브레지어 대신 파인애플 껍질을 사용하더라로 기억하자.
> - 파인애플, 브래지어(브로멜린)

20

브로멜린(bromelin)이 함유되어 있어 고기를 연화 시키는 이용되는 과일은?

① 사과
② 파인애플
③ 귤
④ 복숭아

답 ②

✏️ 암기 노트

> 📁 **수박선생**
> **지방의 경화에 대해 알아보자.**
> - 지방의 경화는 불포화지방산에 수소를 첨가하는 것이다.
> - 외우기 어렵다면 경화를 경기활성화의 줄임 말이라 생각 해보자.
> - 지방의 경기활성화를 위해 수소자동차 산업단지를 추가확충
> - 지방의 경기활성화(경화), 수소 확충

21

지방의 경화에 대한 설명으로 옳은 것은?

① 물과 지방이 서로 섞여 있는 상태이다.
② 불포화지방산에 수소를 첨가하는 것이다.
③ 기름을 7.2℃까지 냉각시켜서 지방을 여과하는 것이다.
④ 반죽 내에서 지방층을 형성하여 글루텐 형성을 막는 것이다.

답 ②

✏️ **암기 노트**

> 📁 **수박선생**
> **건염법에 대해 알아보자.**
> - 건염법이란 마를 건, 소금 염, 방법 법으로 마른 소금을 뿌리는 방법이다.
> - 손으로 마른 소금을 뿌리는 작업이다 보니 내부까지 손으로 뿌려 식염의 침투는 빠르나 작업자에 따라 품질이 균일하지 못하고 수작업이다 보니 생산속도는 느리다. 수작업이다 보니 소금양의 차이로 변색이 일어날 수 있다.

22

어류의 염장법 중 건염법(마른간법)에 대한 설명 중 틀린 것은?

① 식염의 침투가 빠르다.
② 품질이 균일하지 못하다.
③ 선도가 낮은 어류로 염장을 할 경우 생산량이 증가한다.
④ 지방질의 산화로 변색이 쉽게 일어난다.

답 ③

✏️ **암기 노트**

> 📁 수박선생
>
> **콩단백질의 주성분은 글리시닌이다.**
> - 영어와 한글을 섞어 쓰는 것을 콩글리시라고 한다.
> - 콩(콩단백질), 글리시(글리시닌)

23

대두를 구성하는 콩단백질의 주성분은?

① 글리아딘
② 글루텔린
③ 글루텐
④ 글리시닌

답 ④

✏️ 암기 노트

> 📁 수박선생
>
> **감미료 글루탐산에 대해 알아보자.**
> 글루탐산은 감칠 맛이 탐스럽다 해서는 글루탐산이라 한다.

24

간장, 다시마 등의 감칠맛을 내는 주된 아미노산은?

① 알라닌(alanine)
② 글루탐산(glutamic acid)
③ 리신(lysine)
④ 트레오닌(threonine)

답 ②

✏️ 암기 노트

> 📁 **수박선생**
> 열에 쉽게 파괴되는 비타민C에 대해 알아보자.
> - 비타민C는 시큼한 맛으로 레몬에 많다고 알려져 있다.
> - 열에 의해 쉽게 파괴되기 때문에 레몬을 생으로 뿌려 먹는 경우는 있어도 익혀 먹는 경우는 없다.
> - 쉽게 암기하기 위해, 얼마나 열이 싫었으면 온도계의 단위도 섭씨다. 섭씨(비타민씨)

25

열에 의해 가장 쉽게 파괴되는 비타민은?

① 비타민 C
② 비타민 A
③ 비타민 E
④ 비타민 K

답 ①

✏️ **암기 노트**

> 📁 **수박선생**
> 가열에 의한 풍미식품을 알아보자.
> - 장어, 스테이크, 커피는 가열하면 향과 맛이 좋아진다.
> - 포도주도 음식에 넣기는 하지만, 포도주만 가열해서 끓여 마시는 경우는 없다.

26

가열에 의해 고유의 냄새성분이 생성되지 <u>않는</u> 것은?

① 장어구이
② 스테이크
③ 커피
④ 포도주

답 ④

✏️ **암기 노트**

📁 **수박선생**

탄력성을 위한 식품첨가물을 알아보자.
연한 제품에는 소금이 들어가야 탄력성이 생긴다.

27

연제품 제조에서 탄력성을 주기위해 꼭 첨가해야 하는 것은?

① 소금
② 설탕
③ 펙틴
④ 글루타민산소다

답 ①

28

어떤 단백질의 질소함량이 18%라면 이 단백질의 질소계수는 약 얼마인가?

① 5.56
② 6.30
③ 6.47
④ 6.67

📝 **수박선생**
100에 나누어 보면 된다. 100÷18

답 ①

> 📁 수박선생
>
> **맥아당의 구성에 대해 알아보자.**
> - 맥아당은 포도당과 포도당이 결합해서 생긴 것이다.
> - 포도주 한잔 마시고 한잔 더, 왜 나만 맥이냐?(포도주+포도주=맥아당)
> - 포도주를 과하게 먹으면 자게 된 당(포도당+과당=자당)
> - 포도주 마시고 갈라는데, 토했스ㅠㅠ(포도당+갈락토오스=유당)

29

맥아당은 어떤 성분으로 구성되어 있는가?

① 포도당 2분자가 결합된 것
② 과당과 포도당 각 1분자가 결합된 것
③ 과당 2분자가 결합된 것
④ 포도당과 전분이 결합된 것

답 ①

✏️ **암기 노트**

> 📁 수박선생
>
> **영양구성원의 열량에 대해 알아보자.**
> - 단백질 4kcal, 탄수화물 4kcal, 지방 9kcal
>   "고기집에 가서 단백한 4골국물에, 탄산 4이다도 시키고, 지방 많은 삼결살 9워 먹자"
> - 단백질 4, 탄수화물 4, 지방 9
> - 위와 같이 맥주 마시면서 살찌는 주요 원인은 맥주와 함께 마시는 기름진 지방 음식이다.

30

1g당 발생하는 열량이 가장 큰 것은?

① 당질
② 단백질
③ 지방
④ 알코올

답 ③

✏️ **암기 노트**

> 📁 **수박선생**
>
> **냉동어류의 해동에 대해 알아보자.**
> - 냉동어류는 급속히 해동하면 살이 부서지기 때문에, 온도의 변화가 적게 서서히 해동되어야 한다.
> - 얼릴 때는 급속으로, 녹일 때는 천천히, 그래서 냉동고에서 냉장고로 옮겨 해동하는 것이 좋다.

31

냉동생선을 해동하는 방법으로 위생적이며 영양 손실이 가장 적은 경우는?

① 18~22℃의 실온에 둔다.
② 40℃의 미지근한 물에 담가둔다.
③ 냉장고 속에 해동한다.
④ 23~25℃의 흐르는 물에 담가둔다.

답 ③

✏️ **암기 노트**

> 📁 **수박선생**
>
> **식품의 신선도 감별법에 대해 알아보자.**
> - 고기의 뼈 부위가 변색된 것은 오래되었기 때문이다.
> - 변색된 것은 맛 보다는 신선함이 떨어 진다라는 표현이 더 정확할 것이다.

32

식품의 감별법 중 <u>틀린</u> 것은?

① 쌀알은 투명하고 앞니로 씹었을 때 강도가 센 것이 좋다.
② 생선은 안구가 돌출되어 있고 비늘이 단단하게 붙어 있는 것이 좋다.
③ 닭고기의 뼈(관절) 부위가 변색된 것은 변질된 것으로 맛이 없다.
④ 돼지고기의 색이 검붉은 것은 늙은 돼지에서 생산된 고기일 수 있다.

답 ③

✏️ **암기 노트**

> 📁 **수박선생**
>
> **신선한 달걀 선별법에 대해 알아보자.**
> - 달걀을 흔들어 소리 나면 내용물이 탱탱하지 않다는 것이고 오래됐다는 것이다.
> - 껍질이 매끈하고 윤기 있는 건 영계가 난 알일 수는 있지만 신선도는 겉 모습이 아니라 속 안이 좋아야 한다.
> - 난백이 난황을 에워싸고 있다는 건 탱탱한 노른자를 유지하고 있는 상태이고, 시간이 지날수록 난백이 사라지면서 노른자가 허물어진다.

33

다음 중 신선한 달걀은?

① 달걀을 흔들어서 소리가 나는 것
② 삶았을 때 난황의 표면이 암녹색으로 쉽게 변하는 것
③ 껍질이 매끈하고 윤기 있는 것
④ 깨 보면 많은 양의 난백이 난황을 에워싸고 있는 것

답 ④

✏️ **암기 노트**

> 📁 **수박선생**
>
> **엿기름 당화 온도에 대해 알아보자.**
> - 당화 온도는 50~60도가 적합하다.
> "부산항의 오륙도를 운행하는 배에서 식혜를 파는데 그 맛이 기가 막히다 더라"
> - 오륙도(50~60도) 식혜

34

식혜를 만들 때 엿기름을 당화 시키는데 가장 적합한 온도는?

① 10~20℃
② 30~40℃
③ 50~60℃
④ 70~80℃

답 ③

✏️ **암기 노트**

> 📁 **수박선생**
>
> 신김치의 특성에 대해 알아보자.
> - 오래된 김치는 신냄새가 난다. 즉 산이 많다.
> - 산에 오래 담가 놓은 채소는 섬유소가 단단하게 된다. 그래서 풀이 죽은 채소도 물에 식초를 타서 담가 놓으면 탱탱해지는 것이다.

35

많이 익은 김치(신김치)는 오래 끓여도 쉽게 연해지지 <u>않는</u> 이유는?

① 김치에 존재하는 소금에 의해 섬유소가 단단해지기 때문이다.
② 김치에 존재하는 소금에 의해 팽압이 유지되기 때문이다.
③ 김치에 존재하는 산에 의해 섬유소가 단단해지기 때문이다.
④ 김치에 존재하는 산에 의해 팽압이 유지되기 때문이다.

답 ③

✏️ **암기 노트**

> 📁 **수박선생**
>
> 조리실 환기구 구조에 대해 알아보자.
> - 아일랜드란 섬을 뜻하는 영어다.
> - 섬이 육지에서 떨어져 있듯이 벽에서 떨어져 있는 구조이다.
> - 아무래도 아일랜드형은 환풍기 수를 최소화할 수 있다.
> - 이해하기 어렵다면 섬에 살면 환풍기가 많이 필요 없다 정도로 기억하자.

36

조리대 배치형태 중 환풍기와 후드의 수를 최소화할 수 있는 것은?

① 일렬형
② 병렬형
③ ㄷ자형
④ 아일랜드형

답 ④

✏️ **암기 노트**

> 📁 수박선생
>
> 우유 가열방법에 대해 알아보자.
> 우유는 가열하면 끈적임이 생긴다 즉 뭉친다. 따라서 저어 주면서 데워야 한다.

37

우유를 데울 때 가장 좋은 방법은?

① 냄비에 담고 끓기 시작할 때까지 강한 불로 데운다.
② 이중냄비에 넣고 젓지 않고 데운다.
③ 냄비에 담고 약한 불에서 젓지 않고 데운다.
④ 이중냄비에 넣고 저으면서 데운다.

답 ④

✎ 암기 노트

38

아래의 조건에서 당질 함량을 기준으로 고구마 180g을 쌀로 대치하려면 필요한 쌀의 양은?

> 고구마 100g의 당질 함량 29.2g
> 쌀 100g의 당질 함량 31.7g

① 165.8g
② 170.6g
③ 177.5g
④ 184.7g

> 📝 수박선생
>
> 고구마 당×고구마량=쌀 당×쌀 량
> 29.2×180=31.7×쌀량

답 ①

✎ 암기 노트

> 📁 수박선생
>
> **조리장 구축 시 고려사항에 대해 알아보자.**
> - 조리장을 만들 때 악덕 사장이면 경제성을 먼저 생각할 것이고 공공이라면 위생을 우선 생각할 것이다.
> - 만약 종업원 친화적인 경우 능률을 고려할 것이다.
> - 시험은 공공의 관점에서 봐야 하므로 위생이 가장 중요하다.

39

아래 보기 중 단체급식 조리장을 신축할 때 우선적으로 고려할 사항 순으로 배열된 것은?

| 가. 위생 | 나. 경제 | 다. 능률 |

① 다→나→가
② 나→가→다
③ 가→다→나
④ 나→다→가

답 ③

✏️ 암기 노트

> 📁 수박선생
>
> **오징어 먹물 색소에 대해 알아보자.**
> - 문어, 오징어 먹물의 색소는 검은 색이다.
> - 검은색 색소는 멜라닌 색소와 관계가 있다.
> - 사람도 햇빛을 많이 받으면 멜라닌 색소가 늘어나 기미 등 검은 색소 침착이 생긴다.

40

스파게티와 국수 등에 이용되는 문어나 오징어 먹물의 색소는?

① 타우린(taurine)
② 멜라닌(melanin)
③ 미오글로빈(myoglobin)
④ 히스타민(histamine)

답 ②

✏️ 암기 노트

> 📁 **수박선생**
> 영양소별 열량을 알아보자.
> - 고기집에 가서 단백한 4골국물에 탄산4이 다도 시키고 지방 많은 삼결살도 9워먹자.
> - 단백질 4kcal, 탄수화물 4kcal, 지방 9kcal 당이 탄수화물이라는 걸 알고 있어야 한다. 그래서 혈당이 높으면 탄수화물을 줄여야 한다.

41

수분 70g, 당질 40g, 섬유질 7g, 단백질 5g, 무기질 4g, 지방 3g이 들어있는 식품의 열량은?

① 165kcal
② 178kcal
③ 198kcal
④ 207kcal

> 📝 **수박선생**
> 단백질량×4+탄수화물량×4+지방량×9=
> 5×4+40×4+3×9=207

답 ④

✏️ 암기 노트

> 📁 **수박선생**
> 적합한 조리장의 환경에 대해 알아보자.
> - 조용한 곳 과 대피하기 쉬운 곳 둘 중 하나를 선택하자면 기름을 다루는 곳이기에 화재 시 대피가 용이해야 한다.
> - 조리하는데 조용함이 꼭 필요하지는 않다. 어차피 불 피우고 환풍기 돌아 가면 시끄러워지는 곳이 주방이다.

42

조리장의 입지조건으로 적당하지 <u>않은</u> 곳은?

① 급·배수가 용이하고 소음, 악취, 분진, 공해 등이 없는 곳
② 사고발생시 대피하기 쉬운 곳
③ 조리장이 지하층에 위치하여 조용한 곳
④ 재료의 반입, 오물의 반출이 편리한 곳

답 ③

✏️ 암기 노트

> 📁 **수박선생**
> **식물성 유지인 마가린에 대해 알아보자.**
> - 버터 대용으로 나온 것이 마가린이다.
> - 전쟁 시 외국인의 주식은 빵인데 버터가 금방 상해서, 부패가 잘 되지 않는 대용품이 필요했다.
> - 버터는 우유로 만들지만, 마가린은 동식물성 기름을 굳혀서 색과 향을 입힌 것이다.

43

버터 대용품으로 생산되고 있는 식물성 유지는?

① 쇼트닝
② 마가린
③ 마요네즈
④ 땅콩버터

답 ②

✏️ **암기 노트**

> 📁 **수박선생**
> **식품첨가물의 투입 순서에 대해 알아보자.**
> - 고체 부터 넣고 액체를 넣는다.
> - 떠 먹을 수 있는 것부터 넣고 먹기 부담스러운 걸 나중에 넣는다.

44

조미의 기본 순서로 가장 옳은 것은?

① 설탕→소금→간장→식초
② 설탕→식초→간장→소금
③ 소금→식초→간장→설탕
④ 간장→설탕→식초→소금

답 ①

✏️ **암기 노트**

> 📁 수박선생
>
> **고기를 삶는 방법에 대해 알아보자.**
> - 고기의 맛은 육수에 있다.
> - 국물 맛이 좋게 하려면 찬물 때부터 넣고 끓여 육수를 최대한 빼야 하고
> - 고기 맛이 좋게 하려면 뜨거운 물에 고기를 넣어서 표면부터 익어 속 안의 육수가 최대한 나오지 않도록 하는게 좋다.
> - 고기 맛이 좋게 하려면 육수가 안 빠지도록 최대한 물과 접하는 면이 적게 해야 하기에 덩어리채 넣고 삶아야 한다.

45

편육을 할 때 가장 적합한 삶기 방법은?

① 끓는 물에 고기를 덩어리채 넣고 삶는다.
② 끓는 물에 고기를 잘게 썰어 넣고 삶는다.
③ 찬물에서부터 고기를 넣고 삶는다.
④ 찬물에서부터 고기와 생강을 넣고 삶는다.

📖 답 ①

✏️ **암기 노트**

> 📁 수박선생
>
> **단체급식의 목적에 대해 알아보자.**
> - 단체급식에서 영양사를 통해 균형 잡힌 건강한 식단, 단체 구매를 통한 식비 경감, 편식방지와 잔반 줄이는 교육을 할 수 있다.
> - 단체급식을 통해 밥을 많이 준다고 해서 물질적 충족을 주진 못한다.

46

단체급식의 목적이 아닌 것은?

① 피급식자의 건강의 회복, 유지, 증진을 도모한다.
② 피급식자의 식비를 경감한다.
③ 피급식자에게 물질적 충족을 준다.
④ 영양교육과 음식의 중요성을 교육함으로써 바람직한 급식을 실현한다.

📖 답 ③

✏️ **암기 노트**

> 📁 **수박선생**
> **소화흡수에 대해 알아보자.**
> 소화흡수라는 것은 잘게 부수어 체내에서 영양분을 흡수하게 하는 것이다. 따라서 잘고 연하게 조리하면 소화흡수가 할 일을 도와주게 된다.

47

소화흡수가 잘 되도록 하는 방법으로 가장 적절한 것은?

① 짜게 먹는다.
② 동물성 식품과 식물성 식품을 따로따로 먹는다.
③ 식품을 잘고 연하게 조리하여 먹는다.
④ 한꺼번에 많은 양을 먹는다.

답 ③

✏️ **암기 노트**

> 📁 **수박선생**
> 젤라틴을 응고 시킬 때 파인애플을 넣으면 응고를 방해한다.

48

젤라틴과 한천에 관한 설명으로 <u>틀린</u> 것은?

① 한천은 보통 28~35℃에서 응고되는데 온도가 낮을수록 빨리 굳는다.
② 한천은 식물성 급원이다
③ 젤라틴은 젤리, 양과자 등에서 응고제로 쓰인다.
④ 젤라틴에 생파인애플을 넣으면 단단하게 응고한다.

답 ④

✏️ **암기 노트**

> 📁 **수박선생**
> **밀가루 반죽과 첨가물에 대해 알아보자.**
> - 소금은 면을 탱탱하게 하고 싶을 때 넣는다.
> - 설탕은 조직을 연하게 만든다. 그래서 운동하는 근육 맨은 단 거 싫어한다.
> - 달걀을 가열하면 고체가 되어 부드러워짐과 거리가 있다.
> - 기름성분은 글루텡이 탱탱하게 되는 걸 방해한다.
>   예 반죽하면서 손에 자꾸 밀가루가 달라 붙으면 손에 기름을 살짝 바르면 반죽과 손이 서로 달라 붙지 않는다.

49

밀가루 반죽 시 넣는 첨가물에 관한 설명으로 옳은 것은?

① 유지는 글루텐 구조형성을 방해하여 반죽을 부드럽게 한다.
② 소금은 글루텐 단백질을 연화 시켜 밀가루 반죽의 점탄성을 떨어뜨린다.
③ 설탕은 글루텐 망사구조를 치밀하게 하여 반죽을 질기고 단단하게 한다.
④ 달걀을 넣고 가열하면 단백질의 연화작용으로 반죽이 부드러워진다.

답 ①

✏️ **암기 노트**

> 📁 **수박선생**
> **원가계산의 목적에 대해 알아보자.**
> 시험은 공공의 관점에서 봐야 하기에 원가계산 목적을 경영의 이익을 보려고 하는 목적은 옳지 않다고 봐야 한다.

50

원가계산의 목적으로 옳지 않은 것은?
① 원가의 절감 방안을 모색하기 위해서
② 제품의 판매가격을 결정하기 위해서
③ 경영손실을 제품가격에서 만회하기 위해서
④ 예산편성의 기초자료로 활용하기 위해서

답 ③

✏️ **암기 노트**

> 📁 **수박선생**
>
> 상수처리 과정을 알아보자.
> - 물을 떠서, 도시 인근 처리장으로 옮겨, 정화시킨 다음, 수도관으로 배급한다.
> - 강에서 물을 취해서**(취수)**, 도시 처리장으로 옮기고**(도수)**, 정화시킨 후**(정수)**, 수도관으로 배급**(급수)**

51

다음의 상수처리 과정에서 가장 마지막 단계는?

① 급수
② 취수
③ 정수
④ 도수

답 ①

✏️ **암기 노트**

> 📁 **수박선생**
>
> 규폐증에 대해 알아보자.
> - 규폐증이란 규산이 폐에 들어가서 생기는 증상을 말한다.
> - 규소는 돌이나 유리가루에 있으며 잘게 다듬을 때 미세한 가루가 호흡을 통해 폐로 들어간다.
> - 폐가 안 좋은 사람은 근무 몇 일만에 자각 증상이 발생될 수 있고 상대적으로 폐가 좋은 사람은 오랜 기간 자각 증상이 없을 수 있다. 따라서 1년 이후부터 자각한다고 말할 수는 없다.

52

규폐증에 대한 설명으로 틀린 것은?

① 먼지 입자의 크기가 0.5~5.0㎛일 때 잘 발생한다.
② 대표적인 진폐증이다.
③ 암석가공업, 도자기 공업, 유리제조업의 근로자들이 주로 많이 발생한다.
④ 일반적으로 위험요인에 노출된 근무 경력이 1년 이후부터 자각 증상이 발생한다.

답 ④

✏️ **암기 노트**

> 📁 **수박선생**
> 공중보건학의 목표에 대해 알아보자.
> - 공중보건학은 보건 연구와 연구지식을 통한 질병 예방 교육을 담당한다.
> - 치료는 의사가 담당할 영역이다.

53

공중보건학의 목표에 관한 설명으로 <u>틀린</u> 것은?

① 건강 유지
② 질병 예방
③ 질병 치료
④ 지역사회 보건수준 향상

답 ③

✏️ **암기 노트**

> 📁 **수박선생**
> 폴리오 예방접종에 대해 알아보자.
> - 폴리오 예방접종은 생균을 사용하여 면역을 만드는 방법이다.
> - 술 마신 다음 날, 생굴을 사용해 국을 만들어 먹으면 속이 풀리겠네
> - 생굴(생균) 사용, 속 풀리겠네(폴리오)

54

생균(live vaccine)을 사용하는 예방접종으로 면역이 되는 질병은?

① 파상풍
② 콜레라
③ 폴리오
④ 백일해

답 ③

✏️ **암기 노트**

> 📁 **수박선생**
> 가축에 연관된 기생충을 알아보자.
> - 소고기 (무)국 : 소고기 무구조충
> - 돼유, 안돼유? 돼지(유)? : 돼지 유구조충

55

돼지고기를 날 것으로 먹거나 불완전하게 가열하여 섭취할 때 감염될 수 있는 기생충은?

① 유구조충
② 무구조충
③ 광절열두조충
④ 간디스토마

답 ①

✏️ **암기 노트**

> 📁 **수박선생**
> 소음의 측정단위에 대해 알아보자.
> - 소음은 데시벨(dB)로 측정한다.
> - 처음 벨이 발명됐을 때 매우 시끄러웠다고 한다.
> - 얼마나 벨 울리는 소리가 시끄러웠으면 소음의 단위가 데시벨이었겠는가

56

소음의 측정단위는?

① dB
② kg
③ Å
④ ℃

답 ①

✏️ **암기 노트**

> 📁 **수박선생**
>
> **인수공통감염병에 대해 알아보자.**
> - 결핵균이라는 말 들어 봤을 것이다.
> - 결핵은 병원체가 세균이다.
> - 뇌염은 병원체가 뇌염모기
> - 공수병(=광견병)은 병원체가 개(공수부대가 수색을 위해 데리고 다니는 개를 떠올리면 된다)

57

인수공통감염병으로 그 병원체가 세균인 것은?

① 일본뇌염
② 공수병
③ 광견병
④ 결핵

답 ④

✏️ **암기 노트**

> 📁 **수박선생**
>
> **음식물을 통해 감염되는 감염병에 대해 알아보자.**
> - 경구 감염병의 종류에는 파라티푸스, 폴리오, 이질이 있다.
> - 음식점에서 파란 티를 입은 폴리스 옆에는 이질감이 느껴져 멀리 떨어져 앉았다.
> - 음식점(음식물로 감염) - 파란티(파라티푸스), 폴리스(폴리오), 이질감(이질)
> - 유행성이하선염이란 침이나 가래를 통해 감염되는 볼거리를 말한다.
> - 서양 영화가 들어오면서 키스가 유행한 적이 있었다.
> - 당시 이하선씨가 애인과 키스하다 부모님한테 걸려 싸다구를 맞아 볼이 볼거리 걸린 것처럼 부었다고 한다.

58

음식물이나 식수에 오염되어 경구적으로 침입하는 감염병이 <u>아닌</u> 것은?

① 유행성이하선염
② 파라티푸스
③ 세균성 이질
④ 폴리오

답 ①

✏️ **암기 노트**

> 📁 수박선생
>
> **적외선 파장에 대해 알아보자.**
> - 적외선은 긴 파장이다.
> - 가장 긴 800nm을 선택하면 된다.
> - 적외선, 800nm, 앞 글자만 따서 적팔계라는 말이 괜히 나온 게 아니다.

59

적외선에 속하는 파장은?

① 200nm
② 400nm
③ 600nm
④ 800nm

답 ④

✏️ **암기 노트**

> 📁 수박선생
>
> **질병에 연관된 매개 곤충을 알아보자.**
> - 쥐벼룩은 페스트를 옮긴다.
>   중세시대 배경의 서양영화에 쥐가 나오면 긴 비짜루로 패대기 치는 모습이 자주 나온다.
>   쥐벼룩 - 패대기(페스트)
> - 이는 발진티푸스를 옮긴다.
>   이가 아파요, 발치 해야 해요
>   이 - 발치(발진티푸스)
> - 모기는 사상충을 옮긴다.
>   주택담보 모기지론 받아 집을 구입한 사람이 사상 최대치를 넘었다.
>   모기지론(모기) - 사상최대치(사상충증)
> - 쥐는 렙토스피라를 옮긴다.
>   쥐 파먹은 것처럼 머리가 뭐냐? 냅두라
>   쥐 - 냅두라(렙토스피라)

60

매개 곤충과 질병이 <u>잘못</u> 연결된 것은?

① 이-발진티푸스
② 쥐벼룩-페스트
③ 모기-사상충증
④ 벼룩-렙토스피라증

답 ④

✏️ **암기 노트**

기출 4. 암기비법 240

> 📁 **수박선생**
>
> 식품 조리 시 발생되는 유해물질을 알아보자.
> - 발색제 성분인 아질산염과 아민에 의해 유해물질인 엔 니트로소아민이 생성된다. (옷가게에서 어머니가 물으신다) 철수 어딨니? 아직 산염, 그럼 추울텐데 니트로 사자
>   아직 산염(아질산염) - 니트로 사자(니트로소아민)
> - 고온 가열에 의해 생기는 다환방향족탄화수소
>   이름을 통째로 기억하려 하지 않아도 된다. 고온 가열하면 탄다. 타니까(탄화)
> - 해태는 물을 관장하는 영한 동물이다. 즉 육류이다.(해테로고리아민) - 육류

01

식품을 조리 또는 가공할 때 생성되는 유해물질과 그 생성 원인을 잘못 짝지은 것은?

① 엔-니트로소아민(N-nitrosoamine) - 육가공품의 발색제 사용으로 인한 아질산과 아민과의 반응 생성물
② 다환방향족탄화수소(polycyclicaromatic hydrocarbon) - 유기물질을 고온으로 가열할 때 생성되는 단백질이나 지방의 분해생성물
③ 아크릴아미드(acrylamide) - 전분식품 가열시 아미노산과 당의 열에 의한 결합반응 생성물
④ 헤테로고리아민(heterocyclicamine) - 주류 제조 시 에탄올과 카바밀기의 반응에 의한 생성물

답 ④

> 📁 **수박선생**
>
> 복어 독을 알아보자.
> - 복어 독은 테드로톡신 성분이며 중독되면 바로 죽는다.
> - 죽음(death)으로 이끄는 독의 신이다.(데드로 독신)
> - 또한 복어는 치명적인 독을 믿고 큰 물고기가 덤비면 바로 대든다 한다.
> - 복어. 대들어(테트로) 독의 신(톡신)

02

복어 중독을 일으키는 독성분은?

① 테트로도톡신(tetrodotoxin)
② 솔라닌(solanine)
③ 베네루핀(venerupin)
④ 무스카린(muscarine)

답 ①

✏️ **암기 노트**

> 📁 **수박선생**
> **통조림 깡통에서 유발될 수 있는 독성분을 알아보자.**
> - 통조림 깡통은 주석으로 만들어져 있다.
> - 북한은 우두머리를 주석이라 부른다, 주석은 깡통 재료인데 그래서인지 북한 주석은 깡이 좋아서 미국이 아무리 뭐라해도 흔들리지 않는 듯하다.

03

과일 통조림으로부터 용출되어 구토, 설사, 복통의 중독 증상을 유발할 가능성이 있는 물질은?

① 안티몬
② 주석
③ 크롬
④ 구리

답 ②

✏️ **암기 노트**

> 📁 **수박선생**
> **화학성 식중독의 종류를 알아보자.**
> - 화학적인 건 주로 사람에 의해 만들어지는 환경오염, 중금속, 유해첨가물 등이 있다.
> - 조개와 같은 패류는 식중독균에 의한 것으로 세균이 원인이다.

04

화학성 식중독의 원인이 아닌 것은?

① 설사성 패류 중독
② 환경오염에 기인하는 식품 유독성분 중독
③ 중금속에 의한 중독
④ 유해성 식품첨가물에 의한 중독

답 ①

✏️ **암기 노트**

> 📁 수박선생
>
> 안식향산에 대해 알아보자.
> - 할아버님 위패를 사당에 보존하고 안식할 수 있도록 향을 피워드리거라
> - 보존(보존제=부패방지제)-안식 향(안식향산)

> 📁 수박선생
>
> 어류에서 발생하는 식중독균을 알아보자.
> - 어류에서 발생하는 식중독균은 장염 비브리오균 식중독이다.
> - 해산물 어류는 냄새가 비리죠? 해산물 어류에 있는 식중독균은 비브리오균

05

안식향산(benzoic acid)의 사용 목적은?

① 식품의 산미를 내기 위하여
② 식품의 부패를 방지하기 위하여
③ 유지의 산화를 방지하기 위하여
④ 식품의 향을 내기 위하여

답 ②

✏️ 암기 노트

06

식중독 중 해산어류를 통해 많이 발생하는 식중독은?

① 살모넬라균 식중독
② 클로스트리디움 보툴리눔균 식중독
③ 황색포도상구균 식중독
④ 장염 비브리오균 식중독

답 ④

✏️ 암기 노트

> 📁 **수박선생**
> - 색소 없이 결합하여 색을 나타내는 식품첨가물을 발색제라 한다.
> - 정답이 아리송 할 때 객관식을 푸는 팁을 하나 소개하고자 한다.
> - 문제에서 색소를 함유하고 있다는 말이 나오니 보기 중 색이란 단어가 들어간 답이 될 확률이 높다. 문제에서 색소를 함유하고 있지 않다고도 했으니, 없던 색이 생겨 난 것이기 때문에 발색이 답이 될 것이다. 정답을 몰라도 문제를 보고 유추해 가는 방법도 있다.

07

색소를 함유하고 있지는 않지만 식품 중의 성분과 결합하여 색을 안정화시키면서 선명하게 하는 식품첨가물은?

① 착색료
② 보존료
③ 발색제
④ 산화방지제

답 ③

✏️ **암기 노트**

> 📁 **수박선생**
> - 식품의 부패, 변질과 관련된 것은 온도, 효소, 수분이다.
> - 빵이 부패할 때 생기는 곰팡이를 생각해 보자.
> - 수분이 있으면 곰팡이가 좋아한다.
> - 따뜻하면 곰팡이가 좋아한다.
> - 효소는 발효와 연관된 곰팡이 친구다.
> - 빵에 압력을 가하면 다시 말해 꾹 누르면 곰팡이가 생기는 건 아니다.

08

식품의 부패 또는 변질과 관련이 적은 것은?

① 수분
② 온도
③ 압력
④ 효소

답 ③

✏️ **암기 노트**

> 📁 수박선생
> **식중독 원인물질을 알아보자.**
> - 톡신은 '독의 신'의 줄임 말로 세균이 아닌 자체 독성으로 이해하자.
> - 아픈 병자를 위해 곰팡이로 페니실린을 만들었 듯이, 아픈 병자의 아플라는 세균이 아니라 곰팡이와 관련이 있다.

09

세균으로 인한 식중독 원인물질이 아닌 것은?

① 살모넬라균
② 장염비브리오균
③ 아플라톡신
④ 보툴리늄독소

답 ③

✏️ **암기 노트**

> 📁 수박선생
> **중온균 증식온도를 알아보자.**
> - 중온균은 중간온도에서 서식하는 균으로 이해하자.
> - 중간온도는 사람 기준으로 적당한 온도를 의미한다. 따라서 중온균의 최적온도는 신체온도 36.5도와 비슷한 것을 찾으면 된다.

10

중온균 증식의 최적온도는?

① 10~12℃
② 25~37℃
③ 55~60℃
④ 65~75℃

답 ②

✏️ **암기 노트**

> 📁 **수박선생**
> 업종별 시설기준에 대해 알아보자.
> - 잠금장치는 장소 대여업 즉 숙박업소에나 설치할 수 있다.
> - 일반음식점의 룸에 잠금장치를 해서는 안 된다.

11

업종별 시설기준으로 틀린 것은?

① 휴게음식점에는 다른 객석에서 내부가 보이도록 하여야 한다.
② 일반음식점의 객실에는 잠금장치를 설치할 수 있다.
③ 일반음식점의 객실 안에는 무대장치, 우주볼 등의 특수조명시설을 설치하여서는 아니 된다.
④ 일반음식점에는 손님이 이용할 수 있는 자동반주장치를 설치하여서는 아니 된다.

답 ②

✏️ **암기 노트**

> 📁 **수박선생**
> HACCP 기본원칙에 대해 알아보자.
> - HACCP은 건강한 식품을 만들어 유통하자는 취지다.
> - 위해 요소를 분석해서 없애거나 중요관리점을 정하거나 개선조치하면 건강한 식품이 생성될 수 있다. 하지만 회수한다고 해서 건강한 식품이 생성되는 건 아니다.

12

HACCP의 7가지 원칙에 해당하지 않는 것은?

① 위해요소분석
② 중요관리점(CCP) 결정
③ 개선조치방법 수립
④ 회수명령의 기준 설정

답 ④

✏️ **암기 노트**

> 📁 **수박선생**
> **불량 식품유통 관련 보고 대상을 알아보자.**
> 무엇을 하려면 해당 거주지의 대장 공무원(시·도지사·군수, 구청장)에게 보고 하고, 식품의 안전과 관련된 사항이니 식품안전처장에게 보고될 수 있다. 하지만 보건소장은 방역이나 예방접종에 관련된 업무를 하기에 식품과는 거리가 있다.

13

판매의 목적으로 식품 등을 제조·가공·소분·수입 또는 판매한 영업자는 해당 식품이 식품 등의 위해와 관련이 있는 규정으로 위반하여 유통 중인 당해 식품 등을 회수하고자 할 때 회수계획을 보고해야 하는 대상이 <u>아닌</u> 것은?

① 시·도지사
② 식품의약품안전처장
③ 보건소장
④ 시장·군수·구청장

답 ③

✏️ **암기 노트**

> 📁 **수박선생**
> **식품위생법의 목적에 대해 알아보자.**
> - 식품위생법 = 식품 + 위생에 대한 법
> - 식품위생법의 목적에 유통과 판매는 어울리지 않는다.

14

식품위생법에 명시된 목적이 <u>아닌</u> 것은?

① 위생상의 위해 방지
② 건전한 유통·판매 도모
③ 식품영양의 질적 향상 도모
④ 식품에 관한 올바른 정보 제공

답 ②

✏️ **암기 노트**

> 📁 **수박선생**
>
> **식품사업장에서 종사할 수 없는 질병을 알아보자.**
> - 비감염성은 감염되지 않으니 영업 종사가 가능하다.
> - 비둘기에서 균이 전염되었다고 알려진 결핵은 우리 주변에 비둘기를 쉽게 볼 수 있듯이 우리 주변에 결핵 보균자도 많다. 하지만 보균자라 하더라도 비감염성 즉 비활동성이면 잠들어 있는 상태이므로 전염되지 않는다.

15

식품위생법상 영업에 종사하지 못하는 질병의 종류가 아닌 것은?

① 비감염성 결핵
② 세균성이질
③ 장티푸스
④ 화농성질환

답 ①

✎ **암기 노트**

> 📁 **수박선생**
> - 마시멜로우는 말랑말랑하게 만든 설탕이다.
> - 설탕 많이 먹으면 몸에 안 좋다고 한다, 맛있지만 건강상 옐로우 카드다 라고해서 마시멜로우다.

16

우유 가공품이 아닌 것은?

① 치즈
② 버터
③ 마시멜로우
④ 액상 발효유

답 ③

✎ **암기 노트**

> 📁 수박선생
> **육류의 사후경직에 대해 알아보자.**
> - 사후경직 시 산소 공기가 원활히 공급되지 않아 피로도가 쌓여 산이 증가한다.
> - 호기성은 공기가 충분히 공급된다는 것이고 혐기성은 공기가 충분히 공급되지 않는다는 것을 의미한다.

17

육류의 사후경직을 설명한 것 중 틀린 것은?

① 근육에서 호기성 해당과정에 의해 산이 증가된다.
② 해당과정으로 생성된 산에 의해 pH가 낮아진다.
③ 경직 속도는 도살전의 동물의 상태에 따라 다르다.
④ 근육의 글리코겐 젖산으로 된다.

답 ①

✏️ **암기 노트**

> 📁 수박선생
> **효소의 구성성분에 대해 알아보자.**
> - 효소가 몸에 좋다는 이야기는 들었을 것이다.
> - 탄수화물이 많아야 몸에 좋을까? 살만 찌게
> - 지방이 많아야 몸에 좋을까? 말도 안되지
> - 단백질이 많으면 근육을 구성하는 주성분이니 몸에 좋다. 즉 효소가 몸에 좋다는 건 단백질로 구성되어 있기 때문이다.

18

효소의 주된 구성성분은?

① 지방
② 탄수화물
③ 단백질
④ 비타민

답 ③

✏️ **암기 노트**

> 📁 **수박선생**
>
> **어류의 냄새성분에 대해 알아보자.**
> - 어류의 냄새 성분은 트리메틸아민, 피페리딘, 암모니아 등이다.
> - 오메가(트리)가 풍부한 참치 어종도 (피페)해지면 (암모니아) 냄새가 난다.

19

다음 냄새 성분 중 어류와 관계가 먼 것은?

① 트리메틸아민(trimethylamine)
② 암모니아(ammonia)
③ 피페리딘(piperidine)
④ 디아세틸(diacetyl)

답 ④

✏️ **암기노트**

> 📁 **수박선생**
>
> **자유수에 대해 알아보자.**
> - 자유수는 순수한 물이다.
> - 순수한 물은 0도에서 어는데, -20도에서도 얼지 않는다면 순수한 물이 아니다.

20

식품에 존재하는 물의 형태 중 자유수에 대한 설명으로 **틀린** 것은?

① 식품에서 미생물의 번식에 이용된다.
② -20℃에서도 얼지 않는다.
③ 100℃에서 증발하여 수증기가 된다.
④ 식품을 건조 시킬 때 쉽게 제거된다.

답 ②

✏️ **암기노트**

> 📁 **수박선생**
>
> 노화 억제 방법에 대해 알아보자.
> - 식품에서 노화란 딱딱해 지는 것을 의미한다.
> - 아기 때 보송보송한 피부가 나이 들면 수분기가 없어 거칠고 딱딱 해지는 것과 같다.
> - 식품을 냉동하면 딱딱 해지니 냉동은 노화 방법이 아닌가 하고 헷갈릴 것이다.
> - 냉동은 수분까지 함께 얼려 주기에 노화 진행을 멈춰 주는 것이다.
> - 공상과학영화에서도 사람을 냉동 후 미래에 다시 해동하여 살려내지 않는가. 단, 냉장은 낮은 온도에서 수분 증발도 함께 일어나기에 노화가 진행된다.
> - 피부에 수분을 더해주거나 냉 찜질해주거나 꿀과 같은 설탕을 발라주거나 하는 건 피부가 촉촉함을 유지하는데 좋다. 하지만 피부에 황산, 염산 등 산 종류는 수분 증발을 시키므로 노화를 촉진시킨다.

21

전분의 노화를 억제하는 방법으로 적합하지 않은 것은?

① 수분함량 조절
② 냉동
③ 설탕의 첨가
④ 산의 첨가

정답 ④

✏️ **암기 노트**

22

우유 100mL에 칼슘이 180mg 정도 들어 있다면 우유 250mL에는 칼슘이 약 몇 mg 정도 들어있는가?

① 450mg
② 540mg
③ 595mg
④ 650mg

> 📝 **수박선생**
>
> 100 : 180 = 250 : X
> 100 × X = 80 × 250
> X = 180 × 250 ÷ 100

정답 ①

✏️ **암기 노트**

> 📁 **수박선생**
> 아밀로펙틴의 기능을 알아보자.
> - 찹쌀이 더 쫀득거리는 이유는 탱탱함을 주는 펙틴 성분이 더 많기 때문이다.
> - 저녁에 팩을 하는 이유도 피부의 탱탱함을 위해서이다.

23

찹쌀의 아밀로오스와 아밀로펙틴에 대한 설명 중 맞는 것은?

① 아밀로오스 함량이 더 많다.
② 아밀로오스 함량과 아밀로펙틴의 함량이 거의 같다.
③ 아밀로펙틴으로 이루어져 있다.
④ 아밀로펙틴은 존재하지 않는다.

답 ③

✏️ **암기 노트**

> 📁 **수박선생**
> 과일향기의 주성분에 대해 알아보자.
> - 과일향기의 주성분은 에스테르류이다.
> - 에스더가 지나가면 과일향기가 풍긴다.
> - 에스더(에스테르) 과일향기

24

과일향기의 주성분을 이루는 냄새 성분은?

① 알데히드(aldehyde)류
② 함유황화합물
③ 테르펜(terpene)류
④ 에스테르(ester)류

답 ④

✏️ **암기 노트**

> 📁 수박선생
> **불건성유에 대해 알아보자.**
> - 잘 굳지 않는 기름이 불건성유인데, 원재료 자체가 딱딱한 것일 수록 불건성유일 확률이 높다.
> - 땅콩, 야자, 올리브가 해당한다.

25

불건성유에 속하는 것은?

① 들기름
② 땅콩기름
③ 대두유
④ 옥수수기름

답 ②

✏️ 암기 노트

> 📁 수박선생
> **조리 시 손실되기 쉬운 비타민을 알아보자.**
> 비타민 C는 열에 약하다. 따라서 비타민 C를 함유한 채소는 열로 조리하기 보다 가급적 귤처럼 생으로 섭취하는 것이 좋다.

26

채소의 가공 시 가장 손실되기 쉬운 비타민은?

① 비타민 A
② 비타민 D
③ 비타민 C
④ 비타민 E

답 ③

✏️ 암기 노트

> 📁 수박선생
> **질소충전 효과에 대해 알아보자.**
> 질소를 넣었다 해서 제품이 투명해지진 않는다.

27

일반적으로 포테이토칩 등 스낵류에 질소충전 포장을 실시할 때 얻어지는 효과로 가장 거리가 먼 것은?

① 유지의 산화 방지
② 스낵의 파손 방지
③ 세균의 발육 억제
④ 제품의 투명성 유지

답 ④

✏️ 암기 노트

> 📁 수박선생
> **등전점에 대해 알아보자.**
> 난백 즉 계란흰자의 거품이 꺼지지 않도록 같은 상태(같을 등)로 유지해주는 시점의 산성도 수치가 등전점이다.

28

달걀흰자로 거품을 낼 때 식초를 약간 첨가하는 것은 다음 중 어떤 것 과 가장 관계가 깊은가?

① 난백의 등전점
② 용해도 증가
③ 향 형성
④ 표백효과

답 ①

✏️ 암기 노트

> 📁 수박선생
>
> **안토시아닌계 색소에 대해 알아보자.**
> - 안구에 톡하고 식초처럼 신 것이 들어가면 눈이 붉게 충혈된다.
> - 안구 톡 신 것이 들어가(안토시아민), 붉게 충혈(붉은색)
> - 안토시아닌 색소는 적색 채소의 붉은 색을 더욱 선명하게 유지시켜 준다.

29

붉은 양배추를 조리할 때 식초나 레몬즙을 조금 넣으면 어떤 변화가 일어나는가?

① 안토시아닌계 색소가 선명하게 유지된다.
② 카로티노이드계 색소가 변색되어 녹색으로 된다.
③ 클로로필계 색소가 선명하게 유지된다.
④ 플라보노이드계 색소가 변색되어 청색으로 된다.

답 ①

✏️ **암기 노트**

> 📁 수박선생
>
> **단 맛 식품에 대해 알아보자.**
> - 사탕무, 감초, 벌꿀은 먹어 봤을 것이다. 달다.
> - 곤약이 무슨 맛인지 모르더라도, 예로부터 약은 쓰다고 했다. 따라서 곤약은 단맛과 거리가 멀다.

30

단맛을 갖는 대표적인 식품과 가장 거리가 먼 것은?

① 사탕무
② 감초
③ 벌꿀
④ 곤약

답 ④

✏️ **암기 노트**

> 📁 **수박선생**
> **신선한 달걀 감별법을 알아보자.**
> - 달걀을 흔들 때 내용물이 잘 흔들린다는 건 노른자가 터졌다는 것이다.
> - 노른자가 터졌다는 건 신선하지 않다는 것이다.

31

신선한 달걀의 감별법으로 설명이 <u>잘못된</u> 것은?

① 햇빛(전등)에 비출 때 공기집의 크기가 작다.
② 흔들 때 내용물이 잘 흔들린다.
③ 6% 소금물에 넣으면 가라앉는다.
④ 깨트려 접시에 놓으면 노른자가 볼록하고 흰자의 점도가 높다.

답 ②

✏️ **암기 노트**

> 📁 **수박선생**
> **열량급원 식품에 대해 알아보자.**
> - 열량이란 에너지원으로 쓰이는 것인데 탄수화물, 지방, 단백질이다.
> - 아이스크림은 우유로 만든 것으로 동물성 지방이 함유되어 있다.

32

열량급원 식품이 <u>아닌</u> 것은?

① 감자
② 쌀
③ 풋고추
④ 아이스크림

답 ③

✏️ **암기 노트**

> 📁 **수박선생**
> 마늘에 함유된 매운맛을 내는 성분에 대해 알아보자.
> - 무하마드 알리 아시는가? 복싱의 신으로 불렸던 선수이다.
> - 무하 마늘 (알리)로 기억하자.

33

마늘에 함유된 황화합물로 특유의 냄새를 가지는 성분은?

① 알리신(allicin)
② 디메틸설파이드(dimethyl sulfide)
③ 머스타드 오일(mustard oil)
④ 캡사이신(capsaicin)

답 ①

✏️ 암기 노트

34

당근의 구입단가는 kg당 1300원이다. 10kg 구매 시 표준수율이 86%이라면, 당근 1인분(80g)의 원가는 약 얼마인가?

① 51원
② 121원
③ 151원
④ 181원

> 📝 **수박선생**
> 총재료비=1300원×10kg=13000원
> 실재료량=10kg×0.86수율=8.6kg
> 8.6kg=8.6×1000=8600g
> 8600g:13000원=80:x
> x=13000×80/8600

답 ②

✏️ 암기 노트

> 📁 **수박선생**
>
> **비타민C를 함유한 식재료의 조리법을 알아보자.**
> 비타민C는 열에 약하다. 그래서 열이 가하지 않고 생으로 먹어야 비타민C 파괴율을 줄일 수 있다.

35

다음 조립법 중 비타민C 파괴율이 가장 적은 것은?

① 시금치 국
② 무생채
③ 고사리 무침
④ 오이지

답 ②

✏️ **암기 노트**

> 📁 **수박선생**
>
> **비타민 A에 대해 알아보자.**
> - 비타민A는 Airplane을 생각하자. 비행기는 oil을 가득 채우고 다닌다.
> - 비타민 A는 기름 즉 지방과 연관성이 깊은 지용성 비타민이다.

36

조리 시 일어나는 비타민, 무기질의 변화 중 맞는 것은?

① 비타민A는 지방음식과 함께 섭취할 때 흡수율이 높아진다.
② 비타민D는 자외선과 접하는 부분이 클수록, 오래 끓일수록 파괴율이 높아진다.
③ 색소의 고정효과로는 Ca^{++}이 많이 사용되며 식물 색소를 고정시키는 역할을 한다.
④ 과일을 깎을 때 쇠칼을 사용하는 것이 맛, 영양가, 외관상 좋다.

답 ①

✏️ **암기 노트**

> 📁 **수박선생**
> 주방면적 산출 시 고려사항에 대해 알아보자.
> 밥 먹는 사람 즉 피급식자인 손님은 주방에 들어가서 밥을 먹지 않는다. 따라서 주방면적을 고려할 때 피급식자는 고려 대상이 아니다.

37

급식 시설에서 주방면적을 산출할 때 고려해야 할 사항으로 가장거리가 먼 것은?

① 피급식자의 기호
② 조리 기기의 선택
③ 조리 인원
④ 식단

답 ①

✏️ **암기 노트**

> 📁 **수박선생**
> 병원의 급식시설에 대해 알아보자.
> - 병원은 위생 청결이 보다 많이 필요한 장소다.
> - 위생 청결을 위해 많이 세척하려면 물이 많이 필요하다.

38

다음 급식시설 중 1인 1식 사용 급수 량이 가장 많이 필요한 시설은?

① 학교급식
② 보통급식
③ 산업체급식
④ 병원급식

답 ④

✏️ **암기 노트**

> 📁 **수박선생**
> 비린내 억제 방법을 알아보자.
> - 비린내 냄새는 휘발성이다.
> - 처음부터 뚜껑을 열고 끓여서 휘발성 비린내를 배출시켜야 한다.

39

생선의 비린내를 억제하는 방법으로 부적합한 것은?

① 물로 깨끗이 씻어 수용성 냄새 성분을 제거한다.
② 처음부터 뚜껑을 닫고 끓여 생선을 완전히 응고시킨다.
③ 조리 전에 우유에 담가 둔다.
④ 생선 단백질이 응고 된 후 생강을 넣는다.

답 ②

✏️ **암기 노트**

> 📁 **수박선생**
> 원가 산출 공식을 알아보자.
> - 담배를 좋아하는 노무현 대통령이 담배가격이 올라 불만이었다. 어느 날 (노무)현 대통령이 담배공사 지나다가 (경비)원에게 (재료)비가 얼만지 (직접) 물어보러 갔다.
> 노무+경비+재료=직접원가
> - 대통령 신분을 밝히고 (직접) 물어볼까 하다가 (간접)적으로 (제조)하는데 얼마 들어가는지 물어보기로 마음을 바꿨다.
> 직접+간접=제조원가
> - 경비원이 대통령인지 모르고 담배가게 하려는 상인이라 생각하고 귀찮다는 듯 말한다.
> (제조원가)는 왜 물으세요? (판매관리) 하려고요? 대통령이 말씀하길 어데요 (총) 맞았습니까?
> 제조원가+판매관리=총원가
> - (총) 맞기 싫으면 어여 갈 길 가세요, (이익)은 많은데 아무나 못 (팝니다)
> 총원가+이익=판매가격

40

총원가는 제조원가에 무엇을 더한 것인가?

① 제조간접비
② 판매관리비
③ 이익
④ 판매가격

답 ②

✏️ **암기 노트**

> 📁 수박선생
> **첨가제의 효능을 알아보자.**
> - 중조는 중탄산소다 정도로 알아 두자.
> - 빵에 소다를 넣으면 뭉쳤던 빵에 공기가 들어가면서 부풀듯이, 중조를 넣으면 펙틴이 풀어지게 하는 역할을 한다.

41

조리 시 첨가하는 물질의 역할에 대한 설명으로 <u>틀린</u> 것은?

① 식염-면 반죽의 탄성 증가
② 식초-백색채소의 색 고정
③ 중조-펙틴 물질의 불용성 강화
④ 구리-녹색채소의 색 고정

답 ③

✏️ **암기 노트**

> 📁 수박선생
> **쇠고기 부위별 적합한 조리방법을 알아보자.**
> - 갈비찜은 오랜 시간 푹 찐다.
> - 아무리 질긴 것도 물에 오래 찌면 노골노골해진다. 따라서 찜에 적합한 부위는 질긴 부위인 사태가 답이다.
> - 목심은 구이용으로 많이 먹는다.
> - 설도가 어느 부위인지 기억이 안 난다면 설사부위로 생각하자. 냄새 나니 탕으론 먹지 않고 대창처럼 구워 먹는다 정도만 기억해 두자.

42

쇠고기의 부위 중 탕, 스튜, 찜 조리에 가장 적합 한 부위는?

① 목심
② 설도
③ 양지
④ 사태

답 ④

✏️ **암기 노트**

> 📁 **수박선생**
>
> **발연점에 대해 알아보자.**
> - 발연점이란 불이 붙는 온도를 말한다.
> - 기름에 불을 붙이듯 지방산이 많아야 불이 잘 붙는다.

43

유지의 발연점이 낮아지는 원인에 대한 설명으로 <u>틀린</u> 것은?

① 유리지방산의 함량이 낮은 경우
② 튀김기의 표면적이 넓은 경우
③ 기름에 이물질이 많이 들어 있는 경우
④ 오래 사용하여 기름이 지나치게 산패된 경우

답 ①

✏️ **암기 노트**

> 📁 **수박선생**
>
> **연부현상에 대해 알아보자.**
> - 연부현상은 표면이 연하게 부어버리는 현상이다.
> - 김치국물은 짠맛의 소금성분과 신맛의 산 성성분이 식품을 현상태로 유지하도록 하는 역할을 한다. 따라서 국물에 잠기면 연부현상을 막을 수 있다.

44

김치 저장 중 김치조직의 연부현상이 일어나는 이유에 대한 설명으로 가장 거리가 <u>먼</u> 것은?

① 조직을 구성하고 있는 펙틴질이 분해되기 때문에
② 미생물이 펙틴분해효소를 생성하기 때문에
③ 용기에 꼭 눌러 담지 않아 내부에 공기가 존재하여 호기성 미생물이 성장번식하기 때문에
④ 김치가 국물에 잠겨 수분을 흡수하기 때문에

답 ④

✏️ **암기 노트**

> 📁 **수박선생**
> 고기의 조리 특성을 알아보자.
> - 고기의 맛은 육즙에 있다.
> - 고기 국물을 맛있게 먹으려면 찬물일 때 넣어 육즙을 최대한 뽑아내야 하고, 고기를 맛 있게 먹으려면 뜨거운 물 일 때 넣어 육즙이 조금만 빠져나오도록 해야 한다.

45

편육을 끓는 물에 삶아 내는 이유는?

① 고기 냄새를 없애기 위해
② 육질을 단단하게 하기 위해
③ 지방 용출을 적게 하기 위해
④ 국물에 맛 성분이 적게 용출되도록 하기 위해

답 ④

✏️ **암기 노트**

46

에너지 공급원으로 감자 160g을 보리쌀로 대체할 때 필요한 보리쌀 양은?(단, 감자 당질함량:14.4%, 보리쌀 당질함량:68.4%)

① 20.9g
② 27.6g
③ 31.5g
④ 33.7g

> 📝 **수박선생**
> 160g×14.4% = 보리g×68.4%
> 보리g = 160g×14.4% ÷ 68.4%

답 ④

✏️ **암기 노트**

> 📁 **수박선생**
> **고기를 가열 시 변화에 대해 알아보자.**
> - 고기는 가열하면 육즙과 수분이 나오면서 부피가 작아진다.
> - 스테이크를 많이 가열하면 퍽퍽하긴 하겠지만 익힌 음식이 소화는 잘 된다.
> - 참고로 meat는 고기이고 loaf는 덩어리이다.

47

육류 조리 시 열에 의한 변화로 맞는 것은?

① 불고기는 열의 흡수로 부피가 증가한다.
② 스테이크는 가열하면 질겨져서 소화가 잘 되지 않는다.
③ 미트로프(meatloaf)는 가열하면 단백질이 응고, 수축, 변성된다.
④ 쇠꼬리의 젤라틴이 콜라겐 화 된다.

답 ③

✏️ **암기 노트**

> 📁 **수박선생**
> **수렴성에 대해 알아보자.**
> - 수렴성이란 혀의 점막을 수축시키는 것을 말한다.
> - 수렴성은 타닌에 의해 발생한다.
> - 차 탔니, 커피 탔니, 코코아 탔니, 과일나무 탔니(타고 올라갔니)
> - 탔니(타닌)를 기억하자.

48

차, 커피, 코코아, 과일 등에서 수렴성 맛을 주는 성분은?

① 타닌(tannin)
② 카로틴(carotene)
③ 엽록소(chlorophyll)
④ 안토시아닌(anthocyanin)

답 ①

✏️ **암기 노트**

> 📁 수박선생
>
> 식품 선택요령을 알아보자.
> - 제철음식을 사야 저렴하고 값도 싸다.
> - 겨울에 하우스 수박도 있지만 수박은 제철인 여름에 당도도 높고 더 싸다.
> - 재료가 비싸다면 영양소 구성성분이 비슷한 다른 대체제를 사도 된다.

49

식단을 작성하고자 할 때 식품의 선택요령으로 가장 적합한 것은?

① 영양보다는 경제적인 효율성을 우선으로 고려한다.
② 쇠고기가 비싸서 대체식품으로 닭고기를 선정하였다.
③ 시금치의 대체식품으로 값이 싼 달걀을 구매하였다.
④ 한창 제철일 때 보다 한 발 앞서서 식품을 구입하여 식단을 구성하는 것이 보다 새롭고 경제적이다.

답 ②

✏️ 암기 노트

> 📁 수박선생
>
> 우유의 응고에 대해 알아보자.
> - 우유에 설탕 넣어 먹어 봤는가?
> - 달달하고 맛있다. 설탕 넣는다고 우유가 응고되지 않는다.

50

우유의 카제인을 응고시킬 수 있는 것으로 되어 있는 것은?

① 타닌 - 레닌 - 설탕
② 식초 - 레닌 - 타닌
③ 레닌 - 설탕 - 소금
④ 소금 - 설탕 - 식초

답 ②

✏️ 암기 노트

> 📁 **수박선생**
>
> **골연화증에 관련된 중금속을 알아보자.**
> - 골연화증과 관련된 중금속은 카드뮴이다.
>   카드 사기 피해자는 뼈골 빠지게 일한 돈을 모두 잃었다.
>   카드사기(카드뮴) - 뼈골(칼슘과 인)이 빠짐
>   카드뮴은 참고로 이타이이타이병을 일으킨다.
>   카드 타짜에게 당하자 이따위 이따위 사기에 당하다니
>   카드뮴 - 이타이 이타이
> - 수은은 미나마타병의 원인이다.
>   엄마가 성적표를 보고 미가 뭐 야 미가!
>   아들이 말하길 어마마마, (수)는 (미나 마찬)가지 이옵니다, 어마마마 노여움을 푸소서
>   수은 - 미나마타

51

칼슘(Ca)와 인(P)이 소변 중으로 유출되는 골연화증 현상을 유발하는 유해 중금속은?

① 납
② 카드뮴
③ 수은
④ 주석

답 ②

✏️ **암기 노트**

> 📁 **수박선생**
> - 실내에 사는 건 사람이다.
> - 사람이 실내 공기를 오염시킨다.
> - 사람이 내뿜는 건 이산화탄소이다.

52

실내 공기오염의 지표로 이용되는 기체는?

① 산소
② 이산화탄소
③ 일산화탄소
④ 질소

답 ②

✏️ **암기 노트**

> 📁 **수박선생**
>
> **기생충과 숙주를 알아보자.**
> - 소고기 무국 : 소고기 - 무구조충
> - 사람 피 말리네 : 사람 - 말라리아
> - 가재, 게 처럼 껍질이 딱딱한 건 망치로 (패서 흡입)해야 한다.
>   가재, 게 - 폐흡충
> - 십이지장충 : 이장이 밭에 나갔다가 똥을 밟고 화가 났다.
>   십(욕이죠) 이지(이 밭에) 장(똥) 눈 사람 누구야?
>   십이지장충은 똥을 밭에 뿌렸는데 맨발로 밟고 일하면서 상처 난 피부에 침투한 기생충

53

기생충과 중간 숙주의 연결이 틀린 것은?

① 십이지장충 - 모기
② 말라리아 - 사람
③ 폐흡충 - 가재, 게
④ 무구조충 - 소

답 ①

✏️ **암기 노트**

> 📁 **수박선생**
>
> **비말감염에 대해 알아보자.**
> - 비말이란 코와 가래를 말한다. 콧물과 가래
> - 코로나도 콧물과 가래를 통한 비말감염을 막기 위해 마스크를 쓰고 다니는 것이다.
> - 백일동안 가래 기침하는 백일해
> - 피 섞인 가래 나오는 결핵
> - 쥐나 벼룩은 두르러기 발진을 일으킨다고 발진열

54

감염병 중에서 비말감염과 관계가 먼 것은?

① 백일해
② 디프테리아
③ 발진열
④ 결핵

답 ③

✏️ **암기 노트**

> 📁 수박선생
>
> 환경이 나쁜 곳에서 발생되는 감염병을 알아보자.
> - 비위생적인 환경에서 발생되는 감염병은 장티푸스. 콜레라, 이질 등이 있다.
> - 위생불량 식품 먹고 장을 기부스 한다고 장티푸스
> - 걸레 같은 음식 먹고 걸리는 걸레라 아니 콜레라
> - 이질감 느끼는 식품 먹고 걸리는 이질
> - 이런 질병은 위생 철저히 하고 식기 소독하고, 끓여 먹으면 예방할 수 있는 것이다.
> - 인플루엔자는 바이러스로 위생 철저히 해도 주위 사람이 걸리면 공기를 통해 전달되어 호흡 통해 감염된다.

55

환경위생의 개선으로 발생이 감소되는 감염병과 가장 거리가 먼 것은?

① 장티푸스
② 콜레라
③ 이질
④ 인플루엔자

답 ④

✏️ 암기 노트

> 📁 수박선생
>
> 법정감염병 종류에 대해 알아보자.
> - 대표적인 법정감염병으로 말라리아, 유행성이하선염, 매독 등이 있다.
> - 기생충은 감염병 이름이 아니다.

56

우리나라의 법정 감염병이 아닌 것은?

① 말라리아
② 유행성이하선염
③ 매독
④ 기생충

답 ④

✏️ 암기 노트

> 📁 수박선생
> BOD 수질측정방법을 알아보자.
> - 수질측정은 관련 공무원이 한다.
> - 수질측정 공무원은 일주일에서 공휴일 빼야 하니 5일간 측정한다.
> - 수질측정 온도는 미지근한 상온의 물로 측정한다.

57

수질의 오염정도를 파악하기 위한 BOD(생물화학적산소요구량) 측정 시 일반적인 온도와 측정기간은?

① 10℃에서 10일간
② 20℃에서 10일간
③ 10℃에서 5일간
④ 20℃에서 5일간

답 ④

✏️ 암기 노트

> 📁 수박선생
> 보건수준을 측정하는 지표에 대해 알아보자.
> - 국가의 대표적 보건지표는 영아사망률이다.
> - 통계청 입장에서는 영아는 스스로 지역을 옮겨 다니지 않기에, 지역적 통계가 용이하여 신뢰도 있는 통계를 낼 수 있기 때문이다.

58

지역사회나 국가사회의 보건수준을 나타낼 수 있는 가장 대표적인 지표는?

① 모성사망률
② 평균수명
③ 질병이환율
④ 영아사망률

답 ④

✏️ 암기 노트

> 📁 **수박선생**
>
> **자외선의 피해에 대해 알아보자.**
> - 자외선은 노출된 피부에 1차적 피해를 주므로 눈과 피부에 염증을 유발한다.
> - 폐는 내부에 있는 장기이므로 자외선의 피해 대상이 아니다.

59

자외선에 의한 인체 건강 장해가 <u>아닌</u> 것은?

① 설안염
② 피부암
③ 폐기종
④ 결막염

답 ③

✏️ **암기 노트**

> 📁 **수박선생**
>
> **고열 환경에 의한 직업병을 알아보자.**
> - 고열에 의한 직업병에는 열경련, 일사병, 열쇠약 등이 있다.
> - 일사병은 햇빛에 의한 병이다.
> - 참호족은 못 들어 본 분이 많으실 것이다. 군대에서 참호란 사람이 들어갈 만한 땅 구덩이를 파서 그 안에서 경계근무를 하는 곳이다.
> 추운 겨울 참호에 들어가 경계근무를 서다 보면 손발이 꽁꽁 어는 동상이 걸리기 쉽다. 참호병은 동상이라 보면 된다.

60

고열장해로 인한 직업병이 <u>아닌</u> 것은?

① 열경련
② 일사병
③ 열쇠약
④ 참호족

답 ④

✏️ **암기 노트**

기출 5. 암기비법 300

> 📁 **수박선생**
>
> **식품 표시기준에 대해 알아보자.**
> - 열량 표시할 때 5Kcal 미만이면 0으로 표시할 수 있다.
> - 먹기 전에 하는 이런 말이 있다.
>   오~ 맛 있게 먹으면 0칼로리
>   그래서 열량을 0으로 표기해도 되는 건 오~(5Kcal)를 기억하면 된다.

01

식품 등의 표시기준상 열량표시에서 몇 Kcal 미만을 "0"으로 표시할 수 있는가?

① 2Kcal
② 5Kcal
③ 7Kcal
④ 10Kcal

답 ②

✏️ **암기 노트**

> 📁 **수박선생**
>
> - 국가시험에서 "집단"이란 공공집단으로 생각하고 문제를 풀면 쉽게 풀 수 있다.
> - 공공집단은 영리목적이 아니다.

02

식품위생법상 용어의 정의에 대한 설명 중 틀린 것은?

① "집단급식소"라 함은 영리를 목적으로 하는 급식시설을 말한다.
② "식품"이라 함은 의약으로 섭취하는 것을 제외한 모든 음식물을 말한다.
③ "표시"라 함은 식품, 식품첨가물, 기구 또는 용기 포장에 기재하는 문자, 숫자 또는 도형을 말한다.
④ "용기포장"이라 함은 식품을 넣거나 싸는 것으로서 식품을 주고받을 때 함께 건네는 물품을 말한다.

답 ①

✏️ **암기 노트**

> 📁 **수박선생**
> 위생감시원 직무에 대해 알아보자.
> 감시 공무원은 점검 과 검사, 자료 제공을 할 뿐 불이행에 대한 보고나 조치를 담당하진 않는다.

03

식품위생법상 소비자식품위생감시원의 직무가 아닌 것은?

① 식품접객업을 하는 자에 대한 위생관리 상태 점검
② 유통 중인 식품 등의 허위표시 또는 과대광고 금지 위반 행위에 관한 관할 행정관청에의 신고 또는 자료 제공
③ 식품위생감시원이 행하는 식품 등에 대한 수거 및 검사 지원
④ 영업장소에 대한 위생관리상태를 점검하고, 개선사항에 대한 권고 및 불이행 시 위촉기관에 보고

답 ④

✏️ **암기 노트**

> 📁 **수박선생**
> 영업신고대상과 허가대상의 차이점을 알아보자.
> - 신고는 "학교 다녀오겠습니다" 인사하고 학교에 가는 것과 같은 것이고
> - 허가는 "친구 집에 가서 자고 오겠습니다" 처럼 부모님께 허락을 받아야 할 수 있는 것과 같은 것이다. 단란주점은 해당 시청에 허락을 받아야 할 수 있다.

04

식품위생법상 영업의 신고 대상 업종이 아닌 것은?

① 일반음식점영업
② 단란주점영업
③ 휴게음식점영업
④ 식품제조가공업

답 ②

✏️ **암기 노트**

> 📁 **수박선생**
> 조리사가 필수 채용되어야 하는 직장을 알아보자.
> - 집단 다시 말하면 많은 사람에게 식음 서비스를 제공하거나, 독성이 있는 재료의 식음 서비스를 하는 경우에는 전문 조리사가 있어야 한다.
> - 식품첨가물 예를 들어 다시다, 미원 만드는 공장에 조리사가 있을 필요는 없다.

05

식품위생법상 조리사를 두어야 할 영업이 아닌 것은?

① 지방자치단체가 운영하는 집단급식소
② 복어조리 판매업소
③ 식품첨가물 제조업소
④ 병원이 운영하는 집단급식소

답 ③

✏️ **암기 노트**

> 📁 **수박선생**
> 어패류의 부패 판정 물질을 알아보자.
> - 어패류의 부패도, 신선도 판정의 기준이 되는 물질은 트리메틸아민이다.
> - 어패류의 신선도를 물어보는 문제가 나오면 참치를 떠올리자.
> 참치하면 오메가쓰리
> 오메가쓰리가 많은 건 신선하다는 뜻이다.
> 결국 어패류 하면 오메가쓰리로 암기하면 된다.
> 쓰리가 들어간 트리메틸아민이 신선도와 부패 판정의 기준이 되는 물질이다.

06

어패류의 신선도 판정 시 초기부패의 기준이 되는 물질은?

① 삭시톡신(saxitoxin)
② 베네루핀(venerupin)
③ 트리메틸아민(trimethylamine)
④ 아플라톡신(aflatoxin)

답 ③

✏️ **암기 노트**

> 📁 **수박선생**
> **거품제거제에 대해 알아보자.**
> - 거품제거제를 소포제라고 한다.
> - 소포제의 뜻이 소거할 소, 거품 포, 약 제 이므로 거품을 제거한다는 뜻이다.
> - 우리나라 말의 80% 이상이 외래어이다. 그래서 단어가 무슨 뜻인지 알고 있는지 시험에서 물어보는 경우가 종종 있다.

07

식품의 제조공정 중에 발생하는 거품을 제거하기 위해 사용되는 식품첨가물은?

① 소포제
② 발색제
③ 살균제
④ 표백제

답 ①

✏️ **암기 노트**

> 📁 **수박선생**
> **발육억제제에 대해 알아보자.**
> - 발육억제제로는 안식향산나트륨이 있다.
> - 발육이 안 되게 억제한다는 말은 성장 정지, 영면에 들게 함, 안식하게 함 등의 의미를 담고 있다. 따라서 발육억제 나오면 안식을 떠올리자.
> - 할아버님 위패를 사당에 (보존)하고 (안식)하실 수 있도록 (향)을 피워 드리거라.

08

미생물의 발육을 억제하여 식품의 부패나 변질을 방지할 목적으로 사용되는 것은?

① 안식향산나트륨
② 호박산이나트륨
③ 글루타민산나트륨
④ 유동파라핀

답 ①

✏️ **암기 노트**

> 📁 수박선생
> **중금속 길항제에 대해 알아보자.**
> - 길항이라는 용어가 낯설 것이다.
> - 길항은 대항 한다라는 의미로 알아 두자.
> - 중금속 중독 시 중금속에 대항하는 약, 즉 길항약을 투여하여 치료한다.

09

중금속에 관한 설명으로 옳은 것은?

① 해독에 사용되는 약을 중금속 길항약이라고 한다.
② 중금속과 결합하기 쉽고 체외로 배설하는 약은 없다.
③ 중독증상으로 대부분 두통, 설사, 고열을 동반한다.
④ 무기중금속은 지질과 결합하여 불용성 화합물을 만들고 산화작용을 나타낸다.

답 ①

✏️ **암기 노트**

> 📁 수박선생
> **세균성식중독의 특성을 알아보자.**
> - 세균의 가장 큰 특징은 확산 속도가 빠르다는 것이다.
> - 확산 속도가 빠르다는 것은 잠복기가 없다시피 할 정도로 짧다는 것이다. 그래서 생화학무기가 무서운 것이다.
> - 탄저균 폭탄 하나 터지면 순식간에 퍼지기 때문이다.

10

경구감염병과 비교하여 세균성식중독이 가지는 일반적인 특성은?

① 소량의 균으로도 발병한다.
② 잠복기가 짧다.
③ 2차 발병률이 매우 높다.
④ 수인성 발생이 크다.

답 ②

✏️ **암기 노트**

> 📁 **수박선생**
>
> 식품과 관련된 독을 알아보자.
> - 복어-죽음으로 이끄는 독의 신-데드로 톡신
> - 버섯-독 버섯 먹고 기억을 못 해, 무슨 일 있었수까?(무스까린)
> - 감자-강원도에서는 경사가 있으면 감자를 쏜다고 한다. 감자 내가 쏠라니까(솔라닌)
> - 목화-목화솜 고거시 폭신폭신(고시폴)

11

식물성 자연독 성분이 아닌 것은?

① 무스카린(muscarine)
② 테트로도톡신(tetrodotoxin)
③ 솔라닌(solanine)
④ 고시폴(gossypol)

답 ②

✎ 암기 노트

> 📁 **수박선생**
>
> 독미나리의 독성분을 알아보자.
> - 복어의 독은 독의 신 즉 톡신이라고 했다.
> - 한 가지만 더 암기하자.
>   독일과 미국의 나리들이 비밀리에 독의 신을 능가할 무기를 개발한다고 한다.
>   보안을 유지하면서 만든 독이라고 해서 시큐독신(보안이 영어로 시큐리티)
>   독미나리 - 시큐독신

12

독미나리에 함유된 유독성분은?

① 무스카린(muscarine)
② 솔라닌(solanine)
③ 아트로핀(atropine)
④ 시큐톡신(cicutoxin)

답 ④

✎ 암기 노트

> 📁 **수박선생**
> 비브리오 식중독균에 대해 알아보자.
> - 장염비브리오균 나빠요 아님 좋아요? 나쁘면 +점수 줘야 해요. 아니면 -점수 줘야 해요.
>   그럼 -점수 줘야하겠죠. 그래서 그람음성균 입니다.

13

장염비브리오 식중독균(V. parahaemolyticus)의 특징으로 <u>틀린</u> 것은?

① 해수에 존재하는 세균이다.
② 3~4%의 식염농도에서 잘 발육한다.
③ 특정조건에서 사람의 혈구를 용혈시킨다.
④ 그람양성균이며 아포를 생성하는 구균이다.

답 ④

✏️ **암기 노트**

> 📁 **수박선생**
> 메틸알코올에 대해 알아보자.
> - 알코올 중독자 이야기를 들어 보면 술을 마시면 눈에 뵈는 것이 없다고 한다.
> - 알코올은 시신경과 연관되어 있다.
> - 시신경은 바라볼 시, 다시 말하면 바라볼 수 있는 신경을 의미하는 단어이다.

14

화학물질에 의한 식중독으로 일반 중독증상과 시신경의 염증으로 실명의 원인이 되는 물질은?

① 납
② 수은
③ 메틸알코올
④ 청산

답 ③

✏️ **암기 노트**

> 📁 **수박선생**
> 세균성 식중독에 대해 알아보자.
> - 문제에서 세균성인 것을 찾으라 하면 보기에서 이름에 균이 들어간 건 세균성이다.
> - 바이러스와 균은 다르다.
> - 바이러스는 생물과 무생물의 중간체인데 보통 나쁜 녀석들이 많다.
> - 코로나 바이러스 좋아하는 사람은 없을 것이다.

15

세균성 식중독에 속하지 <u>않는</u> 것은?

① 노로바이러스 식중독
② 비브리오 식중독
③ 병원성대장균 식중독
④ 장구균 식중독

답 ①

✏️ **암기 노트**

> 📁 **수박선생**
> 자유수의 특성에 대해 알아보자.
> - 자유수는 자유로운 순수한 물이다.
> - 순수한 물은 만물의 성장 원천이기에 생물의 번식과 성장에 이용된다.

16

자유수의 성질에 대한 설명으로 <u>틀린</u> 것은?

① 수용성 물질의 용매로 사용된다.
② 미생물 번식과 성장에 이용되지 못한다.
③ 비중은 4℃에서 최고이다.
④ 건조로 쉽게 제거 가능하다.

답 ②

✏️ **암기 노트**

> 📁 **수박선생**
>
> 과일향기의 주성분에 대해 알아보자.
> - 과일향기의 주성분은 에스테르류이다.
> - 에스더가 지나가면 과일향기 향수 향기가 남는다.
> - 과일 향기하면 에스더를 기억하자.
> - 비슷한 발음의 에스테르를 선택하면 된다.

17

과일의 주된 향기성분이며 분자량이 커지면 향기도 강해지는 냄새성분은?

① 알코올
② 에스테르류
③ 유황화합물
④ 휘발성 질소화합물

답 ②

✏️ **암기 노트**

> 📁 **수박선생**
>
> 식용 꽃에 대해 알아보자.
> - 식용 꽃 중 하나가 콜리플라워이다.
> - 고급 식당에 가면 음식에 식용 꽃잎을 뿌리는 경우가 있다.
> - 보기 좋아야 식욕도 생기기 때문일 것이다.
> - 꽃이라는 말이 나오면 꽃이란 뜻의 영어 단어인 플라워를 찾아도 된다.
> - 음식 위에 뿌려진 꽃 먹을래? 콜! 그래서 콜리플라워

18

일반적으로 꽃 부분을 주요 식용부위로 하는 화채류는?

① 죽순(bamboo shoot)
② 파슬리(parsley)
③ 콜리플라워(cauliflower)
④ 아스파라거스(asparagus)

답 ③

✏️ **암기 노트**

> 📁 **수박선생**
>
> **현미의 도정에 대해 알아보자.**
> - 현미가 영양이 많다고 하는 것은 왕껍데기만 벗겨서 속살을 많이 깍지 않았기에 밥에 영양분이 많다고 하는 것입니다.
> - 트로트 가수 현미는 트로트의 왕격(왕겨)이었죠.

19

현미는 벼의 어느 부위를 벗겨낸 것인가?

① 과피와 종피
② 겨층
③ 겨층과 배아
④ 왕겨층

답 ④

✏️ **암기 노트**

> 📁 **수박선생**
>
> **유화에 의해 만들어진 식품을 알아보자.**
> - 유화는 기름 유를 사용하는 단어이다. 기름을 넣고 저어 주면서 만드는 것이 유화이다.
> - 기초 실력이 있는 독자는 뭐 이런 단어 뜻풀이까지 해주는가 의아할 수도 있으나, 기초 실력이 부족한 분들은 단어의 뜻 자체를 이해하지 못해 어려워하는 경우를 많이 보게 되었다. 그래서 이따금 뜻 풀이를 하고 있다.
> - 우유는 우유지방, 마요네즈는 계란에 식용유, 잣죽은 잣기름, 주스는 기름과 관련 없다.

20

유화(emulsion)에 의해 형성된 식품이 아닌 것은?

① 우유
② 마요네즈
③ 주스
④ 잣죽

답 ③

✏️ **암기 노트**

> 📁 **수박선생**
> 시간이 지나면서 달걀의 변화에 대해 알아보자.
> 시간이 지남에 따라 공기에 산화되면서 산도가 증가하고, 계란 노른자도 탱탱하던 것이 스물 스물 녹아 내린다.

21

달걀의 보존 중 품질변화에 대한 설명으로 틀린 것은?

① 수분의 증발
② 농후난백의 수양화
③ 난황막의 약화
④ 산도(pH)의 감소

답 ④

✏️ **암기 노트**

> 📁 **수박선생**
> 유리수산기의 함량 표기에 대해 알아보자.
> - 유리수산기는 아세틸가로 표기한다.
> - 지역 유지 중에 유리 수산나는 이제 나이가 들어서, 아~ 새치가 그리 많다고 하네
> - 수산나는 세례명이고 새치는 흰 머리카락을 의미한다.
> - 유리 수산나, "아~ 새치가"(아세틸가)로 암기한다.

22

유지 중에 존재하는 유리 수산기(-OH)의 함량을 나타내는 것은?

① 아세틸가(Acetyl value)
② 폴렌스케가(Polenske value)
③ 헤너가(Hehner value)
④ 라이켈-마이슬가(Reichert-Meissl value)

답 ①

✏️ **암기 노트**

> 📁 **수박선생**
> 생선의 자가소화에 대해 알아보자.
> 생선은 단백질로 구성되어 있다. 자가소화는 단백질의 소화 즉 분해를 의미한다.

23

생선의 자가소화 원인은?

① 세균의 작용
② 단백질 분해효소
③ 염류
④ 질소

답 ②

✏️ **암기 노트**

> 📁 **수박선생**
> 호박산에 대해 알아보자.
> - 호박은 항상 웃는 얼굴이다.
> - 불량배가 호박에 물었다. "야 쪼개냐?"
> - 호박산은 조개류에 주로 있다.

24

식품과 대표적인 맛성분(유기산)을 연결한 것 중 틀린 것은?

① 포도 - 주석산
② 감귤 - 구연산
③ 사과 - 사과산
④ 요구르트 - 호박산

답 ④

✏️ **암기 노트**

> 📁 **수박선생**
>
> **고기를 연하게 하는 과일을 알아보자.**
> - 육류의 연화작용을 돕는 과일은 파파야, 파인애플, 무화과 등이 있다.
> - 우리가 많이 알고 있는 레닌은 소련사람으로 응집된 철통정치를 강조했다.
> - 식품학에서 레닌은 효소로서 철통정치처럼 단백질을 꽁꽁 싸매는 응고작용을 한다.

25

육류의 연화작용에 관여하지 않는 것은?

① 파파야
② 파인애플
③ 레닌
④ 무화과

답 ③

✏️ **암기 노트**

> 📁 **수박선생**
>
> **강화식품에 대해 알아보자.**
> - 강화식품은 무엇인가 더 첨가해서 영양성분을 강화한 것을 말한다.
> - 쌀에는 무엇을 첨가하지 않으므로 강화식품이 아니다.
> - 알파화는 호화를 의미하고 베타화는 노화를 의미한다.
> - 노화를 암기할 때는 "그거 오래 된 거야, 뱉어" 하고 암기하자.
> - 베타화는 노화되어 오래되고 딱딱한 것이다.

26

강화식품에 대한 설명으로 틀린 것은?

① 식품에 원래 적게 들어 있는 영양소를 보충한다.
② 식품의 가공 중 손실되기 쉬운 영양소를 보충한다.
③ 강화영양소로 비타민 A, 비타민 B, 칼슘(Ca) 등을 이용한다.
④ α-화 쌀은 대표적인 강화식품이다.

답 ④

✏️ **암기 노트**

> 📁 수박선생
>
> **산성 식품에 대해 알아보자.**
> - 산성 식품에는 육류, 어류, 곡류가 있다.
> - 구워 먹을 수 있는 건 산성이라고 알아 두자.
> - 남한산성을 지키는 장병들은 추위도 막을 겸 감자를 구워 먹는다.
> - 고기도 굽고, 고구마도 굽고, 생선도 굽는다. 하지만 미역을 굽진 않는다.
> - 해조류는 산성이 아닌 알칼리성이다.

27

알칼리성 식품에 해당하는 것은?

① 육류
② 곡류
③ 해조류
④ 어류

답 ③

✏️ 암기 노트

> 📁 수박선생
>
> **다당류에 대해 알아보자.**
> - 다당류에는 글리코겐, 펙틴, 글루코만난이 있다.
> - 다당류 하면 코팩을 떠올리자.
> - 꿀을 발라 코팩을 하는 모습
> - 이름에 코가 들어가 있거나 팩이 들어간 건 다당류일 가능성이 높기 때문이다.
> - 글리(코)겐, 글루(코)만난, (펙)틴

28

다당류와 거리가 먼 것은?

① 젤라틴(gelatin)
② 글리코겐(glycogen)
③ 펙틴(pectin)
④ 글루코만난(glucomannan)

답 ①

✏️ 암기 노트

> 📁 **수박선생**
> 계산식을 모른다고 포기하지 말고 더해 보거나 나눠 보면 비슷한 숫자가 나올 수 있다. 그러니 계산문제 나오면 포기하지 말자.

29

식품이 나타내는 수증기압이 0.75기압이고, 그 온도에서 순수한 물의 수증기압이 1.5기압일 때 식품의 상대습도(RH)는?

① 40
② 50
③ 60
④ 80

> 📝 **수박선생**
> 예를 들어 1.5÷0.75 해 보면 2가 나온다. 보기에 2는 없다.
> 그러면 바꿔서 나눠 보자 0.75÷1.5=0.5
> 뭔가 50과 비슷하다. 그럼 계산식을 모르더라도 비슷한 숫자를 선택하면 맞추는 경우가 많다.

답 ②

✏️ **암기 노트**

> 📁 **수박선생**
> **갈변 억제방법을 알아보자.**
> - 갈변은 수분을 빼앗긴 노화 상태를 말한다.
> - 나뭇잎도 여름에 푸르다가 가을이 되면 마르고 햇빛에 노화되면서 갈색 낙엽이 된다. 그래서 이런 화장품 광고도 있다.
> - 바르기만 하면 아기 피부처럼, 복합효소 함유, 시간을 거꾸로 안티에이징, 내 피부를 환원한다. 나 돌아 갈래
> - 갈변을 억제하려면 "나 돌아갈래~" 환원성 물질을 첨가해 줘야 한다.

30

효소에 의한 갈변을 억제하는 방법으로 옳은 것은?

① 환원성물질 첨가
② 기질 첨가
③ 산소 접촉
④ 금속이온 첨가

답 ①

✏️ **암기 노트**

> 📁 **수박선생**
>
> **두부를 만들 때 이용하는 성질을 알아보자.**
> - 두부는 콩단백질에 간수에 포함된 무기염류가 들어가면서 변성되는 것이다.
> - 건조 : 두부 만들 때 드라이기로 말리나요? 아닙니다.
> - 동결 : 냉동고에 넣어 두나요? 아닙니다
> - 효소 : 발효 되라고 막걸리 같은 효소 넣나요? 아닙니다.
> - 무기염류 : 응고되라고 소금물 즉 간수를 넣습니다.
>   무기염이란 염이 염전할 때 염 즉 소금을 의미하는 한자입니다.

31

두부를 만드는 과정은 콩 단백질의 어떠한 성질을 이용한 것인가?

① 건조에 의한 변성
② 동결에 의한 변성
③ 효소에 의한 변성
④ 무기염류에에 의한 변성

답 ④

✏️ **암기 노트**

> 📁 **수박선생**
>
> **시설위생관리에 대해 알아보자.**
> - 시설위생관리를 위해서는 세척 ok, 청소 ok, 소독 ok
> - 튀김기의 기름을 거르는 것은 기름을 재사용 하기 위한 방법이기에 시설위생과는 거리가 있다.

32

시설위생을 위한 사항으로 적합하지 <u>않은</u> 것은?

① 주방냄비를 세척 후 열처리를 해둔다.
② 주방의 천정, 바닥, 벽면도 주기적으로 청소한다.
③ 나무 도마는 사용 후 깨끗이 하고 일광소독을 하도록 한다.
④ deep fryer의 경우 기름은 매주 뽑아내어 걸러 찌꺼기가 남아있는 일이 없도록 한다.

답 ④

✏️ **암기 노트**

> 📁 **수박선생**
>
> **후입선출법에 대해 알아보자.**
> - 후입선출법은 최근에 구입한 것부터 먼저 사용하는 것으로 예전에 구입한 것은 재고로 남게 된다.
> - 최근이라는 표현은 가장 나중에 라는 말로 바꿀 수 있다.
> - 가장 나중에 산 걸 먼저 쓴다는 것이므로 한자로 바꾸면 후입선출

33

구매한 식품의 재고관리 시 적용되는 방법 중 최근에 구입한 식품부터 사용하는 것으로 가장 오래된 물품이 재고로 남게 되는 것은?

① 선입선출법
② 후입선출법
③ 총 평균법
④ 최소-최대관리법

답 ②

✏️ **암기 노트**

> 📁 **수박선생**
>
> **소금의 종류에 대해 알아보자.**
> - 호렴은 겨울 김장할 때 손을 호호 불어 가며 소금 뿌린다 하여 호렴. 굵은 소금이다.
> - 재제염은 입자가 고와서 꽃 소금이라 합니다. 간을 맞출 때 사용하는데, 최근 짜게 먹지 않는 것이 건강에 좋다고 하여, 많이 넣는 것을 재제한다고 해서 재제염.
> - 식탁염은 인공 소금으로 불순물이 없고 입자가 작은 소금으로, 최근 경기가 안 좋아지면서 비싼 천일염 대신 식탁에 많이 세팅하는 소금.
> - 정제염은 불순물을 정제한 소금이다.

34

소금의 종류 중 불순물이 가장 많이 함유되어 있고 가정에서 배추를 절이거나 젓갈을 담글 때 주로 사용하는 것은?

① 호렴
② 재제염
③ 식탁염
④ 정제염

답 ①

✏️ **암기 노트**

📁 **수박선생**

식재료비의 비율은 식재료비를 판매가격으로 나눠 보면 나온다.
계산문제는 계산식을 모르더라도 포기하지 말고 나누거나 곱하거나 해보면 비슷한 답이 보인다.

35

판매가격이 5000원인 메뉴의 식재료비가 2000원인 경우 이 메뉴의 식재료비 비율은?

① 10%
② 20%
③ 30%
④ 40%

📝 **수박선생**

계산식을 모르더라도 수치를 서로 나눠보자
5000÷2000=2.5가 나온다 보기에 비슷한 수치가 없다.
그럼 거꾸로 2000÷5000하면 0.4가 나온다.
0.4와 모양이 비슷한 40을 선택하면 된다.

답 ④

✏️ **암기 노트**

📁 **수박선생**

젤라틴에 대해 알아보자.
- 젤라틴은 아이스크림 만들 때 사용된다. 본 젤라또 라는 이름의 아이스크림도 있다.
- 양갱은 한천을 이용한다.
- 젤라틴은 해조류가 아니라 콜라겐으로부터 얻은 것이다.
- 산을 첨가하면 강도가 떨어진다.
- 젤라틴은 동물성 지방성분으로 3~10도에서 젤화 되고 온도가 낮을수록 빨리 응고된다.

36

젤라틴에 대한 설명으로 옳은 것은?

① 과일젤리나 양갱의 제조에 이용한다.
② 해조류로부터 얻은 다당류의 한 성분이다.
③ 산을 아무리 첨가해도 젤 강도가 저하되지 않는 특징이 있다.
④ 3~10℃에서 젤화되며 온도가 낮을수록 빨리 응고한다.

답 ④

✏️ **암기 노트**

> 📁 수박선생
> 해조류는 알칼리성 식품이다.

37

김에 대한 설명 중 옳은 것은?

① 붉은 색으로 변한 김은 불에 잘 구우면 녹색으로 변한다.
② 건조김은 조미김보다 지질함량이 높다.
③ 김은 칼슘 및 얼, 칼륨이 풍부한 알칼리성 식품이다.
④ 김의 감칠맛은 단맛과 지미를 가진 cystine, mannit 때문이다.

답 ③

✏️ 암기 노트

> 📁 수박선생
> 식품 검수와 저장소에서 꼭 필요한 기구를 알아보자.
> - 꼭 필요한 걸 고르는 문제는 다른 것으로 대체할 수 없는 것을 골라야 한다.
> - 저울은 검수할 때, 몇 Kg인지 확인해야 하니 필수다.
> - 온도계는 저장소의 보관 적정온도를 맞춰야 하니 필수다.
> - 저울이나 온도계를 대체할 수 있는 건 없다.
> - 도마, 그릇, 계량 스푼이 있으면 나쁠 것이 없지만 꼭 필요한 건 아니다.

38

물품의 검수와 저장하는 곳에서 꼭 필요한 집기류는?

① 칼과 도마
② 대형 그릇
③ 저울과 온도계
④ 계량컵과 계량스푼

답 ③

✏️ 암기 노트

> 📁 수박선생
> **아밀로오스에 대해 알아보자.**
> - 아밀로오스는 노화와 관련된 성분이다.
> - 나이가 들어 관리 안 하면 게을러지고 나태함이 생길 수 있다.
> - 영어로 루우즈 해질 수 있다. 그래서 로오스도 나이가 드는 노화와 같은 거라 생각하면 좋다.
> - 반대로 피부 팽팽해지라고 팩을 하듯이 팩틴은 탄력성 있는 팽팽함을 준다.

39

노화가 잘 일어나는 전분은 다음 중 어느 성분의 함량이 높은가?

① 아밀로오스(amylose)
② 아밀로펙틴(amylopectin)
③ 글리코겐(glycogen)
④ 한천(agar)

답 ①

✏️ 암기 노트

> 📁 수박선생
> **습열 조리법에 대해 알아보자.**
> - 습열이란 습이 습할 습으로, 물 넣고 가열한다는 것이다.
> - 불고기엔 불이란 단어가 들어 있듯이 물과는 거리가 멀다.

40

습열 조리법이 아닌 것은?

① 설렁탕
② 갈비찜
③ 불고기
④ 버섯전골

답 ③

✏️ 암기 노트

📁 **수박선생**

대비현상에 대해 알아보자.
- 주방 조미료의 쌍두마차, 설탕과 소금, 색도 비슷, 크기도 비슷, 맛만 틀림
- 비슷하지만 서로 특기가 다른 사람이 한 팀이 되어 더 큰 성과를 얻어내는 효과다.
- 궁궐에서 대비가 상궁이 마음이 들지 않아 딸기를 설탕 대신 소금을 쿡 찍어 주며 먹으라 했다.
 어떠냐 달지 않느냐? 상궁이 눈치를 보며 "네, 대비마마 엄청 달달하옵니다."
- 이리하여 후세에도 설탕 대신 소금을 더 넣어 단맛이 강하게 느끼는 것을 대비현상이라 한다.
- 대비현상이란 무엇을 넣어 한쪽 맛이 더 강하게 느껴 지는 현상
- 장도연씨가 키가 크지만 김나래씨와 함께 있으면 더 커 보이는 현상과 유사하다.
- 변조현상은 무엇을 넣어 완전 다른 맛이 느껴 지는 현상을 말한다.

41

식혜를 당화시켜 끓일 때 설탕과 함께 소금을 조금 넣어 단맛이 강하게 느껴지는 현상은?

① 미맹현상
② 소실현상
③ 대비현상
④ 변조현상

답 ③

✏️ 암기 노트

📁 **수박선생**

향신료에 대해 알아보자.
- 우리가 흔히 주방에서 많이 사용하는 재료가 비린 냄새 제거용이다.
- 월계수, 마늘, 세이지 등
- 육두구는 냄새제거를 위한 향신료가 아니다.
 육두문자 나오게 하는 야리꾸리한 이 냄새는 뭔가
- 육두구는 사향 냄새가 나는 향신료다.

42

냄새 제거를 위한 향신료가 아닌 것은?

① 육두구(nutmeg, 넛맥)
② 월계수잎(bay leaf)
③ 마늘(garlic)
④ 세이지(sage)

답 ①

✏️ 암기 노트

> 📁 수박선생
>
> 과일에 포함된 고기를 연하게 하는 성분을 알아보자.
> - 파파야는 파파인
> - 키위는 엑티니딘
>   키워 놨더니 X맨이 되었다. X맨 티셔츠를 보고 깜짝 놀라며 "X 티니?"
>   키워(키위) - X티니(액티니딘)
> - 파인애플은 브로멜린
>   원주민은 야자수 껍질로 브라를 대신한다고 한다. 하지만 패션을 아는 원주민은 파인애플 껍질로 브라를 메고 다닌다 한다.
>   파인애플 - 브라를 매고(브로메린)

43

고기를 연화시키기 위해 첨가하는 식품과 단백질 분해효소가 맞게 연결된 것은?

① 배 - 파파인(papain)
② 키위 - 피신(ficin)
③ 무화과 - 액티니딘(actinidin)
④ 파인애플 - 브로멜린(bromelin)

답 ④

✏️ 암기 노트

> 📁 수박선생
>
> 기름을 이용한 조리 특성을 알아보자.
> 기름이 들어가면 뭉치는 것을 방해하기 때문에 응고가 어렵다.

44

유지류의 조리 이용 특성과 거리가 먼 것은?

① 열 전달매체로서의 튀김
② 밀가루제품의 연화작용
③ 지방의 유화작용
④ 결합제로서의 응고성

답 ④

✏️ 암기 노트

> 📁 **수박선생**
> 조리방법의 특성에 대해 알아보자.
> - 잘게 썰면 물에 닿는 면적이 많아 수용성 영양소 유출이 많다.
> - 전자렌지는 전자파를 이용한다 그래서 이름이 전자렌지다.
> - 국의 간은 소금 아니면 간장이다.
> - 간장은 국 색을 탁하게 하기에 소금으로 간을 하는 이유다.

45

조리방법에 대한 설명으로 옳은 것은?

① 채소를 잘게 썰어 끓이면 빨리 익으므로 수용성 영양소의 손실이 적어진다.
② 전자레인지는 자외선에 의해 음식이 조리된다.
③ 콩나물국의 색을 맑게 만들기 위해 소금으로 간을 한다.
④ 푸른색을 최대한 유지하기 위해 소량의 물에 채소를 넣고 데친다.

답 ③

✏️ **암기 노트**

> 📁 **수박선생**
> 강력분에 대해 알아보자.
> - 강력분이란 글루텐이 10% 초과한 밀가루로, 탱탱함이 강한 마카로니에 적당하다.
> - 바삭한 튀김에는 글루텐이 적은 박력분이 적당하다.
> - 그 외에 다목적용인 중력분이 있다.

46

단백질 함량이 14% 정도인 밀가루로 만드는 것이 가장 좋은 식품은?

① 버터케이크
② 튀김
③ 마카로니
④ 과자류

답 ③

✏️ **암기 노트**

47

고등어구이를 하려고 한다. 정미중량 70g을 조리하고자 할 때 1인당 발주량은 약 얼마인가?(단, 고등어 폐기율은 35%)

① 43g
② 91g
③ 108g
④ 110g

> 📝 **수박선생**
> 35% 폐기율이라는 의미는
> 100g을 사면 65g을 사용할 수 있다는 것이다.
> 100g : 65g = 몇g 사면 : 70g 조리 가능한가
> 7000÷65=X

답 ③

✏️ **암기 노트**

> 📂 **수박선생**
> 단체급식시설에 대해 알아보자.
> - 자외선은 식품 겉면을 살균하는데 사용된다.
> - 햇빛에는 자외선이 있는데 햇빛에 그을리면 자외선이 피부를 태우지 내장을 검게 하지는 않는다.

48

단체급식시설의 작업장별 관리에 대한 설명으로 잘못된 것은?

① 개수대는 생선용과 채소용을 구분하는 것이 식중독균의 교차오염을 방지하는데 효과적이다.
② 가열, 조리하는 곳에는 환기장치가 필요하다.
③ 식품보관 창고에 식품을 보관 시 바닥과 벽에 식품이 직접 닿지 않게 하여 오염을 방지한다.
④ 자외선등은 모든 기구와 식품내부의 완전 살균에 매우 효과적이다.

답 ④

✏️ **암기 노트**

> 📁 수박선생
>
> **생선 조리방법에 대해 알아보자.**
> - 신선도가 떨어진 제품은 오래 끓여 균들을 섬멸하고 안전하게 먹어야 한다.
> - 짧은 시간 끓여 설 익혀서 먹으면 배탈 난다.

49

생선 조리방법에 대한 설명으로 <u>틀린</u> 것은?

① 생강과 술은 비린내를 없애는 용도로 사용한다.
② 처음 가열할 때 수 분간은 뚜껑을 약간 열어 비린내를 휘발 시킨다.
③ 모양을 유지하고 맛 성분이 밖으로 유출되지 않도록 양념간장이 끓을 때 생선을 넣기도 한다.
④ 선도가 약간 저하된 생선은 조미를 비교적 약하게 하여 뚜껑을 덮고 짧은 시간 내에 끓인다.

답 ④

✏️ **암기 노트**

> 📁 수박선생
>
> **육류 가열 시 변화에 대해 알아보자.**
> 육류는 가열하면서 육즙과 수분이 밖으로 나오고, 증발하면서 무게가 줄어든다.

50

육류를 가열할 때 일어나는 변화 중 <u>틀린</u> 것은?

① 중량증가
② 풍미의 생성
③ 비타민의 손실
④ 단백질의 응고

답 ①

✏️ **암기 노트**

> 📁 **수박선생**
> 수질오염도 측정 기준인 용존산소량(BOD)에 대해 알아보자.
> 물 속에 산소가 적다는 건 생물이 살기 적합하지 않은 물이라는 뜻이다. 다시 말해서 오염된 물이다.

51

하천수에 용존산소가 적다는 것은 무엇을 의미하는가?

① 유기물 등이 잔류하여 오염도가 높다.
② 물이 비교적 깨끗하다.
③ 오염과 무관하다.
④ 호기성 미생물과 어패류의 생존에 좋은 환경이다.

답 ①

✏️ **암기 노트**

> 📁 **수박선생**
> 기생충과 매개체에 대해 알아보자.
> - 충청도 선생님이 학생을 교육하고 있다.
> - 그라면 돼유 안돼유? 돼지유?
> - 그래서 돼지 하면 관련 기생충은 유구조충이다.
> - 돼지 하면 돼지"유"하고 "유"만이라도 기억하자.

52

채소류를 매개로 감염될 수 있는 기생충이 아닌 것은?

① 회충
② 유구조충
③ 구충
④ 편충

답 ②

✏️ **암기 노트**

> 📁 **수박선생**
> **실내공기 오염지표에 대해 알아보자.**
> - 서한량은 한계허용량이라는 한자어다.
> - 실내공기 오염을 누가 시키는가?
> - 실내에서는 사람이 살지 사자나 악어가 사는 건 아닌다.
> - 사람이 실내에서 내 뿜는 건 이산화탄소다.
> - 결국 실내 공기 오염은 공기중 이산화탄소량이 얼마나 많은 지 측정한다.

53

실내공기의 오염 지표로 사용하는 기체와 그 서한량이 바르게 짝지어진 것은?

① CO - 0.1%
② SO_2 - 0.01%
③ CO_2 - 0.1%
④ NO_2 - 0.01%

답 ③

✏️ **암기 노트**

> 📁 **수박선생**
> 부엌에서 요리할 때도 환풍기를 돌리듯이, 조리장에서 작업 시 적절한 환기는 필수다.

54

다음 설명 중 맞는 것은?

① 사람은 호흡 시 산소를 체외로 배출하고, 이산화탄소를 체내로 흡입한다.
② 수중에서 작업하는 사람은 이상기압으로 인해 참호족에 걸린다.
③ 조리장에서 작업 시 적절한 환기가 필요하다.
④ 정상공기는 주로 수수와 이산화탄소로 구성되어 있다.

답 ③

✏️ **암기 노트**

> 📁 **수박선생**
> 간디스토마와 관계된 숙주를 알아보자.
> - 간디스토마의 유충은 피낭유충이라고 한다.
> - 간디는 비폭력 항쟁을 위해 이곳 저곳으로 피난 다녀야 했다 한다. 그래서 비슷한 이름인 간디스토마 숙주를 피난유충(피낭유충)이라고 한다.

55

간디스토마는 제2중간숙주인 민물고기 내에서 어떤 형태로 존재하다가 인체에 감염을 일으키는가?

① 피낭유충(metacercaria)
② 레디아(redia)
③ 유모유충(miracidium)
④ 포자유충(sporocyst)

답 ①

✏️ **암기 노트**

> 📁 **수박선생**
> 인수공통감염병에 대해 알아보자.
> - 인수는 사람과 동물을 뜻하는 한자다.
> - 탄저는 가축에서 감염되고, 홍역은 호흡을 통해 감염되는 전염병이다.
> - 사극에서 혜민서 의원들이 두건을 두르고 병자를 치료하는 것을 봤을 것이다. 하지만 말이나 돼지를 홍역이옵니다 하며 두건을 두르고 치료하는 모습은 못 봤을 것이다.
> - 홍역은 사람만 바이러스에 의해 걸리는 병이다.

56

일반적인 인수공통감염병에 속하지 <u>않는</u> 것은?

① 탄저
② 고병원성조류인플루엔자
③ 홍역
④ 광견병

답 ③

✏️ **암기 노트**

> 📁 **수박선생**
> 소음측정단위에 대해 알아보자.
> - 소음측정단위는 데시벨이라 한다.
> - 벨은 눌러야 하기에 누르는 압력, 즉 음압과 관계가 깊다고 생각하자.

57

소음의 측정단위인 dB(decibel)은 무엇을 나타내는 단위 인가?

① 음압
② 음속
③ 음파
④ 음역

답 ①

✏️ **암기 노트**

> 📁 **수박선생**
> 자외선의 작용에 대해 알아보자.
> - 자외선은 피부에 영향을 준다.
> - 자외선이 강한 햇빛을 계속 바라보면 살균되어 시력을 잃을 수 있다.
> - 안구가 떨리는 진탕증과는 다른 것이다.
> - 비타민 D는 피부가 햇빛을 받으면 생성되는 비타민으로, 자외선으로 뜨거워 디지것네 하면서 생긴 비타민이라 하여 비타민 D다.
> - 진탕증은 안구가 떨리는 현상으로 자외선의 영향과는 거리가 있다.

58

자외선의 작용과 거리가 먼 것은?

① 피부암 유발
② 안구진탕증 유발
③ 살균 작용
④ 비타민 D 형성

답 ②

✏️ **암기 노트**

> 📁 수박선생
>
> **장티푸스에 대해 알아보자.**
> - 분뇨는 똥 과 오줌을 말한다.
> - 분뇨는 장에서 나온다. 따라서 관련 있는 감염병은 장티푸스다.

59

환자나 보균자의 분뇨에 의해서 감염될 수 있는 경구감염병은?

① 장티푸스
② 결핵
③ 인플루엔자
④ 디프테리아

답 ①

✏️ 암기 노트

> 📁 수박선생
>
> **적외선에 대해 알아보자.**
> - 자외선은 살균, 적외선은 열전달
> - 적외선 온열 치료기 많이 들어 보셨을거라 생각한다.
> - 요즘엔 연예인들이 적외선 나오는 온열 마스크 선전하는 것을 많이 보게 된다.
> - 적외선은 열을 전달하기 때문에 많이 받으면 열사병 걸린다. 그래서 적외선은 적당히 쐬야 한다.

60

과량조사 시에 열사병의 원인이 될 수 있는 것은?

① 마이크로파
② 적외선
③ 자외선
④ 엑스선

답 ②

✏️ 암기 노트

기출 6. 암기비법 360

> 📁 **수박선생**
>
> **식재료별 독성물질에 대해 알아보자.**
> - 복어는 테트로도톡신, 모시조개는 베네루핀이라는 독성물질을 가지고 있다.
> - 복어는 독의 신, 즉 톡신으로 끝나는 독 이름을 가졌다.
> - 복어는 죽음으로 이끄는 독신, 즉 데드 of 독신, 뉴욕식 발음으로 테트로도톡신 이라 한다.
> - 함경도 어시장에서 싸움이 일어났다.
> - 모시조개는 모시 어드래? 눈에 뵈는게 없네!
> - (모시) 어드래? (뵈)는게 없(네)
> - 모시조개는 뵈는게 없네, 독소는 베네루핀 이다.

01

식품에 오염된 미생물이 증식하여 생성한 독소에 의해 유발되는 대표적인 식중독은?

① 살모넬라균 식중독
② 황색 포도상구균 식중독
③ 리스테리아 식중독
④ 장염 비브리오 식중독

답 ②

✏️ **암기 노트**

> 📁 **수박선생**
>
> **독소형 식중독균에 대해 알아보자.**
> - 식중독균은 감염형과 독소형으로 나눌 수 있다.
> - 독소형 식중독균의 대표적인 식중독은 황색 포도상구균이다.
> - 포도는 톡 쏘는 신맛이 난다.
> - 톡 쏘는 발음 상 독소
> - 포도 하면 톡 쏘는 신맛, 포도상구균은 독소형 식중독이다.

02

복어와 모시조개 섭취 시 식중독을 유발하는 독성물질을 순서대로 나열한 것은?

① 엔테로톡신(enterotoxin), 사포닌(saponin)
② 테트로도톡신(tetrodotoxin), 베네루핀(venerupin)
③ 테트로도톡신(tetrodotoxin), 듀린(dhurrin)
④ 엔테로톡신(enterotoxin), 아플라톡신(aflatoxin)

답 ②

✏️ **암기 노트**

> 📁 **수박선생**
>
> **곰팡이 독소와 독성에 대해 알아보자.**
> - 오크라톡신과 아플라톡신은 간장독을 지녔다.
> - 쌀에 곰팡이가 피었다.
> - 야, 배고픈데 그냥 그걸로 밥 해 먹자.
> - 너, 간이 크구나, 오~ 클라, 그러다 배 아플라
> - 쌀과 같은 곡류에 피는 곰팡이는 오클라 와 아플라 이다.
>   (참고로 클라는 큰 일 난다의 사투리)
> - 오클라 와 아플라는 간에 장애를 일으키는 독소이다.
> - 너, (간)이 크구나, (오~ 클라), 그러다 배 (아플라)

03

곰팡이 독소와 독성을 나타내는 곳을 잘못 연결한 것은?

① 아플라톡신(aflatoxin) - 신경독
② 오크라톡신(ochratoxin) - 간장독
③ 시트리닌(citrinin) - 신장
④ 스테리그마토시스틴(sterigmatocystin) - 간장독

답 ①

✏️ **암기 노트**

> 📁 **수박선생**
>
> **식품과 연관된 독성분에 대해 알아보자.**
> - 조개의 독성분은 삭시톡신이다.
>   섬에서 조개 캐는 색시는 독신이다.
>   줄이면 섬조개 색시독신(섭조개, 삭시톡신)으로 독소를 암기한다.
> - 독버섯의 독성분은 무스카린이다.
>   독버섯 먹으면 정신을 잃고 쓰러 진다고 한다.
>   깨어나면 "무슨 일 있었수까" 한다고 한다.
>   줄이면 독버섯 (무)슨 일 있었(수까)(독버섯, 무스카린)으로 독소를 암기한다.
> - 매실의 독성분은 아미그달린이다.
>   남자가 매번 실없이 웃기는, 아 그 달린거 떼버리라.
>   (매)번 (실)없이 웃기는, (아 그 달린)거 떼버리라
>   (매실, 아미그달린)으로 독소를 암기한다
> - 모시 어드레, 눈에 뵈는게 없네
>   (모시) (뵈)는게 없(네)
>   (모시, 뵈네루핀)으로 독소를 암기 한다.

04

식품과 독성분의 연결이 틀린 것은?

① 독보리 - 테물린(temuline)
② 섭조개 - 삭시톡신(saxitoxin)
③ 독버섯 - 무스카린(muscarine)
④ 매실 - 베네루핀(venerupin)

답 ④

✏️ **암기 노트**

> 📁 **수박선생**
>
> 식품 부패 시 생성되는 물질에 대해 알아보자.
> - 부패 시 생성되는 물질은 아민, 트리메틸아민, 암모니아이다.
> - 식품의 부패하면 즉 죽으면 자녀들이 천국에 가시라고 기도를 한다. 아멘
> - 그래서 아멘(아민)이 들어간 건 식품의 부패와 연관이 있다.
> - 식품이 머나먼 황천길행 버스 타고 가다가 중간에 휴게소에서 소변을 보고 간다고 한다.
> - 그래서 암모니아 냄새가 난다.
> - 식품 부패 시 생성되는 물질은 아민과 암모니아이다.

05

식품의 부패 시 생성되는 물질과 거리가 먼 것은?

① 암모니아(ammonia)
② 트리메틸아민(trimethylamine)
③ 글리코겐(glycogen)
④ 아민(amine)류

답 ③

✏️ 암기 노트

> 📁 **수박선생**
>
> 중금속 카드뮴과 중금속 누적량에 대해 알아보자.
> - 동물학적으로 보면 육지동물은 사냥하면 씹거나 찢어 먹는데 어류는 큰 놈이 작은 놈을 삼킨다.
> - 아무래도 오염 축적은 통 채로 삼키는 쪽이 중금속 누적량이 클 것이다.
> - 이해가 안된다면 이렇게 외워도 된다.
> - 카드 하면 패가 좋아야 돈을 딸 수 있다. 따라서 카드뮴과 관련된 거 고르라 하면 패가 들어간 어패류를 고르면 된다.

06

카드뮴이나 수은 등의 중금속 오염 가능성이 가장 큰 식품은?

① 육류
② 어패류
③ 식용유
④ 통조림

답 ②

✏️ 암기 노트

> 📁 **수박선생**
>
> **살모넬라균의 특징을 알아보자.**
> - 독소는 톡 쏘는 신맛, 즉 살모넬라균이 아니라 포도상구균과 연관이 있다.
> - 살모넬라균은 감염형 식중독이다.
> - 살모넬라균에 감염을 막으려면 음식물을 고온에 푹 삶아내면 된다.

07

살모넬라균에 의한 식중독의 특징 중 틀린 것은?

① 장독소(enterotoxin)에 의해 발생한다.
② 잠복기는 보통 12~24시간이다.
③ 주요증상은 메스꺼움, 구토, 복통, 발열이다.
④ 원인식품은 대부분 동물성 식품이다.

답 ①

✏️ **암기 노트**

> 📁 **수박선생**
>
> **통조림과 관련된 식중독에 대해 알아보자.**
> - 통조림 깡통에서 유발되는 식중독의 원인 물질은 주석이다.
> - 북한의 지도자를 주석이라고 한다고 한다.
> - 북한 주석은 미국에 대항하는걸 보면 깡이 좋다. 그래서 주석 과 통조림 깡통과 연관이 있다 암기하면 된다.

08

통조림관의 주성분으로 과일이나 채소류 통조림에 의한 식중독을 일으키는 것은?

① 주석(Sn)
② 아연(Zn)
③ 구리(Cu)
④ 카드뮴(Cd)

답 ①

✏️ **암기 노트**

> 📁 **수박선생**
> 위생적인 도마사용법을 알아보자.
> 도마 위의 물기는 세균이 번식할 수 있기에 건조 시켜야 한다.

09

도마의 사용방법에 관한 설명 중 <u>잘못된</u> 것은?

① 합석세제를 사용하여 43~45℃의 물로 씻는다.
② 염소소독, 열탕소독, 자외선살균 등을 실시한다.
③ 식재료 종류별로 전용의 도마를 사용한다.
④ 세척, 소독 후에는 건조시킬 필요가 없다.

답 ④

✏️ **암기 노트**

> 📁 **수박선생**
> 발색제에 대해 알아보자.
> - 육류가 나오고 색소 이야기가 나오는 문제에는 발육을 떠올리자.
> - 육류의 남다른 (발)(육), 육류의 색소와 결합하여 색을 내는 것은 발색제

10

과채, 식육 가공 등에 사용하여 식품 중 색소와 결합하여 식품 본래의 색을 유지하게 하는 식품 첨가물은?

① 식용타르색소
② 천연색소
③ 발색제
④ 표백제

답 ③

✏️ **암기 노트**

> 📁 **수박선생**
>
> **식품위생법상 식품 무상 수거 법규를 알아보자.**
> - 식품 무상 수거할 수 있는 자는 도지사, 시장, 군수, 구청장, 식품의약품안전청장이다.
> - 문제에서 식품위생법이 거론되면 식품의약품안전처장은 우선 관계 있다.
> - 다음 영업시설 이야기가 나오면 해당 지역의 공무원 대장도 관계 있다.
> - 국립의료원장은 환자를 관리하는 분이지 햄버거나 아이스크림에 대장균이 있는지 수거해 검사하는 분은 아니다.

11

식품위생법상 판매를 목적으로 하거나 영업상 사용하는 식품 및 영업시설 등 검사에 필요한 최소량의 식품 등을 무상으로 수거할 수 <u>없는</u> 자는?

① 국립의료원장
② 시·도지사
③ 시장·군수·구청장
④ 식품의약품안전청장

🗒 ①

✏️ **암기 노트**

> 📁 **수박선생**
>
> **수출 식품의 품질 기준과 규격에 대해 알아보자.**
> - 역시 상거래에선 고객이 왕이다.
> - 수입자가 우린 고기를 세 토막으로 잘라 줘 하면 그렇게 해주고, 냉동 상자에 담아서 보내줘 하면 그리 해야 한다. 따라서 수입자가 요구하는 기준과 규격을 맞춰 줘야 한다.

12

수출을 목적으로 하는 식품 또는 식품첨가물의 기준과 규격은 식품위생법의 규정 외에 어떤 기준과 규격에 의할 수 있는가?

① 수입자가 요구하는 기준과 규격
② 국립검역소장이 정하여 고시한 기준과 규격
③ FDA의 기존과 규격
④ 산업통상자원부장관의 별도 허가를 득한 기준과 규격

🗒 ①

✏️ **암기 노트**

> 📁 **수박선생**
>
> 식품위생 관리 대상에 대해 알아보자.
> - 관리 대상은 식품, 식품첨가물, 기구, 용기, 포장이다.
> - 식품위생법 관리대상은 맥도날드 매장을 생각 해보자
> - (빵)에 패티 넣고, (케첩) 첨가한다, 갑자칩 (튀김기)에서 꺼내고 (용기)에 담아 빵과 함께 (포장)해서 준다. 그래서 식품, 식품첨가물, 기구, 용기, 포장이 식품위생법 관리대상이다.
> - 맥도날드 매장에서 약품은 팔지 않는다. 식품위생법 관리대상 역시 약품은 관리대상이 아니다.
> - 조리법도 식품위생법 관리대상이 아니다.
> - 만약 조리법이 식품위생법 관리대상이라면 식품위생감독원이 코가콜라 회사에 가서 콜라 만드는 조리비법을 지켜 볼 수 있다는 것이 되기에 말이 안된다.
> - 대를 잇는 조리법은 며느리에게도 안 가르쳐 준다고 하지 않던가.

13

다음 중 식품 위생법상 식품위생의 대상은?

① 식품, 약품, 기구, 용기, 포장
② 조리법, 조리시설, 기구, 용기, 포장
③ 조리법, 단체급식, 기구, 용기, 포장
④ 식품, 식품첨가물, 기구, 용기, 포장

답 ④

✏️ **암기 노트**

> 📁 **수박선생**
>
> 식품접객업소의 적합한 미생물 판정 기준에 대해 알아보자.
> - 미생물 유무 검사 시 음성판정이 나와야 균이 없는 것이다.

14

식품접객업소의 조리판매 등에 대한 기준 및 규격에 의한 요리용 칼·도마, 식기류의 미생물 규격은?(단, 사용 중의 것은 제외한다)

① 살모넬라 음성, 대장균 양성
② 살모넬라 음성, 대장균 음성
③ 황색포도상구균 양성, 대장균 음성
④ 황색포도상구균 음성, 대장균 양성

답 ②

✏️ **암기 노트**

> 📁 **수박선생**
>
> **도마의 위생적 사용법에 대해 알아보자.**
> - 도마 사용 시 채소와 어류, 육류 와는 구별하여 사용하는 것이 위생상 좋다.
> - 야채에 고등어 비린내 나거나 고기 핏자국 있으면 좋겠는가? 세균 방지를 위한 위생상으로도 좋지 않고 모양이나 냄새상으로 안 좋다.

15

식품위생법상 식품 등의 위생적 취급에 관한 기준으로 틀린 것은?

① 식품 등의 보관·운반·진열 시에는 식품 등의 기준 및 규격이 정하고 있는 보존 및 유통기준에 적합하도록 관리하여야 한다.
② 식품 등의 제조·가공·조리에 직접 사용되는 기계·기구 및 음식기는 세척·살균하는 등 항상 청결하게 유지·관리하여야 하며, 어류·육류·채소류를 취급하는 칼·도마는 공통으로 사용한다.
③ 식품 등의 제조·가공·조리 또는 포장에 직접 종사하는 자는 위생모를 착용하는 등 개인위생관리를 철저히 하여야 한다.
④ 제조·가공(수입품 포함)하여 최소판매단위로 포장된 식품 또는 식품첨가물을 영업허가 또는 신고하지 아니 하고 판매의 목적으로 포장을 뜯어 분할하여 판매하여 서는 아니 된다.

답 ②

✏️ **암기 노트**

> 📁 **수박선생**
>
> **유화제 레시틴에 대해 알아보자.**
> - 십대가수 렉시는 인상 좋고 성격도 유하다.
> - 십대 렉시, 인상, 유하다(**레시틴, 인상 유화제**)로 기억하자.

16

인상을 함유하는 복합지방질로서 유화제로 사용되는 것은?

① 레시틴
② 글리세롤
③ 스테롤
④ 글리콜

답 ①

✏️ **암기 노트**

17

하루 필요 열량이 2700kcal 일 때 이 중 14%에 해당하는 열량을 지방에서 얻으려 한때 필요한 지방의양은?

① 36g
② 42g
③ 81g
④ 94g

> 📝 수박선생
> 고기집에 가서 담백한 4골국물에, 탄산 4이다도 시키고, 껍데기 9워 먹자.
> 단백질 - 4kcal, 탄수화물 - 4kcal, 지방 - 9kcal
> 2700kcal × 14% = 378kcal
> 378kcal ÷ 9kcal지방 = 42

답 ②

✏️ 암기 노트

> 📁 수박선생
> 전분의 호정화에 대해 알아보자.
> - 호정화란 고온 가열한 것을 말한다.
> - 전분 즉 밀가루와 관련되어 있으면서 고온 가열한 것은 뻥튀기

18

전분의 호정화를 이용한 식품은?

① 식혜
② 치즈
③ 맥주
④ 뻥튀기

답 ④

✏️ 암기 노트

> 📁 수박선생
> **어묵에 탄력을 주는 성분을 알아보자.**
> - 어묵 탄력 성분은 염용성 단백질, 미오신이다.
> - 어묵을 들고 가다 염전에 톡 떨어뜨렸다.
> - 못 먹게 됐다고 어묵을 신발로 밟아 버리는데, 소금물로 인해 탄력이 생겨 뭉게지지 않는다.
> - 어묵 입장에서는 자기를 밟는 신발을 미워하겠죠.(미워신)
> - 어묵 탄력와 연관 있는 것은 염용성 단백질, 미오신이다.

19

어묵의 탄력과 가장 관계 깊은 것은?

① 수용성 단백질 - 미오겐
② 염용성 단백질 - 미오신
③ 결합 단백질 - 콜라겐
④ 색소 단백질 - 미오글로빈

답 ②

✏️ 암기 노트

> 📁 수박선생
> **달걀의 저장 중 변화에 대해 알아보자.**
> 달걀 저장 중 수분 증발이 진행되기 때문에 중량은 감소된다.

20

달걀 저장 중에 일어나는 변화로 옳은 것은?

① pH 저하
② 중량 감소
③ 난황계수 증가
④ 수양난백 감소

답 ②

✏️ 암기 노트

> 📁 **수박선생**
> **갈변현상에 대해 알아보자.**
> - 갈변은 산소와 산화효소, 페놀류에 의해 나타나는 현상이다.
> - 갈변현상은 공기 중에 산화되면서 색이 변하는 것이다.
> - 페놀은 약산성의 화학물질로 갈변되는 중 발생된다.
> - 섬유소는 갈변과 큰 관련이 없다. 상대적으로 섬유소가 적은 사과가 섬유소가 많은 양배추나 배추 보다 더 빨리 갈변되기 때문이다.

21

사과를 깎아 방치했을 때 나타나는 갈변현상과 관계없는 것은?

① 산화효소
② 산소
③ 페놀류
④ 섬유소

답 ④

✏️ **암기 노트**

> 📁 **수박선생**
> **토코페롤 비타민에 대해 알아보자.**
> - 토코페롤의 토코를 똥꼬로 기억해도 좋다. 엉덩이 모양 알파벳인 E만 찾을 수 있으면 된다.
> - 토코페롤 비타민은 비타민 E다.

22

생식기능 유지와 노화방지의 효과가 있고 화학명이 토코페롤(tocopherol)인 비타민은?

① 비타민A
② 비타민C
③ 비타민D
④ 비타민E

답 ④

✏️ **암기 노트**

> 📁 **수박선생**
>
> **알리신과 관련된 식품을 알아보자.**
> - 알리신은 마늘에 많이 함유되어 있다.
> - 무하마드 알리를 아는가? 매운 주먹을 가진 복싱 챔피언이다.
> - 강한 그도 마누라 앞에선 끽 소리도 못 하는 공처가였다고 한다.
> - 알리 복싱의 신 하면 마누라(마늘)을 기억하자.
> - 알리신이 가장 많이 함유된 식품은 마늘이다.

23

다음중 알리신(allicin)이 가장 많이 함유된 식품은?

① 마늘
② 사과
③ 고추
④ 무

답 ①

✏️ **암기 노트**

> 📁 **수박선생**
>
> **과채류의 저장방법에 대해 알아보자.**
> - 호흡이란 기체를 내 뿜고 들이 마시는 것이다.
> - 기체와 관련된 것은 가스저장법이다.

24

다음 중 과일, 채소의 호흡작용을 조절하여 저장하는 방법은?

① 건조법
② 냉장법
③ 통조림법
④ 가스저장법

답 ④

✏️ **암기 노트**

> 📁 수박선생
>
> **젤라틴의 원료를 알아보자.**
> - 젤라틴은 동물의 연골에 함유되어 있다.
> - 본젤라또 라는 아이스크림을 아시는가?
> - 쫀득 쫀득한 아이스크림이다.
> - 본젤라또, 영어로 본은 뼈다, 젤라또는 젤라틴을 말한다. 뼈에 붙은 젤라틴 따라서 연골을 선택하면 된다.

25

젤라틴의 원료가 되는 식품은?

① 한천
② 과일
③ 동물의 연골
④ 쌀

답 ③

✏️ 암기 노트

> 📁 수박선생
>
> **콩 발효식품에 대해 알아보자.**
> 발효시킨다는 건 오래 묵혀 두고 먹어도 된다는 것이다. 따라서 콩 발효식품의 대표적인 식품은 된장이다.

26

두류가공품 중 발효과정을 거치는 것은?

① 두유
② 피넛버터
③ 유부
④ 된장

답 ④

✏️ 암기 노트

> 📁 **수박선생**
>
> 식품에 관련된 영양소에 대해 알아보자.
> - 두부는 콩으로 만드는 식물성 단백질 식품이다.
> - 우유를 발효시켜 만든 것이 치즈다.
> - 우유엔 칼슘이 포함되어 있다.

27

영양소와 급원식품의 연결이 옳은 것은?

① 동물성 단백질 - 두부, 쇠고기
② 비타민A - 당근, 미역
③ 필수지방산 - 대두유, 버터
④ 칼슘 - 우유, 치즈

답 ④

✏️ 암기 노트

> 📁 **수박선생**
>
> 미오글로빈으로부터 육색을 내는 발색제에 대해 알아보자.
> - 육색이 나오면 발육을 떠올려야 한다. 발색제와 육색은 연관이 있기 때문이다.
> - 발색제가 나오면 또 떠올려야 하는 것이 아질산염과 니트로사민이다.
> - 철수 어디있니?(아직산이염), 그럼 추울텐데(니트로사자)로 암기하면 된다.
> - 그럼 미오글로빈 중 니트로가 붙은 니트로미오글로빈이 정답이다.
> - 정답을 몰라도 문제를 읽어 보면 답을 유출할 수 있는 경우도 있다.
> - 미오글로빈으로 생성된다 하면 미오글로빈이 들어간 보기 중에서 답을 찾는다.
> - 염지와 관련되어 있다 하면 소금의 소가 들어간 것을 찾는다.
> - 니크로(소)(미오글로빈)

28

염지에 의해서 원료 육의 미오글로빈으로부터 생성되며 비가열 식육제품인 햄 등의 고정된 육색을 나타내는 것은?

① 니트로소헤모글로빈(nitrosohemoglobin)
② 옥시미오글로빈(oxymyoglobin)
③ 니트로소미오글로빈(nitrosomyoglobin)
④ 메트미오글로빈(metmyoglobin)

답 ③

✏️ 암기 노트

> 📁 **수박선생**
>
> **케톤기와 연관된 당류를 알아보자.**
> - 케톤기는 프룩토오스에 포함 되어 있다.
> - 상대방 진영에서 스파이 역할을 하는 사람을 프락찌라고 한다.
> - 프락찌는 정보를 캐내는 기술이 뛰어나다고 한다.
> - 정보 캐내는 기술(**케톤기**), 프락찌(**프룩토오스**)로 암기한다.

29

다음 당류 중 케톤기를 가진 것은?

① 프룩토오스(fructose)
② 만노오스(mannose)
③ 갈락토오스(galactose)
④ 글루코오스(glucose)

답 ①

✏️ **암기 노트**

> 📁 **수박선생**
>
> **레토르트 식품에 대해 알아보자.**
> - 레토르트 식품이란 고압가열살균하여 밀봉해서 공기와 광선을 차단해 오랜 기간 저장할 수 있는 식품이다.
> - 밀봉 전 살균을 위해 고압 솥에 넣어 가열 살균한다.
> - 밀봉을 위해 파우치와 연관이 있고, 밀봉 압축을 위해 플라스틱 필름도 사용된다.

30

다음 중 레토르트식품의 가공과 관계없는 것은?

① 통조림
② 파우치
③ 플라스틱 필름
④ 고압솥

답 ①

✏️ **암기 노트**

31

단체급식소에서 식수인원 400명의 풋고추조림을 할 때 풋고추의 총발주량은 약 얼마인가?(단, 풋고추 1인분 30g, 풋고추의 폐기율 6%)

① 12kg
② 13kg
③ 15kg
④ 16kg

> 📝 **수박선생**
> 400명×30g=12000g
> 폐기율 고려 추가 구매량=400명×30g×0.06
> 폐기율=720g
> 따라서 정량 12000g+폐기고려 추가구매 720g=12720g
> 결국 가장 근사치인 13000g=13kg이 답이다.

답 ②

✏️ 암기 노트

> 📁 **수박선생**
> 육류의 가열 시 변화에 대해 알아보자.
> - 육류는 가열 시 60도에서 근섬유가 수축하기 시작한다.
> - 육류가 육십도에서 수축한다고 해서 줄임 말로 육수라고도 한다.

32

육류의 가열 변화에 의한 설명으로 <u>틀린</u> 것은?

① 생식할 때보다 풍미와 소화성이 향상된다.
② 근섬유와 콜라겐은 45℃에서 수축하기 시작한다.
③ 가열한 고기의 색은 메트미오글로빈이다.
④ 고기의 지방은 근 수축과 수분손실을 적게 한다.

답 ②

✏️ 암기 노트

> 📁 **수박선생**
> **식단 작성 시 고려사항에 대해 알아보자.**
> 식단 작성 시 본인 돈으로 식재료를 구매하는 것이 아니므로 예산에 맞추어야 한다.

33

식단 작성 시 고려할 사항으로 틀린 것은?

① 피급식자의 영양소요량을 충족시켜야 한다.
② 좋은 식품의 선택을 위해서 식재료 구매는 예산의 1.5배 정도로 계획한다.
③ 급식인원수와 형태를 고려해야 한다.
④ 기호에 따른 양과 질, 변화, 계절을 고려해야 한다.

답 ②

✏️ **암기 노트**

> 📁 **수박선생**
> **생선 세척 시 적합한 염도에 대해 알아보자.**
> - 생선 세척 시 바닷물의 염도와 유사한 2~3% 소금물로 세척 해야 한다.
> - 신선도가 생명인 생선의 경우, 10% 이상 소금물로 씻으면 즉사할 수 있다.

34

생선을 씻을 때 주의사항으로 틀린 것은?

① 물에 소금을 10% 정도 타서 씻는다.
② 냉수를 사용한다.
③ 체표면의 점액을 잘 씻도록 한다.
④ 어체에 칼집을 낸 후에는 씻지 않는다.

답 ①

✏️ **암기 노트**

> 📁 수박선생
>
> **달걀의 응고성에 대해 알아보자.**
> - 강물과 바닷물 중 어느 물이 먼저 어는가?
> - 강물이 먼저 언다. 따라서 짠 물이 더 낮은 온도에서 얼게 된다는 것을 유추할 수 있다.

35

달걀의 열응고성에 대한 설명 중 옳은 것은?

① 식초는 응고를 지연시킨다.
② 소금은 응고온도를 낮추어 준다.
③ 설탕은 응고온도를 내려주어 응고물을 연하게 한다.
④ 온도가 높을수록 가열시간이 단축되어 응고물은 연해진다.

답 ②

✏️ 암기 노트

> 📁 수박선생
>
> **적색채소의 색소 보존 방법에 대해 알아보자.**
> - 조리 시 뚜껑을 열면 수증기와 함께 휘발성 색소 성분이 날아간다. 그래서 색소를 보존하려면 뚜껑을 덮고 조리해야 한다.
> - 물을 많이 넣으면 물에 색소가 희석된다. 그래서 소량의 물로 조리해야 한다.

36

자색 양배추, 가지 등 적색채소를 조리할 때 색을 보존하기 위한 가장 바람직한 방법은?

① 뚜껑을 열고 다량의 조리수를 사용한다.
② 뚜껑을 열고 소량의 소리수를 사용한다.
③ 뚜껑을 덮고 다량의 조리수를 사용한다.
④ 뚜껑을 덮고 소량의 조리수를 사용한다.

답 ④

✏️ 암기 노트

> 📁 **수박선생**
> - 단체급식소에서는 먹는 사람 수 즉 식수인원 파악이 중요하다.
> - 식수인원이 들어간 건 1번과 3번이다.
> - 폐기율 고려하여 더 구매해야 정량을 공급할 수 있다.

37

단체급식소에서 식품구입량을 정하여 발주하는 식으로 옳은 것은?

① 발주량=(1인분 순사용량/가식율)×100×식수
② 발주량=(1인분 순사용량/가식율)×100
③ 발주량=(1인분 순사용량/폐기율)×100×식수
④ 발주량=(1인분 순사용량/폐기율)×100

답 ①

✏️ **암기 노트**

> 📁 **수박선생**
> **냉동보관에 대해 알아보자.**
> 급속 냉동 보관이 식품 조직 파괴가 가장 적다. 그래서 비싼 참치도 급속 냉동 보관하고, 육류도 신선도 유지를 위해 급속 냉동을 하는 것이다.

38

냉동보관에 대한 설명으로 <u>틀린</u> 것은?

① 냉동된 닭을 조리할 때 뼈가 검게 변하기 쉽다.
② 떡의 장시간 노화방지를 위해서는 냉동 보관하는 것이 좋다
③ 급속 냉동 시 얼음 결정이 크게 형성되어 식품의 조직 파괴가 크다.
④ 서서히 동결하면 해동 시 드립(drip)현상을 초래하여 식품의 질을 저하시킨다.

답 ③

✏️ **암기 노트**

> 📁 수박선생
>
> **채소에 식품첨가물 소다를 넣었을 때 변화를 알아보자.**
> - 소다를 소라고 생각해보자.
> - 소에게 녹색채소를 주면 당연히 먹을 땐 채소 색은 푸른색일 것이고 씹으면 비타민C는 파괴될 것이고
> - 씹으니까 섬유질이 부드럽게 될 것이다.
> - 씹으니 질감이 유지될 리가 없다.

39

녹색채소를 데칠 때 소다를 넣을 경우 나타나는 현상이 아닌 것은?

① 채소의 질감이 유지된다.
② 채소의 색을 푸르게 고정시킨다.
③ 비타민C가 파괴된다.
④ 채소의 섬유질을 연화시킨다.

답 ①

✏️ 암기 노트

> 📁 수박선생
>
> **감자의 갈변 억제 방법에 대해 알아보자.**
> - 감자 아씨의 마음은 갈대와 같아서 잘 변한다고 한다.
> - 감자는 아씨와 연관성이 있다.
> - (아)스코르빈산, +(아)황산, 물을 영어로 (아)쿠아
> - 감자 갈변이란 문제가 나오면 감자 아씨를 떠 올리자.

40

감자의 효소적 갈변 억제 방법이 아닌 것은?

① 아스코르빈산 첨가
② 아황산 첨가
③ 질소 첨가
④ 물에 침지

답 ③

✏️ 암기 노트

> 📁 **수박선생**
> 조리기구 사용 용도에 대해 알아보자.
> 필러는 껍질을 필름처럼 벗겨 낼 때 사용하는 도구다.

41

조리용 기기의 사용법이 <u>틀린</u> 것은?

① 필러(peeler) : 채소 다지기
② 슬라이서(slicer) : 일정한 두께로 썰기
③ 세미기 : 쌀 세척하기
④ 블랜더(blender) : 액체 교반하기

답 ①

✏️ 암기 노트

> 📁 **수박선생**
> 원가계산 목적에 대해 알아보자.
> 원가계산은 이윤을 붙여 적정 시장가격에 판매하기 위한 것으로 재고관리를 위한 목적은 아니다.

42

원가계산의 목적이 <u>아닌</u> 것은?

① 가격결정의 목적
② 원가관리의 목적
③ 예산편성의 목적
④ 기말재고량 측정의 목적

답 ④

✏️ 암기 노트

> 📁 수박선생
> **식품의 색소에 대해 알아보자.**
> - 커피의 색소는 탄닌이다.
> - 커피가 나오게 된 설 중에 콩을 볶다가 깜박 정신줄 놓고 있다가 태웠다고 한다.
> - 어머니가 물으신다. 콩 탔니?
> - 탄 콩을 모아서 버리려고 물이 담긴 컵에 모아 놨는데 그 향이 남 달랐다고 한다.
> - 동생이 향에 이끌려 한 모금 마셨는데 쓰긴 하지만 물에 불려 먹으면 나름 차로 먹을 수 있을 것 같았다.
> - 이후 가족의 친척이 먹게 되고, 친척의 친구가 먹게 되면서 점차 확산되었다.
> - 색소를 물어보는 문제에서 커피하면 탔니?(탄닌계)

43

조리 시 나타나는 현상과 그 원인 색소의 연결이 옳은 것은?

① 산성성분이 많은 물로 지은 밥의 색은 누렇다.-클로로필계
② 식초를 가한 양배추의 색이 짙은 갈색이다.-플라보노이드계
③ 커피를 경수로 끓여 그 표면이 갈색이다.-탄닌계
④ 데친 시금치나물이 누렇게 되었다.-안토시안계

답 ③

✏️ 암기 노트

> 📁 수박선생
> **고기 연화법에 대해 알아보자.**
> 고기를 연화 시키려면 시큼하고 달달한 즙이 있는 것을 넣어 주면 좋다. 다만, 두꺼운 고기인 경우 연화 시키는 데엔 한계가 있다.

44

고기를 연화시키려고 생강, 키위, 무화과 등을 사용할 때 관련된 설명으로 틀린 것은?

① 단백질의 분해를 촉진시켜 연화시키는 방법이다.
② 두꺼운 로스트용 고기에 적당하다.
③ 즙을 뿌린 후 포크로 찔러주고 일정시간 둔다.
④ 가열 온도가 85℃ 이상이 되면 효과가 없다.

답 ②

✏️ 암기 노트

> 📁 수박선생
>
> **가수분해에 대해 알아보자.**
> 가수분해는 물분자를 넣어 분해한다는 것이므로 탈수와는 거리가 멀다.

45

전분의 가수분해에 해당되지 않는 것은?

① 식혜, 엿 등이 전분의 가수분해의 결과이다.
② 전분의 당화이다.
③ 효소를 넣어 최적온도를 유지시키면 탈수 축합 반응에 의해 당이 된다.
④ 전분을 산과 함께 가열하면 가수분해 되어 당이 된다.

답 ③

✏️ **암기 노트**

> 📁 수박선생
>
> **알파화에 대해 알아보자.**
> - 알파는 따뜻하고 연한 것이고, 베타는 딱딱한 것이라 생각하자.
> - 베타를 기억하는 방법은 "그거 딱딱해서 못 먹어, 뱉어(베타)"로 기억해 주면 좋다.
> - 알파화는 따뜻하고 연하게 만드는 것이기에 따뜻하게 만들려면 가열온도를 높여줘야 한다.

46

쌀 전분을 빨리 α-화 하려고 할 때 조치사항은?

① 아밀로펙틴 함량이 많은 전분을 사용한다.
② 수침시간을 짧게 한다.
③ 가열온도를 높인다.
④ 산성의 물을 사용한다.

답 ③

✏️ **암기 노트**

> 📁 **수박선생**
>
> **발연점에 대해 알아보자.**
> - 푸른 연기는 기름기가 증발되면서 나오는 것으로 불이 붙기 일보 직전 상태다.
> - 연기가 나기 시작할 때 이므로 연기 연자와 시작할 발자가 들어간 발연점이다.

47

유지를 가열할 때 유지 표면에서 엷은 푸른 연기가 나기 시작할 때의 온도는?

① 팽창점
② 연화점
③ 용해점
④ 발연점

답 ④

✏️ **암기 노트**

> 📁 **수박선생**
>
> **호화와 노화에 대해 알아보자.**
> - 호화는 따뜻하고 연한 것을 말하고 노화는 딱딱한 것을 말한다.
> - 피부 노화 방지를 위해 꿀 팩 하는 것을 떠올리면 쉽다.
> - 꿩 대신 닭이라고 꿀 대신 설탕을 넣어도 노화를 지연시킨다.

48

호화와 노화에 대한 설명으로 옳은 것은?

① 쌀과 보리는 물이 없어도 호화가 잘된다.
② 떡의 노화는 냉장고보다 냉동고에서 더 잘 일어난다.
③ 호화된 전분을 80℃ 이상에서 급속건조하면 노화가 촉진된다.
④ 설탕의 첨가는 노화를 지연시킨다.

답 ④

✏️ **암기 노트**

> 📁 수박선생
> **조미료의 특성에 대해 알아보자.**
> - 식재료를 부드럽게 만드는 재료에는 설탕과 식초가 있다.
> - 이 중 산뜻한 맛은 식초와 설탕 중 하나를 선택하라면 식초가 될 것이다.

49

조미료 중 수란을 뜰 때 끓는 물에 넣고 달걀을 넣으면 난백의 응고를 돕고, 작은 생선을 사용할 때 소량 가하면 뼈가 부드러워지며, 기름기 많은 재료에 사용하면 맛이 부드럽고 산뜻해지는 것은?

① 설탕
② 후추
③ 식초
④ 소금

답 ③

✏️ 암기 노트

> 📁 수박선생
> **전분의 변화 과정을 알아보자.**
> - 호화는 따뜻하고 연해지는 것, 노화는 딱딱해지는 것, 호정화는 높은 온도로 가열해서 생긴 것
> - 단맛이 증가하여 조청이 만들어 지는 과정은 당화라 한다.

50

전분에 효소를 작용시키면 가수분해 되어 단맛이 증가하여 조청, 물엿이 만들어지는 과정은?

① 호화
② 노화
③ 호정화
④ 당화

답 ④

✏️ 암기 노트

> 📁 **수박선생**
> **직업병과 원인에 대해 알아보자.**
> - 잠함병은 잠수함병으로 생각하면 된다.
> - 물속에서 오래 생활하면 생기는 병이다.

51

직업병과 관련 원인의 연결이 <u>틀린</u> 것은?

① 잠함병 - 자외선
② 난청 - 소음
③ 진폐증 - 석면
④ 미나마타병 - 수은

🏷 ①

✏ **암기 노트**

> 📁 **수박선생**
> **열허탈증에 대해 알아보자.**
> - 혈관신경을 조절 못한다는 것은 "자 금덩이야, 꽉 잡고 있어" 했는데 손의 힘이 맥 없이 풀려 떨어 뜨리는 것과 같다.
> - 얼마나 허탈한 일인가! 그래서 혈관신경의 부조절과 관계된 것은 허탈증이다.

52

고온작업환경에서 작업할 경우 말초혈관의 순환장애로 혈관신경의 부조절, 심박출량 감소가 생길 수 있는 열중증은?

① 열허탈증
② 열경련
③ 열쇠약증
④ 울열증

🏷 ①

✏ **암기 노트**

> 📁 **수박선생**
>
> **분변오염의 측정 지표에 대해 알아보자.**
> - 분변오염, 똥에 의한 오염을 말한다. 똥이 어디서 나오는가? 대장이다.
> - 대장에서 사는 균은 대장균이다. 따라서 분변오염과 연관 있는 건 대장균이다.

53

먹는 물에서 다른 미생물이나 분변오염을 추측할 수 있는 지표는?

① 증발잔류량
② 탁도
③ 경도
④ 대장균

답 ④

✏️ **암기 노트**

> 📁 **수박선생**
>
> **음식물이 매개체인 감염병에 대해 알아보자.**
> - 음식물로 매개되는 감염병이라 했으니 말 끝에 먹는다를 붙였을 때 이상함이 없어야 한다.
> - 돼지간 먹는다.(유행성간염), 폴라포 먹는다(폴리오), 콜라 먹는다.(콜레라)
> - 뇌를 먹는 경우는 좀 보기 어렵다.(일본뇌염)
> - 음식물로 매개되는 감염병이 아닌 것은 일본뇌염이다.

54

음식물로 매개될 수 있는 감염병이 아닌 것은?

① 유행성간염
② 폴리오
③ 일본뇌염
④ 콜레라

답 ③

✏️ **암기 노트**

> 📁 **수박선생**
>
> **질병과 감염경로에 대해 알아보자.**
> - 공수병은 공수특공대가 걸리는 병으로 생각하자.
> - 공수특공대는 적을 추적하기 위해 탐지견을 데리고 다닌다. 그러다 개로부터 병이 옮으면 공수병이 된다.

55

감염경로와 질병과의 연결이 틀린 것은?

① 공기감염 - 공수병
② 비말감염 - 인플루엔자
③ 우유감염 - 결핵
④ 음식물감염 - 폴리오

답 ①

✏️ **암기 노트**

> 📁 **수박선생**
>
> **감염 후 면역 기능 형성에 대해 알아보자.**
> - 대장균에 감염된 음식을 먹고 배탈이 난 사람을 예로 들어 본다.
> - 이 사람이 시간이 지나 또 다시 대장균에 감염된 음식을 먹으면 면역이 생겨 괜찮을까? 아니면 또 배탈 날까?
> - 또 다시 배탈이 난다. 따라서 균에 의한 것은 면역이 획득되지 않는다고 봐야 한다.
> - 이질은 세균이므로 감염 치료 이후 다시 균에 의해 감염될 수 있다.

56

세균성이질을 앓고 난 아이가 얻는 면역에 대한 설명으로 옳은 것은?

① 인공면역을 획득한다.
② 수동면역을 획득한다.
③ 영구면역을 획득한다.
④ 면역이 거의 획득되지 않는다.

답 ④

✏️ **암기 노트**

> 📁 **수박선생**
> 쥐와 관련된 감염병을 알아보자.
> - 쥐에 관련된 감염병은 페스트, 유행성출혈열, 렙토스피라증이다.
> - 옛날 서양영화에 쥐가 나오면 긴 빗자루로 쥐를 잡으려고 패대는 것을 보았을 것이다.(패스트)
> - 미키마우스가 유행하던 시절 한정판 티셔츠 사려고 출혈이 심했던 것으로 기억 된다.(유형성출혈열)
> - 두드러기 발진(발진티푸스)은 이 때문이다.
> - 이는 뛰어 오르면서 외치는 구호가 "발진"이라 해서 이와 관련된 감염병도 발진티푸스라고 한다.

57

쥐와 관계가 가장 적은 감염병은?

① 페스트
② 신증후군출혈열(유행성출혈열)
③ 발진티푸스
④ 렙토스피라증

답 ③

✏️ **암기 노트**

> 📁 **수박선생**
> 군집독에 대해 알아보자.
> 다수인이 밀집한 장소를 한자로 하면 군집이다.

58

다수인이 밀집한 장소에서 발생하며 화학적 조성이나 물리적 조성의 큰 변화를 일으켜 불쾌감, 두통, 권태, 현기증, 구토 등의 생리적 이상을 일으키는 현상은?

① 빈혈
② 일산화탄소 중독
③ 분압 현상
④ 군집독

답 ④

✏️ **암기 노트**

> 📁 **수박선생**
> 조명에 관련된 질환을 알아보자.
> 결막염은 조명불량이 원인이 아니라 세균에 의해 생긴다.

59

작업장의 조명 불량으로 발생될 수 있는 질환이 **아닌** 것은?

① 안구진탕증
② 안정피로
③ 결막염
④ 근시

답 ③

✏️ **암기 노트**

> 📁 **수박선생**
> 하수오염도 측정에 대해 알아보자.
> - 하수오염도 측정시에는 유기물이 얼마나 많은 지를 본다.
> - 물에 유기물이 많으면 산소가 부족 해진다.
> - 유기물도 산소를 필요로 하므로 산소가 빠르게 고갈 되기 때문이다. 따라서 산소가 얼마나 있느냐로 측정해도 유기물의 양, 즉 하수오염도를 측정할 수 있다.

60

하수 오염도 측정 시 생화학적 산소요구량(BOD)을 결정하는 가장 중요한 인자는?

① 물의 경도
② 수중의 유기물량
③ 하수량
④ 수중의 광물질량

답 ②

✏️ **암기 노트**

기출 7. 암기비법 420

> 📁 **수박선생**
>
> **식품과 연관된 독성분에 대해 알아보자.**
> - 복어의 독은 테트로도톡신이다.
>   복어 독은 죽음으로 이끄는 독의 신이라 불린다.
>   복어 독, 죽음(테드), 독의 신(톡신), 그래서 복어의 독은 테드로톡신
> - 미나리의 독은 시큐톡신이다.
>   미국의 나리들이 비밀리에 독의 신을 능가할 생화학 독성 무기를 개발하고 있다.
>   미국 나리(미나리), 비밀(시큐) 독의 신(톡신)
>   비밀, 보안을 영어로 시큐리티임
> - 섭조개의 독은 삭시톡신이다.
>   섬에서 조개 캐는 색시는 독신이라 한다.
>   섬 조개(섭조개), 색시 독신(삭시톡신)
> - 매실의 독은 아미그달린이다.
>   남자가 매번 실없이 웃기는, 아 그 달린 거 떼 버려라
>   매번 실없이(매실), 아 그 달린 거(아미그달린)

01

식품과 독성분의 연결이 <u>틀린</u> 것은?

① 복어 - 테트로도톡신
② 미나리 - 시큐톡신
③ 섭조개 - 베네루핀
④ 청매 - 아미그달린

답 ③

✏️ **암기 노트**

> 📁 **수박선생**
>
> **식품 부패 시 발생하는 냄새 물질에 대해 알아보자.**
> - 부패 냄새는 암모니아, 황화수소, 인돌 등에 의해 발생한다.
> - 식품이 부패되어 황천길 가는데 넓은 황화강을 건너기 두려워하자
>   석가모니가 고인돌을 밟고 지나라 하며 길을 열어 주었다.
> - 식품 부패, 황화강(황화수소), 석가모니(암모니아), 고인돌(인돌)

02

식품의 부패과정에서 생성되는 불쾌한 냄새물질과 거리가 <u>먼</u> 것은?

① 암모니아
② 포르말린
③ 황화수소
④ 인돌

답 ②

✏️ **암기 노트**

> 📁 **수박선생**
> **피막제에 대해 알아보자.**
> 수분증발을 위해 막을 만든다고 하면 보기 중 막이 들어간 것을 찾으면 된다.

03

과일이나 과채류를 채취 후 선도유지를 위해 표면에 막을 만들어 호흡조절 및 수분증발 방지의 목적에 사용되는 것은?

① 품질개량제
② 이형제
③ 피막제
④ 강화제

답 ③

✏️ **암기 노트**

> 📁 **수박선생**
> **바이러스의 특징을 알아보자.**
> - 바이러스의 특징은 빠른 시간에 확산되는 특징이 있다.
> - 유행성 : 빠르게 확산된다는 의미다.
> - 급성 : 빠르다는 의미다.
> - 감염성 : 확산된다는 의미다.
> - 돈단독(돼지 돈, 붉을 단, 독 독)이란 바이러스가 아닌 세균에 의해 돼지 몸에 붉은 반점이 생기는 병이다.

04

바이러스에 의해 발병되지 <u>않는</u> 것은?

① 돈단독증
② 유행성 간염
③ 급성회백수염
④ 감염성 설사증

답 ①

✏️ **암기 노트**

> 📁 수박선생
>
> **인공감미료에 대해 알아보자.**
> - 사카린은 식재료점에서도 판다. 판매한다는 건 허가되었다는 의미다.
> - 설탕 대신 쓰는 요리당도 비슷한 원료다.

05

다음 중 국내에서 허가된 인공감미료는?

① 둘신
② 사카린나트륨
③ 사이클라민산나트륨
④ 에틸렌글리콜

답 ②

✏️ 암기 노트

> 📁 수박선생
>
> **미생물의 생육 조건에 대해 알아보자.**
> - 생물은 물먹고, 숨쉬고, 얼어 죽지 않을 정도의 온도면 산다.
> - 자외선 쬐면 살균되어 죽는다.

06

미생물의 생육에 필요한 조건과 거리가 먼 것은?

① 수분
② 산소
③ 온도
④ 자외선

답 ④

✏️ 암기 노트

> 📁 **수박선생**
> **식품첨가물과 사용용도를 알아보자.**
> - 초산비닐수지는 껌기초제로 사용된다.
>   초산 맞아요? 분만실에 껌을 질겅질겅 씹
>   으며 들어오는 산모는 처음이라.
>   초산(초산비닐수지) - 껌(껌기초제)
> - 글리세린은 용제로 사용된다.
>   네가 그리 세다며? 내가 잘못한 일 있으면
>   용서해주게
>   그리 세다며(글리세린), 용서(용제)
> - 탄산암모늄은 팽창제로 사용된다.
>   탄산수 암도 모르게 마신 놈은 배가 부풀어
>   딱 걸렸다.
>   탄산수(탄산) 암도 모르게 마신 놈(암모늄),
>   배 부풀어(팽창제)
> - 규소수지는 소포제로 사용된다.
>   양반댁 규수감 수지는 인기가 많아 선물 소
>   포를 많이 받는다 한다.
>   규수감 수지(규소수지), 소포(소포제)

07

식품 첨가물과 사용목적을 표시한 것 중 <u>잘못</u>된 것은?

① 초산비닐수지 - 껌기초제
② 글리세린 - 용제
③ 탄산암모늄 - 팽창제
④ 규소수지 - 이형제

답 ④

✏️ **암기 노트**

> 📁 **수박선생**
> **미생물의 수분활성도에 대해 알아보자.**
> - 내건성이란 건조한 것을 견딘다는 의미이
>   므로 수분이 가장 낮을 것이고
> - 곰팡이는 공기 중의 수분 만으로도 생기니
>   그 다음 낮을 것이고
> - 효모와 세균 중 왕성한 번식을 하는 세균이
>   더 많은 수분이 필요하다.

08

생육이 가능한 최저수분활성도가 가장 높은 것은?

① 내건성 포자
② 세균
③ 곰팡이
④ 효모

답 ②

✏️ **암기 노트**

> 📁 **수박선생**
>
> **호염성 세균에 대해 알아보자.**
> - 호염성 세균과 연관 있는 균은 장염 비브리오균이다.
> - 호염(좋아할 호, 소금 염)이란 소금물에서도 살 수 있다는 것을 말한다.
> - 소금물 즉 바닷물이고, 바다에 사는 것은 비린내가 난다 해서 비브리오균과 연관 있다.

09

호염성의 성질을 가지고 있는 식중독 세균은?

① 황색포도상구균
② 병원성 대장균
③ 장염 비브리오
④ 리스테리아 모노사이토제네스

답 ③

✏️ **암기 노트**

> 📁 **수박선생**
>
> **감자의 독성분에 대해 알아보자.**
> - 감자의 독성분은 쏠라닌이다.
>   강원도에서는 기념일에 주변 사람들에게 감자를 쏜다고 한다.
>   내가 오늘 감자 쏠라니까(쏠라닌)
> - 포도의 독성분은 엔테로톡신이다.
>   포도 - 입 안으로(엔테로) 톡 쏘는 신 맛(톡신)
> - 독버섯의 독성분은 무스까린이다.
>   독버섯 : 정신이 들면 무슨 일 있었수까(무스까린)

10

발아한 감자와 청색 감자에 많이 함유된 독성분은?

① 리신
② 엔테로톡신
③ 무스카린
④ 솔라닌

답 ④

✏️ **암기 노트**

> 📁 수박선생
> **식품위생교육시간에 대해 알아보자.**
> - 교육 공무원은 8시간 근무한다.
> - 출근해서 업무 준비시간 1시간 빼고, 퇴근 준비시간 1시간 빼면 교육시간은 6시간이다.

11

영업을 하려는 자가 받아야 하는 식품위생에 관한 교육시간으로 옳은 것은?

① 식품제조·가공업:36시간
② 식품운반업:12시간
③ 단란주점영업:6시간
④ 옹기류제조업:8시간

답 ③

✎ 암기 노트

> 📁 수박선생
> **식품 영양성분 표시에 대해 알아보자.**
> - 비가식(아닐 비, 허용할 가, 먹을 식) 부위란 먹을 수 없는 부위를 말한다.
> - 못 먹는 것은 영양성분 함량에 포함하여 표시하지 않는다.

12

식품 등의 표시기준상 영양성분에 대한 설명으로 틀린 것은?

① 한번에 먹을 수 있도록 포장·판매되는 제품은 총 내용량을 1회 제공량으로 한다.
② 영양성분함량은 식물의 씨앗, 동물의 뼈와 같은 비가식 부위도 포함하여 산출한다.
③ 열량의 단위는 킬로칼로리로 표시한다.
④ 탄수화물에는 당류를 구분하여 표시하여야 한다.

답 ②

✎ 암기 노트

> 📁 **수박선생**
> **영업신고업종과 허가업종에 대해 알아보자.**
> - 신고업장과 허가업장을 구별하는 문제가 이따금 출제되곤 한다.
> - 신고는 나 이거 할 거요 하고 통보하는 것이고, 허가는 나 이거 해도 돼요? 하고 허가를 구하는 것이다. 따라서 허가는 함부로 하면 안 되는 것이 대상이다.
> - 다시 말하면 동내에서 쉽게 볼 수 있는 건 신고 대상이고 특정 지역에 가야 볼 수 있는 것은 허가 대상이다.
> - 유흥주점, 단란주점이 동내에 있는 곳도 있겠지만 상업지역 외에 주택가에서 많이 볼 수 있는 건 아니다.
> - 식품조사처리업도 동네에서 쉽게 찾아볼 수 없다.
> - 즉석 판매 즉 떡볶이, 호떡, 치킨 등 이런 것은 동네에 많다. 이런 업종은 영업신고 대상이다.

13

식품위생법상 영업신고를 하여야 하는 업종은?

① 유흥주점영업
② 즉석판매제조·가공업
③ 식품조사처리업
④ 단란주점영업

답 ②

✏️ **암기 노트**

> 📁 **수박선생**
> **감시원의 직무에 대해 알아보자.**
> - 감시원의 직무는 단속하고 검사하고 지도하는 역할을 한다.
> - 생산일지를 관리 감독하는 건 회사 생산부장이 담당해야할 일이다.

14

식품위생법상에 명시된 식품위생감시원의 직무가 아닌 것은?

① 과대광고 금지의 위반 여부에 관한 단속
② 조리사 및 영양사의 법령 준수사항 이행 여부 확인 및 지도
③ 생산 및 품질관리일지의 작성 및 비치
④ 시설기준의 적합 여부의 확인 및 검사

답 ③

✏️ **암기 노트**

> 📁 수박선생
> **과대광고의 기준에 대해 알아보자.**
> 과대 광고란 사실과 다르거나 혼동을 주는 것이다.

15

식품위생법상 허위표시, 과대광고로 보지 <u>않는</u> 것은?

① 수입신고한 사항과 다른 내용의 표시 및 광고
② 식품의 성분과 다른 내용의 표시 및 광고
③ 인체의 건전한 성장 및 발달과 건강한 활동 유지하는데 도움 준다는 표현의 표시 및 광고
④ 외국어의 사용 등으로 외국제품으로 혼동할 우려가 있는 표시 및 광고

답 ③

✏️ 암기 노트

> 📁 수박선생
> **발효에 의한 갈변과, 자연적인 갈변을 구별해보자.**
> 간장은 발효에 의한 것이다.

16

식품의 갈변 현상 중 성질이 <u>다른</u> 것은?

① 고구마 절단면의 갈색
② 홍차의 적색
③ 간장의 갈색
④ 양송이의 갈색

답 ③

✏️ 암기 노트

> 📁 **수박선생**
>
> **우유 단백질에 대해 알아보자.**
> - 우유 단백질은 카제인, 락토알부민, 락토글로불린이 있다.
> - 우유에 함유된 단백질은 이렇게 암기한다.
> - 수입 우유를 파는 제인은 알부자다 국내 우유판매점을 배로 불렸다.
> - 우유, 제인(카제인), 알부자(락토알부민), 불렸다.(락토글로불린)

17

우유에 함유된 단백질이 아닌 것은?

① 락토오즈
② 카제인
③ 락토알부민
④ 락토글로불린

답 ①

✏️ **암기 노트**

> 📁 **수박선생**
> - 탄수화물은 곡류에 많이 들어 있다.
> - 젤라틴은 젤리처럼 말랑말랑한 뼈 끝에 붙은 연골에 함유되어 있다. 따라서 젤라틴은 탄수화물이 아니다.

18

탄수화물이 아닌 것은?

① 젤라틴
② 펙틴
③ 섬유소
④ 글리코겐

답 ①

✏️ **암기 노트**

> 📁 **수박선생**
>
> **비타민E에 대해 알아보자.**
> - 비타민E는 뽀빠E를 떠올려서 생각 해보자.
> - 비타민 E는 뽀빠E가 좋아하는 시금치와 올리브에 많이 들어 있다.
> - 뽀빠E는 만화에서 알고 있겠지만 해군이다. 물에 녹지 않는다.
> - 뽀빠E는 시금치 먹으면 젊은 힘이 불끈, 산화는 노화와 비슷한 말이고 항산화는 노화방지를 말한다.
> - 뽀빠E는 강하다. 특히 올리브가 아파하면 어디든 달려간다. 아파(알파)
> - 뽀빠E는 악당 버섯돌이를 싫어한다. 그래서 버섯에는 비타민E가 없다.

19

비타민 E 에 대한 설명으로 **틀린** 것은?

① 물에 용해되지 않는다.
② 항산화작용이 있어 비타민 A나 유지 등의 산화를 억제해 준다.
③ 버섯 등에 에르고스테롤로 존재한다.
④ 알파 토코페롤이 가장 효력이 강하다.

답 ③

✏️ **암기 노트**

> 📁 **수박선생**
>
> **식품과 연관된 매운맛 성분을 알아보자.**
> - 흑겨자 매운 맛 성분은 이소티오시안네이트이다.
> - 흑겨자 담은 솥 누구 거야? 내가 알려 줄게, 이솥 오산네거야
> - 흑겨자, 알려(알릴) 이솥오산네(이소티오시안네)

20

매운맛 성분과 소재 식품의 연결이 올바르게 된 것은?

① 알릴 이소티오시안네이트-흑겨자
② 캡사이신-마늘
③ 진저롤-고추
④ 캐비신-생강

답 ①

✏️ **암기 노트**

> 📁 **수박선생**
>
> **청과물 저장 시 변화에 대해 알아보자.**
> - 청과물 즉 과일과 채소는 저장 시 계속 호흡을 하면서 늙어 간다.
> - 호흡을 한다는 건 가스가 나온다는 것이고 열이 발생하면서 수분이 증발되고 노화되는 것이다.

21

청과물의 저장 시 변화에 대하여 옳게 설명한 것은?

① 청과물은 저장 중이거나 유통과정 중에도 탄산가스와 열이 발생한다.
② 신선한 과일의 보존기간을 연장시키는데 저장이 큰 역할을 하지 못한다.
③ 과일이나 채소는 수확하면 더 이상 숙성하지 않는다.
④ 감의 떫은맛은 저장에 의해서 감소되지 않는다.

답 ①

✏️ **암기 노트**

> 📁 **수박선생**
>
> **달걀의 식재료 특성을 알아보자.**
> - 계란은 열을 가하면 액체였던 내용물이 고체가 된다. 열응고성
> - 계란을 거품기로 열심히 돌리면 기포를 머금은 거품이 된다. 기포성
> - 계란은 기름과 잘 섞인다. 노른자를 식용유 넣어가며 열심히 저으면 마요네즈가 된다. 유화성
> - 쇼트닝은 달걀이 아닌 기름과 관련이 있다. 쿠키나 빵 만들 때 잘 뭉치지 않게 만드는 기름 성분이다.

22

달걀의 가공 적성이 <u>아닌</u> 것은?

① 열응고성
② 기포성
③ 쇼트닝성
④ 유화성

답 ③

✏️ **암기 노트**

> 📁 수박선생
>
> 우유 가열 시 손실되는 성분에 대해 알아보자.
> - 우유 가열 시 리신이 손실된다.
> - 신맛이 나는 식초는 가열하면 손실되어 날아 간다고 한다.
> - 높은 온도로 가열하여 손실되는 성분은 이름에 신이 들어간 리신이다.

23

우유를 높은 온도로 가열하면 Maillard 반응이 일어난다. 이때 가장 많이 손실되는 성분은?

① lysine
② arginine
③ sucrose
④ Ca

답 ①

✏️ 암기 노트

> 📁 수박선생
>
> 글루텐과 연관된 식품을 알아보자.
> - 글루탱이 많이 함유되면 탱탱한 면발을 만들어 준다.
> - 글루탱, 탱탱한 면발, 밀이다.

24

글루텐을 형성하는 단백질을 가장 많이 함유하는 것은?

① 밀
② 쌀
③ 보리
④ 옥수수

답 ①

✏️ 암기 노트

> 📁 **수박선생**
>
> **클로로필에 대해 알아보자.**
> - 클로로필은 엽록소라고도 한다.
> - 클로로필은 포르피린환과 마그네슘으로 구성된다.
> - 가수 클라라 필(느낌) 스타일은 머리에 포마드 기름 발라 넘기는 단정한 스타일이다.
> - 클라라필(클로로필) 포마드(포르피린환+마그네슘)

25

클로로필에 관한 설명으로 틀린 것은?

① 포르피린환에 구리가 결합되어 있다.
② 김치의 녹색이 갈변하는 것은 발효 중 생성되는 젖산 때문이다.
③ 산성식품과 같이 끓이면 갈색이 된다.
④ 알칼리 용액에서는 청록색을 유지한다.

답 ①

✏️ **암기 노트**

> 📁 **수박선생**
>
> **결합수의 특성에 대해 알아보자.**
> - 결합수란 순수한 물이 아닌 무언가와 섞인 물이다.
> - 순수한 물은 0도에서 얼지만 무언가와 섞였다면 0도에서 얼지 않는다.

26

결합수의 특성이 아닌 것은?

① 수증기압이 유리수보다 낮다.
② 압력을 가해도 제거하기 어렵다.
③ 0도에서 매우 잘 언다.
④ 용질에 대해서 용매로서 작용하지 않는다.

답 ③

✏️ **암기 노트**

27

소시지 100g당 단백질 13g, 지방 21g, 당질 5.5g이 함유되어 있을 경우 소시지 150g의 열량은?

① 158kcal
② 263kcal
③ 322kcal
④ 395kcal

> 📝 **수박선생**
> - 100g 대비 150g은 1.5배다.
>   각각에 1.5배 열량을 구하자.
>   단백질, 탄수화물, 지방의 열량은 다음과 같이 암기한다.
> - 고기집에 가서 단백한4골 국물에 탄산4이다도 시키고 지방 꽃 핀 꽃등심9워 먹자.
> - 단백질 4kcal, 탄수화물 4kcal, 지방 9kcal
>   13g단백질 × 4kcal × 1.5배 = 78
>   21g지방 × 9kcal × 1.5배 = 283.5
>   5.5g탄수화물 × 4kcal × 1.5배 = 33
>   78 + 183.5 + 394.5 = 394.5

답 ④

✏️ **암기 노트**

> 📂 **수박선생**
> 산패도에 대해 알아보자.
> - 유지의 산패도는 산가, 과산화물가, 카르보닐가로 나타낸다.
> - 임야 주인인 지역 유지가 산가를 둘러볼 때는 산과 물가를 카를 타고 둘러본다.
> - 지역 유지(유지), (산가) 둘러볼 때, 산과 물가를(과산화물가) 카로 둘러본다.(카르보닐가)
> - 기억하기 어렵다면 산패도는 보기 중에 산이 들어간 것을 찾는다.

28

유지의 산패도를 나타내는 값으로 짝지어진 것은?

① 비누화가, 요오드가
② 요오드가, 아세틸가
③ 과산화물가, 비누화가
④ 산가, 과산화물가

답 ④

✏️ **암기 노트**

> 📁 **수박선생**
> **참기름의 특성에 대해 알아보자.**
> - 참기름은 세사몰 때문에 상대적으로 산패에 강하다.
> - 산패되지 않으려면 무엇보다 기름의 청결함을 유지해야 한다.
> - 참기름은 참 참하다. 청결을 유지하기 위해 세수물에 자주 세수하니 말이다.
> - 참기름 - 세수물(세사몰)

29

참기름이 다른 유지류보다 산패에 대해 비교적 안정성이 큰 이유는?

① 레시틴
② 세사몰
③ 고시풀
④ 인지질

답 ②

✏️ **암기 노트**

> 📁 **수박선생**
> **훈연에 대해 알아보자.**
> 훈연 시 소나무는 송진에 불이 붙을 경우 검은 연기가 나므로 적당하지 않다.

30

훈연에 대한 설명으로 <u>틀린</u> 것은?

① 햄, 베이컨, 소시지가 훈연제품이다.
② 훈연 목적은 육제품의 풍미와 외관향상이다.
③ 훈연재료는 침엽수인 소나무가 좋다.
④ 훈연하면 보존성이 좋아진다.

답 ③

✏️ **암기 노트**

> 📁 수박선생
> **편육을 삶는 방법에 대해 알아보자.**
> 고기의 맛은 육즙에 있다. 따라서 국물 맛이 좋게 만들려면 찬물에 고기를 넣고 끓여 최대한 물에 육즙이 빠져나올 시간을 충분히 가지게 하고, 고기 맛이 좋게 하려면 물이 끓을 때 고기를 넣어 물에 육즙이 빠져나오는 시간을 상대적으로 줄인다.

31

돼지고기 편육을 할 때 고기를 삶는 방법으로 가장 적합한 것은?

① 한 번 삶아서 찬물에 식혔다가 다시 삶는다.
② 물이 끓으면 고기를 넣어서 삶는다.
③ 찬물에 고기를 넣어서 삶는다.
④ 생강은 처음부터 같이 넣어야 탈취효과가 크다.

답 ②

✏️ 암기 노트

> 📁 수박선생
> **달걀의 기포성을 이용한 식품을 알아보자.**
> - 머랭은 달걀 흰자를 거품을 내어 거품이 흘러내리지 않을 정도의 점성이 생길 때 구워낸 것이다.
> - 달걀흰자를 거품기로 돌리는 건 흰자에 공기 즉 기포를 넣어 주어 부풀게 하고 점성이 생기게 하는 것이다.

32

달걀의 기포성을 이용한 것은?

① 달걀찜
② 푸딩
③ 머랭
④ 마요네즈

답 ③

✏️ 암기 노트

> 📁 수박선생
> **식초 첨가 시 효과에 대해 알아보자.**
> 생선에 식초를 뿌리면 살이 탱탱해져 쫄깃한 맛을 느낄 수 있다.

33

생선조리 시 식초를 적당량 넣었을 때 장점이 아닌 것은?

① 생선의 가시를 연하게 해준다.
② 어취를 제거한다.
③ 살을 연하게 하여 맛을 좋게 한다.
④ 살균효과가 있다.

답 ③

✏️ **암기 노트**

> 📁 수박선생
> **온도에 따른 맛의 느낌을 알아보자.**
> 신맛은 차가우나 안 차가우나 맛은 마찬가지다. 그래서 레몬은 그냥 먹어도 시고 냉장고에 넣었다 먹어도 시다.

34

음식의 온도와 맛의 관계에 대한 설명으로 틀린 것은?

① 국은 식을수록 짜게 느껴진다.
② 커피는 식을수록 쓰게 느껴진다.
③ 차게 먹을수록 신맛이 강하게 느껴진다.
④ 녹은 아이스크림보다 얼어 있는 것의 단맛이 약하게 느껴진다.

답 ③

✏️ **암기 노트**

> 📁 수박선생
> **재고 회전율이 낮은 경우에 대해 알아보자.**
> - 재고 회전율이란 창고에 쌓아 둔 재고가 빨리 나가느냐 오래 남아 있느냐를 말한다.
> - 회전율이 낮다는 건 창고에 재고가 쌓여 있다는 의미이므로 긴급 구매할 일이 없다.

35

재고회전율이 표준치보다 낮은 경우에 대한 설명으로 틀린 것은?

① 긴급구매로 비용발생이 우려된다.
② 종업원들이 심리적으로 부주의하게 식품을 사용하여 낭비가 심해진다.
③ 부정유출이 우려된다.
④ 저장기간이 길어지고 식품손실이 커지는 등 많은 자본이 들어가 이익이 줄어든다.

답 ①

✏️ 암기 노트

> 📁 수박선생
> **소금 첨가 시 기대 효과에 대해 알아보자.**
> - 석쇠에 생선이 들러붙지 않게 하려면 석쇠를 충분히 달군 후 생선을 올려 놔야 한다.
> - 소금 뿌렸다고 해서 달구지 않는 석쇠에 올려 놓는다면 고기가 석쇠에 붙는다.

36

소금의 용도가 아닌 것은?

① 채소 절임 시 수분제거
② 효소 작용 억제
③ 아이스크림 제조 시 빙점 강화
④ 생선구이 시 석쇠 금속의 부착방지

답 ④

✏️ 암기 노트

> 📁 수박선생
> **조리 시 채소의 색 변화에 대해 알아보자.**
> - 당근은 퇴색이 잘 안되는 채소다.
> - 양파는 알칼리에 황색이 된다.
> - 가지는 알칼리에 청색이 된다.

37

채소조리 시 색의 변화로 맞는 것은?

① 시금치는 산을 넣으면 녹황색으로 변한다.
② 당근은 산을 넣으면 퇴색된다.
③ 양파는 알칼리를 넣으면 백색으로 된다.
④ 가지는 산에 의해 청색으로 된다.

답 ①

✏️ **암기 노트**

> 📁 수박선생
> **고기 연화제를 알아보자.**
> - 고기 연화제 중 하나가 파파인이다.
> - 고기를 부드럽게 하려면 파인애플처럼 시큼하고 달달한 즙이 있는 것을 넣으면 좋다.
> - 산성 액체가 고기의 질긴 부분을 삭혀 주기 때문에 부드러워 진다.

38

고기를 요리할 때 사용되는 연화제는?

① 소금
② 참기름
③ 파파인
④ 염화칼슘

답 ③

✏️ **암기 노트**

> 📁 **수박선생**
> **잼에 대해 알아보자.**
> - 잼은 팩틴과 유기산으로 구성된다.
> - (사과와 딸기는 잼)처럼 붙어 다니는 잉꼬부부였다. 하지만 둘 사이에는 아기가 없었다.
>   딸기는 (유산)했다고 하고, 사과는 딸기가 아이를 원하지 않는다고 한다.
>   누구 말이 진실(팩트)일까?
> - 사과, 딸기가 잼으로 많이 이용되는 이유는 유산(유기산), 팩트?(펙틴)로 암기한다.

39

사과나 딸기 등이 잼에 이용되는 가장 중요한 이유는?

① 과숙이 잘되어 좋은 질감을 형성하므로
② 펙틴과 유기산이 함유되어 잼 제조에 적합하므로
③ 색이 아름다워 잼의 상품가치를 높이므로
④ 새콤한 맛 성분이 잼 맛에 적합하므로

답 ②

✏️ **암기 노트**

> 📁 **수박선생**
> **우유의 응고현상에 대해 알아보자.**
> - 사람이 생을 다하면 염을 하게 되고 곧 몸이 딱딱하게 굳는다고 한다.
> - 우유도 마찬가지로 우유에 염을 하고 응고되는 모습을 떠올리자.

40

토마토 크림 스프를 만들 때 일어나는 우유의 응고현상을 바르게 설명한 것은?

① 산에 의한 응고
② 당에 의한 응고
③ 효소에 의한 응고
④ 염에 의한 응고

답 ①

✏️ **암기 노트**

> 📁 **수박선생**
>
> **당근에 함유된 비타민에 대해 알아보자.**
> - 당근이(지)라는 말은 당근이 지용성이다 라는 말의 줄임 말로도 볼 수 있다.
> - 당근과 같은 지용성 비타민 함유 채소는 기름을 넣어야 지용성 비타민을 녹여 낼 수 있다.

41

당근 등의 녹황색 채소를 조리할 경우 기름을 첨가하는 조리방법을 선택하는 주된 이유는?

① 색깔을 좋게 하기 위해서
② 부드러운 맛을 위해서
③ 비타민 C의 파괴를 방지하기 위해서
④ 지용성 비타민의 흡수를 촉진하기 위해서

답 ④

✏️ **암기 노트**

> 📁 **수박선생**
>
> **반조리식품의 해동방법에 대해 알아보자.**
> - 반조리식품의 대표적인 건 냉동피자, 냉동만두 등이다.
> - 냉동만두는 전자레인지에 넣고 돌리면 된다.

42

조리식품이나 반조리식품의 해동방법으로 가장 적합한 것은?

① 상온에서의 자연 해동
② 냉장고를 이용한 저온 해동
③ 흐르는 물에 담그는 청수해동
④ 전자레인지를 이용한 해동

답 ④

✏️ **암기 노트**

> 📁 **수박선생**
> **단백질의 구성에 대해 알아보자.**
> - 단백질은 아미노산으로 구성되어 있다.
> - 단백한 국물 맛을 낼 수 있는 분이 애비 일까요? 애미 일까요?
> - "예, 애미야, 단백한 곰탕 좀 끓이거라"
> - 단백한(단백질) 국물 - 애미(아미노산)

43

단백질의 구성 단위는?

① 아미노산
② 지방산
③ 과당
④ 포도당

답 ①

✏️ **암기 노트**

> 📁 **수박선생**
> - 조리기능사 계산 문제는 복잡하지 않다.
> - 계산식을 모르더라도 포기하지 말고 곱해 보거나 나눠보고 더해보거나 빼 봐서 유사한 답을 찾아보자.

44

가식부율이 70%인 식품의 출고계수는?

① 1.25
② 1.43
③ 1.64
④ 2.00

> 📝 **수박선생**
> 100% 사용해야 하는데, 70% 밖에 사용 못하네
> 100 ÷ 70 = 1.43

답 ②

✏️ **암기 노트**

> 📁 수박선생
> **비타민A 부족 시 관련된 질병에 대해 알아보자.**
> - 비타민A 부족 시 야맹증이 발생한다.
> - 비타민A는 비타민 애인이라 생각해보자. 비타민은 애인이 떠나자 눈 앞이 깜깜하고 멍하니 보내는 시간이 많았다고 한다.
> - 비타민 애인(에이) 눈 앞이 껌껌하고(야맹증)

45

비타민A 가 부족할 때 나타나는 대표적인 증세는?

① 괴혈병
② 구루병
③ 불임증
④ 야맹증

답 ④

✏️ 암기노트

> 📁 수박선생
> **센 불 조리가 필요한 요리를 알아보자.**
> - 튀김은 센 불에서 약한 불로 줄이지 않는다.
> - 약한 불로 조절하는 건 뜸 들이기나 조림이 필요한 음식이다.
> - 새우튀김은 바삭함이 생명이다.
> - 튀겨서 바로 꺼내야 한다, 약한 불로 기름에 담가 두면 기름 범벅이 될 뿐이다.

46

조리 시 센 불로 가열한 후 약한 불로 세기를 조절하지 <u>않는</u> 것은?

① 생선조림
② 된장찌개
③ 밥
④ 새우튀김

답 ④

✏️ 암기노트

> 📁 **수박선생**
>
> **기름 재 사용 시 현상에 대해 알아보자.**
> 기름을 여러 번 사용하면 할 수록 안 좋으므로, 안 좋은 현상들을 고른다.

47

기름을 여러번 재가열할 때 일어나는 변화에 대한 설명으로 맞는 것은?

> 1. 풍미가 좋아진다.
> 2. 색이 진해지고 거품형성 현상이 생긴다.
> 3. 상화중합반응으로 점성이 높아진다.
> 4. 가열분해로 황산화물질이 생겨 산패를 억제한다.

① 1, 2
② 1, 3
③ 2, 3
④ 3, 4

답 ③

✏️ **암기 노트**

> 📁 **수박선생**
>
> **생선튀김에 적합한 조리온도와 시간을 알아보자.**
> - 생선튀김은 180도에서 2~3분 튀긴다.
> - 생선이 살아보려고 펄떡거리면서 튀김 반죽이 사방으로 튄다.
> - 거친 주방장이 입에서 욕이 나온다. 18 이 세끼 가만히 안 있어.
> - 생선튀김 - 18(180도), 이세끼(2~3분)

48

생선튀김의 조리법으로 가장 알맞은 것은?

① 180도에서 2~3분간 튀긴다.
② 150도에서 4~5분간 튀긴다.
③ 130도에서 5~6분간 튀긴다.
④ 200도에서 7~8분간 튀긴다.

답 ①

✏️ **암기 노트**

49

배추김치를 만드는데 배추 50kg이 필요하다. 배추 1kg의 값은 1500원이고 가식부율은 90%일 때 배추구입 비용은 약 얼마인가?

① 67500원
② 75000원
③ 82500원
④ 83400원

> 📝 **수박선생**
> 가식부율이 90% 이므로 필요한 구입량을 계산해 주기 위해 나눠보자.
> 필요한50Kg÷가식부율0.9=55.6
> 55.6kg×1500원=83,400

답 ④

✏️ 암기 노트

> 📂 **수박선생**
> 단체급식의 목적에 대해 알아보자.
> - 누구를 위한 급식인지를 생각 해보자.
> - 학교-어린아이, 병원-환자, 산업체-근로자, 군대-군인
> - 군대 밥의 목적은 나라를 지키는데 필요한 체력 유지이다.

50

단체급식 시설별 고유의 목적과 거리가 먼 것은?

① 학교급식 - 편식교정
② 병원급식 - 건강회복 및 치료
③ 산업체급식 - 작업능률향상
④ 군대급식 - 복지향상

답 ④

✏️ 암기 노트

> 📁 **수박선생**
>
> **잠함병에 대해 알아보자.**
> - 잠함병은 잠수부들이 주로 걸리는 병이다.
> - 잠수부는 심해에 고압탱크 짊어지고 들어 간다.
> - 잠수부(잠함병), 고압탱크(고압), 짊어지고 (질소)

51

잠함병의 발생과 가장 밀접한 관계를 갖고 있는 환경요소는?

① 고압과 질소
② 저압과 산소
③ 고온과 이산화탄소
④ 저온과 일산화탄소

답 ①

✏️ **암기 노트**

> 📁 **수박선생**
>
> **국가의 보건수준 지표에 대해 알아보자.**
> - 국가의 보건수준 지표는 영아사망율이다.
> - 영아는 혼자서 거주지역을 이탈할 능력이 없고 아프면 보호자와 함께 병원에 바로 오게 되므로 공식적 통계가 용이하다.

52

국가의 보건수준이나 생활수준을 나타내는데 가장 많이 이용되는 지표는?

① 병상이용률
② 의료보험 수혜자수
③ 영아사망률
④ 조출생률

답 ③

✏️ **암기 노트**

> 📁 수박선생
>
> **숙주 없이 감염될 수 있는 기생충에 대해 알아보자.**
> - 숙주 없이 감염되는 기생충은 회충이다.
> - 회는 중간 조리과정 필요 없이 바로 회를 떠서 먹는다.
> - 마찬가지로 회충은 중간 숙주 없이 바로 감염될 수 있다.

53

중간 숙주 없이 감염이 가능한 기생충은?

① 아나사키스충
② 회충
③ 폐흡충
④ 간흡충

답 ②

✏️ 암기 노트

> 📁 수박선생
>
> **법정 감염병에 대해 알아보자.**
> - 감염병 분류기준은 1군 식수나 식품 방어, 2군 예방접종 방어, 3군 간헐적 유행 시 방어가 필요한가이다.
> - 이질은 물로 인해 전파되므로 1군이다.

54

법정 3군감염병이 아닌 것은?

① 결핵
② 세균성 이질
③ 한센병
④ 에이즈

답 ②

✏️ 암기 노트

> 📁 **수박선생**
>
> **동물과 연관된 감염병에 대해 알아보자.**
> - 디프테리아 감염은 파리와 관련 있다.
> * 데리아 햄버거 쓰레기통에 왠 파리가 윙윙
> * 데리아(디프테리아) - 파리

55

동물과 관련된 감염병의 연결이 틀린 것은?

① 소 - 결핵
② 고양이 - 디프테리아
③ 개 - 광견병
④ 쥐 - 페스트

답 ②

✏️ **암기 노트**

> 📁 **수박선생**
>
> **접촉감염지수 순위를 알아보자.**
> - 1위는 홍역이다.
> - 홍역 > 백일해 > 성홍열 > 디프테리아 > 폴리오
> - 홍열씨는 어렸을 때, 많이 아파서 접촉도 못하게 병원에서 막아 백일이 되서야 이름을 가졌다고 한다.
> - 붉은 핏덩이가 백일이 지나서 홍열이라 이름을 지어주었다. 기념으로 롯데리아에서 파티를 하니 지인들이 몰리었다.
> - 붉은 핏덩이(홍역) 백일(백일해) 홍열(성홍열) 롯데리아(디프테리아) 몰리었다.(폴리오)
> - 순서대로 접촉감염지수가 높은 위험 순이다.

56

접촉감염지수가 가장 높은 질병은?

① 유행성이하선염
② 홍역
③ 성홍열
④ 디프테리아

답 ②

✏️ **암기 노트**

> 📁 수박선생
> **식품과 연관된 기생충에 대해 알아보자.**
> - 소고기 기생충은 무구조충이다.
> - 소고기 무국(**무구조충**)
> - 돼지 기생충은 유구조충이다.
> - 돼겠어유 안돼겠어유, 돼지유? 돼지 - 유구조충

57

기생충과 인체감염원인 식품의 연결이 틀린 것은?

① 유구조충 - 돼지고기
② 무구조충 - 민물고기
③ 동양모양선충 - 채소류
④ 아니사키스충 - 바다생선

답 ②

✏️ 암기 노트

> 📁 수박선생
> **소음에 의한 피해에 대해 알아보자.**
> - 소음이 클래식 음악이 아니기에 맥박이나 혈압이 내려가지는 않는다.
> - 보통 소음은 이런 현상이 만든다 "야 조용히 안 해, 아! 혈압 올라"

58

소음으로 인한 피해와 거리가 먼 것은?

① 불쾌감 및 수면장애
② 작업능률 저하
③ 위장기능 저하
④ 맥박과 혈압의 저하

답 ④

✏️ 암기 노트

> 📁 **수박선생**
>
> **모성사망률에 대해 알아보자.**
> 모성사망률은 엄마로서 임신, 분만에 관련된 질병, 합병증과 관계가 있다.

59

모성사망률에 관한 설명으로 옳은 것은?

① 임신, 분만과 관계되는 질병 및 합병증에 의한 사망률
② 임신 4개월 이후의 사태아 분만률
③ 임신 중에 일어난 모든 사망률
④ 임신 28주 이후 사산과 생후 1주 이내 사망률

답 ①

✏️ **암기 노트**

> 📁 **수박선생**
>
> **진개처리법의 종류에 대해 알아보자.**
> - 진개처리법에는 매립법, 소각법, 비료화법 등이 있다.
> - 진개는 쓰레기라는 한자어로 암기하기 쉽게 진짜 개쓰레기의 약자라고 생각 합시다.
> - 쓰레기 처리법은 땅에 묻거나(매립), 태워버리거나(소각), 음식 쓰레기의 경우 썩게 만드는 것입니다.(비료)
> - 활성슬러지법은 오수처리 방법입니다.

60

진개처리법과 가장 거리가 먼 것은?

① 매립법
② 소각법
③ 비료화법
④ 활성슬러지법

답 ④

✏️ **암기 노트**

기출 8. 암기비법 480

> 📁 **수박선생**
>
> 육류 부패 시 생성되는 물질에 대해 알아보자.
> - 육류가 죽으면 부패과정에서 암모니아 냄새가 나게 된다.
> - 왜냐면 황천길은 먼 길이다.
> - 중간에 휴게소에 들러 소변도 봐야 하기 때문에 암모니아 냄새가 난다.

> 📁 **수박선생**
>
> 히스타민과 연관된 물고기를 알아보자.
> - 히스타민은 가다랑어에 많이 함유되어 있다.
> - 노처녀 히스테리는 무섭기로 유명하다.
> - 노처녀 히스테리엔 그냥 지나 가는 것이 상책이다.
> - 히스테리(히스타민) 그냥 지나가다.(가다랑어)

01

육류의 부패 과정에서 pH가 약간 저하되었다가 다시 상승하는데 관계하는 것은?

① 암모니아
② 비타민
③ 글리코겐
④ 지방

답 ①

✏️ **암기 노트**

02

히스타민 함량이 많아 가장 알레르기성 식중독을 일으키기 쉬운 어육은?

① 넙치
② 대구
③ 가다랑어
④ 도미

답 ③

✏️ **암기 노트**

> 📁 **수박선생**
> - 공부를 안 해도 문제를 읽으면 답이 보이는 문제가 5% 이상 출제된다.
> - 0점자가 많이 나오면 난이도 조절 실패라는 비난을 받기 때문에 공부 안 한 사람도 20점은 나오게 문제가 출제된다. 공부를 많이 한 수험생이 이런 문제를 접하면 혹시 함정이 있을까 하며 엉뚱한 답을 체크하는 경우가 있다. 기능사 시험은 수능시험과 달라 함정이 거의 없다 해도 과언이 아니다.
> - 빵이 부풀게 하는데 사용되는 건 팽창제다.

03

빵을 비롯한 밀가루제품에서 밀가루를 부풀게 하여 적당한 형태를 갖추게 하기 위해 사용되는 첨가물은?

① 팽창제
② 유화제
③ 피막제
④ 산화방지제

답 ①

✏️ **암기 노트**

> 📁 **수박선생**
> 포도상구균의 연관된 독소를 알아보자.
> 포도 먹고 배탈 나면 장염이다. 따라서 포도(포도상구균)와 연관된 것은 장염(장독소)

04

황색포도상구균에 의한 독소형 식중독과 관계되는 독소는?

① 장독소
② 간독소
③ 혈독소
④ 암독소

답 ①

✏️ **암기 노트**

> 📁 **수박선생**
> 곰팡이와 연관된 독소에 대해 알아보자.
> - 곰팡이의 독소는 아플라톡신, 시트리닌, 파툴린 등이 있다.
> - 어머니가 아들이 사는 지하 자취방에 들어가 봤다.
> - 곰팡이가 핀 방을 보고 깜짝 놀란다.
> - 곰팡이 시트지 붙였냐? 파란색으로 둘렀네, 병들어 아플라
> - 곰팡이 시트지(시트리닌) 파란색 둘렀네 (파툴린) 아플라(아플라톡신)
> - 곰팡이와 연관된 독소는 시트리닌, 파툴린, 아플라톡신이다.
> - 엔트로 톡신은 포도상구균과 관련이 있다.

05

곰팡이에 의해 생성되는 독소가 아닌 것은?

① 아플라톡신
② 시트리닌
③ 엔트로톡신
④ 파툴린

답 ③

✏️ **암기 노트**

> 📁 **수박선생**
> 열경화성 합성수지 유독물질에 대해 알아보자.
> - 열경화성 합성수지의 유독물질은 포름알데히드이다.
> - 열경화성이란 열을 가하면 딱딱하게 굳는 것을 말한다.
> - 열은 영어로 히트, 열경화성과 관련 있는 유독물질은 히트가 들어간 포름알데(히트)

06

열경화성 합성수지제 용기의 용출시험에서 가장 문제가 되는 유독 물질은?

① 메탄올
② 아질산염
③ 포름알데히드
④ 연단

답 ③

✏️ **암기 노트**

> 📁 **수박선생**
>
> **식품과 연관된 유독성분을 알아보자.**
> - 감자의 독은 쏠라닌이다.
>   강원도에서는 기념일에 감자를 쏜다고 한다.
>   오늘 내가 (감자) 쏠라니까(쏠라닌)
>   감자 유독성분은 솔라닌
> - 모시조개의 독은 베네루핀이다.
>   모시 어드레, 눈에 뵈는 것이 없네
>   모시, 뵈는게 없네(베네)
>   모시조개의 유독성분은 베네루핀
> - 독미나리의 독은 시큐독신이다.
>   독일, 미국 나리들이 보안을 유지하며 독의 신을 능가할 생화학무기를 만들고 있다.
>   참고로 보안은 영어로 시큐리티다.
>   독일/미국나리(독미나리), 보안(시큐) 독의 신(독신)
>   독미나리의 유독성분은 시큐독신

07

동물성 식품에서 유래하는 식중독 유발 유독성분은?

① 아마니타톡신
② 솔라닌
③ 베네루핀
④ 시큐톡신

답 ③

✏️ **암기 노트**

> 📁 **수박선생**
>
> **사용목적과 연관된 식품첨가물을 알아보자.**
> - 소포제의 식품첨가물은 규소수지이다.
>   규수감 수지는 인기가 많아 선물 소포를 많이 받는다고 한다.
>   소포(소포제) – 규수(규소수지)
> - 껌기초제의 식품첨가물은 초산비닐수지이다.
>   분만실에 산모가 초산인데 껌을 질겅질겅 씹고 들어와 깜짝 놀랐다.
>   초산 – 껌기초제

08

사용목적별 식품첨가물의 연결이 틀린 것은?

① 착색료 : 철클로로필린나트륨
② 소포제 : 초산비닐수지
③ 표백제 : 메타중아황산칼륨
④ 감미료 : 삭카린나트륨

답 ②

✏️ **암기 노트**

> 📁 **수박선생**
>
> **역성비누 사용법에 알아보자.**
> - 손 씻을 때 선배가 왜 비누를 섞어 쓰냐 고 역성을 낸다.
> - 비누 좀 사용했다고 뭐라하는 선배가 야속 했지만 깊은 뜻이 있었다.
> - 역성비누액만 단독으로 사용해야 살균효과가 좋기 때문이다.

09

식품취급자가 손을 씻는 방법으로 적합하지 않은 것은?

① 살균효과를 증대시키기 위해 역성비누액에 일반 비누액을 섞어 사용한다.
② 팔에서 손으로 씻어 내려온다.
③ 손을 씻은 후 비눗물을 흐르는 물에 충분히 씻는다.
④ 역성비누원액을 몇 방울 손에 받아 30초 이상 문지르고 흐르는 물로 씻는다.

답 ①

✏️ **암기 노트**

> 📁 **수박선생**
>
> **신경마비증상을 나타내는 식중독균을 알아보자.**
> - 신경마비증상을 나타내는 식중독균은 클로스트리디움 보툴리늄균이다.
> - 드라마 애청자는 원본과는 달리 주인공이 마지막에 죽는 것을 원하지 않는 경우가 많다.
> - 시청자를 위해 감독이 주인공을 살리자 작가가 말한다.
> - 신경마비로 죽는 클로즈스토리 왜 빠뜨리누
> - 신경마비로 죽는, 클로즈스토리(클로스트리디움) 빠트리누(보투리늄균)
> - 신경마비와 연관된 식중독균은 클로스트리디움 보툴리늄균이다.
> - 필기시험에서는 클로즈스토리 빠뜨리누로 외워도 객관식 문항에서 답을 찾을 수 있다.

10

사시, 동공확대, 언어장해 등 특유의 신경마비 증상을 나타내며 비교적 높은 치사율을 보이는 식중독 원인균은?

① 황색 포도상구균
② 클로스트리디움 보툴리늄균
③ 병원성 대장균
④ 바실러스 세레우스균

답 ②

✏️ **암기 노트**

> 📁 **수박선생**
> - 식품의 포장에 표시해야 하는 건 내용물의 중요한 성분과 많이 먹으면 안 좋은 성분량을 기재해야 한다.
> - 기본적인 탄수화물, 지방, 단백질 양 그리고 소금, 콜레스테롤, 열량
> - 건강을 챙기거나 다이어트 하는 사람은 열량 높고, 짜거나 기름진 것을 싫어하기 때문이다.

11

식품 등의 표시기준에 의해 표시해야 하는 대상성분이 아닌 것은?

① 나트륨
② 지방
③ 열량
④ 칼슘

답 ④

✏️ **암기 노트**

> 📁 **수박선생**
> 식품 판매 시 못 먹을 음식을 팔거나, 영업 신고없이 음식을 팔면 안 된다.

12

식품 등을 판매하거나 판매할 목적으로 취급할 수 있는 것은?

① 병을 일으키는 미생물에 오염되었거나 그 염려가 있어 인체의 건강을 해칠 우려가 있는 식품
② 포장에 표시된 내용량에 비하여 중량이 부족한 식품
③ 영업의 신고를 하여야 하는 경우에 신고하지 아니한 자가 제조한 식품
④ 썩거나 상하거나 설익어서 인체의 건강을 해칠 우려가 있는 식품

답 ②

✏️ **암기 노트**

> 📁 **수박선생**
>
> **식품공정상 표준온도에 대해 알아보자.**
> - 표준온도란 서늘한 실내 온도로 20도 정도 보면 된다.
> - 실내온도 15도 이하는 추워서 감기 걸리기 때문에 표준온도가 될 수 없다.

13

식품공정상 표준온도라 함은 몇 ℃ 인가?

① 5℃
② 10℃
③ 15℃
④ 20℃

답 ④

✏️ **암기 노트**

> 📁 **수박선생**
>
> **식품접객업에 대해 알아보자.**
> - 식품접객업이란 식품을 먹으러 오는 고객을 받는 업종이다.
> - 유흥주점도 술과 안주를 먹으러 고객이 방문하는 곳이므로 식품접객업에 포함된다.
> - 제조, 가공업소는 식품을 먹기 위해 방문하는 곳은 아니기에 식품접객업은 아니다.

14

다음 영업의 종류 중 식품접객업이 아닌 것은?

① 보건복지부령이 정하는 식품을 제조, 가공 업소 내에서 직접 최종소비자에게 판매하는 영업
② 음식류를 조리, 판매하는 영업으로서 식사와 함께 부수적으로 음주행위가 허용되는 영업
③ 집단급식소를 설치, 운영하는 자와의 계약에 의하여 그 집단급식소 내에서 음식류를 조리하여 제공하는 영업
④ 주로 주류를 판매하는 영업으로서 유흥종사자를 두거나 유흥시설을 설치할 수 있고 노래를 부르거나 춤을 추는 행위가 허용되는 영업

답 ①

✏️ **암기 노트**

> 📁 수박선생
>
> **면허취소 시 면허증 반납 기간에 대해 알아보자.**
> 면허취소 행정처분을 받은 경우 공무원은 기다려 주지 않는다.

15

식품위생법상 조리사가 면허취소 처분을 받은 경우 반납하여야 할 기간은?

① 지체 없이
② 5일
③ 7일
④ 15일

답 ①

✏️ 암기 노트

> 📁 수박선생
>
> **필수 아미노산에 대해 알아보자.**
> - 필수 아미노산은 트레오닌, 이소루신, 매티오닌, 트레오닌, 트립토판, 페닐알라닌, 발린 등이 있다.
> - 이소룡(이소루신), 발리(발린), 폐급알라딘(페닐알라닌), 매트오너(메티오닌), 트럭오너(트레오닌), 트럭총판(트립토판) 등 이렇게 암기한다.
> - 필수 의석수(필수아미노산) 자리를 놓고 현재 트럭오너(트레오닌)인 이소룡(이소루신)과 매트래스오너(메티오닌)인 폐급알라딘(페닐알라닌)이 트럭총판(트립토판) 자리를 걸고 싸웠다.
> - 예측대로 매트오너(메티오닌)인 폐급알라딘(페닐알라닌)이 처참히 (발린) 것으로 확인 됐다.

16

필수아미노산만으로 짝지어진 것은?

① 트립토판, 메티오닌
② 트립토판, 글리신
③ 라이신, 글루타민산
④ 루신, 알라닌

답 ①

✏️ 암기 노트

> 📁 수박선생
>
> **과실 당음료에 대해 알아보자.**
> - 과실에 설탕을 섞은 음료를 스쿼시라 한다.
> - 섞었다를 외국 사람은 발음하기 어려워한다.
>   존, 섞었어 해봐! 스컸서…
>   아니, 섞!었!어! 스커서, 그래서 주스에 설탕 섞은 것을 외국에선 외국사람이 발음하기 편하게 스쿼시가 되었다.

17

과실 주스에 설탕을 섞은 농축액 음료수는?

① 탄산음료
② 스쿼시
③ 시럽
④ 젤리

답 ②

✏️ **암기 노트**

> 📁 수박선생
>
> **옥시미오글로빈에 대해 알아보자.**
> - 옥시미오글로빈은 선명한 적색을 띄는 물질이다.
> - 옥시크린 광고보면 선명하게 밝게 해준다는 광고 말이 있다.
> - 옥시가 들어가면 선명한 것을 찾아야 한다.
> - 글로빈, 어디서 많이 들어 봤을 것이다. 헤모글로빈
> - 헤모글로빈은 적혈구 속에 존재한다. 따라서 적색이다. 따라서 옥시미오글로빈은 선명한 적색이다.

18

신선한 생육의 환원형 미오글로빈이 공기와 접촉하면 분자상의 산소와 결합하여 옥시미오글로빈으로 되는데 이때의 색은?

① 어두운 적자색
② 선명한 적색
③ 어두운 회갈색
④ 선명한 분홍색

답 ②

✏️ **암기 노트**

> 📁 **수박선생**
>
> **동물성 색소에 대해 알아보자.**
> - 헤모글로빈은 피의 적혈구 속에 있다. 사람 몸속에 있으므로 동물과 관련 있다.
> - 클로로필은 엽록소 즉 식물과 관련이 있다.
> - 플라보노이드, 껌 광고에서 플라보노는 나뭇 잎이었기에 식물과 관련이 있다.

19

다음 물질 중 동물성 색소는?

① 클로로필
② 플라보노이드
③ 헤모글로빈
④ 안토잔틴

답 ③

✏️ **암기 노트**

> 📁 **수박선생**
>
> **천연 산화방지제에 대해 알아보자.**
> - 산화방지제에는 아스코르브, 토코페롤, BHT등이 있다.
>   산화방지제의 종류를 암기하기 위해 산화는 산불이라고 생각 해보자.
>   산불이 나자, 코브라가 살려고 내 똥꼬에 파고 들었다. 똥꼬에서 빼라!
>   산불(산화방지제) - 코브라(아스코르브), 똥꼬빼라(토코페롤)
> - 안식향산은 보존제이다.
>   사당에 할아버지 위패를 (보존)하고 편안하게(안식) 하시도록 향을 피워 드리거라 안식향은 보존제다.

20

천연 산화방지제가 아닌 것은?

① 아스코르브산
② 안식향산
③ 토코페롤
④ BHT

답 ②

✏️ **암기 노트**

> 📁 **수박선생**
> **감자 변색 방지 방법을 알아보자.**
> 감자는 공기를 차단하면 변색을 막을 수 있다. 손 쉬운 방법은 물에 담그는 것 이다.

21

감자는 껍질을 벗겨 두면 색이 변화되는데 이를 막기 위한 방법은?

① 물에 담근다
② 냉장고에 보관한다.
③ 냉동시킨다.
④ 공기 중에 방치한다.

답 ①

✏️ **암기 노트**

> 📁 **수박선생**
> 알파는 열을 가하는 것이고 베타는 굳어 지는 것이다. 따라서 열을 가해 당면을 제조 후 (알파화), 굳혀서 팔고(베타화), 먹을 때는 물에 넣고 열을 가하는 것이다.(알파화)

22

다음 보기 내용의 (   ) 안에 알맞은 용어가 순서대로 나열된 것은?

> 당면은 감자, 고구마, 녹두 가루에 첨가물을 혼합 성형하여 (   )한 후 건조, 냉각하며 (   ) 시킨 것으로 반드시 열을 가해 (   ) 하여 먹는다.

① α화-β화-α화
② α화-α화-β화
③ β화-β화-α화
④ β화-α화-β화

답 ①

✏️ **암기 노트**

> 📁 **수박선생**
> 콩의 주요성분에 대해 알아보자.
> - 콩은 물로 불려야 한다. 콩의 주성분은 글로불린(물로 불려)이다.
> - 대두의 아미노산 구성은 이렇게 암기한다. 앞 산(아미노산)에 오를 때는 라이키 신(라이신)이 발이 편하다.
> - 아미노산 조성에는 라이신이 많다.

23

대두에 관한 설명으로 틀린 것은?

① 콩 단백질의 주요 성분인 글리시닌은 글로불린에 속한다.
② 아미노산의 조성은 메티오닌, 시스테인이 많고 라이신, 트립토판이 적다.
③ 날콩에는 트립신 저해제가 함유되어 생식할 경우 단백질 효율을 저하시킨다.
④ 두유에 염화마그네슘이나 탄산칼슘을 첨가하여 단백질을 응고시킨 것이 두부이다.

답 ②

✏️ **암기 노트**

> 📁 **수박선생**
> 적자색 색소의 성분과 특성에 대해 알아보자.
> - 적자색 채소에 함유된 색소는 안토시아닌계 색소이며 수용성이다.
> - 눈에 톡하고 식초처럼 시게 들어가면 눈이 충혈되어 붉게 된다.
> - 이런 경우 빨리 물로 씻어 내야 한다.
> - 눈에 톡하고 시게(안토시아닌계), 충혈(적색), 물로 씻어(수용성)
> - 안토시아닌계 색소는 적색으로 수용성이다.

24

적자색 양배추를 채 썰어 물에 장시간 담가 두었더니 탈색되었다. 이 현상의 원인이 되는 색소와 그 성질을 바르게 연결한 것은?

① 안토시아닌계 색소 - 수용성
② 플라보노이드계 색소 - 지용성
③ 헴계 색소 - 수용성
④ 클로로필계 색소 - 지용성

답 ①

✏️ **암기 노트**

> 📁 수박선생
> - 갑상선에 관련 있는 영양소는 요오드다.
> - 요트 몰더니, 갑자기 상선을 탄다고?
> - 요트(요오드), 갑자기 상선(갑상선)

25

다음 보기에서 설명하는 영양소는?

> 인체의 미량원소로 주로 갑상선호르몬인 싸이록신과 트리아이오도싸이록신의 구성원소로 갑상선에 들어있으며 원소기호는 I이다.

① 요오드
② 철
③ 마그네슘
④ 셀레늄

답 ①

✏️ 암기 노트

> 📁 수박선생
> **전분에 대해 알아보자.**
> 전분은 감자에 많이 함유되어 있고 식물성이다.

26

전분에 대한 설명으로 <u>틀린</u> 것은?

① 아밀로오즈와 아밀로펙틴의 비율이 2:8이다.
② 식혜, 엿은 전분의 효소 작용을 이용한 식품이다.
③ 동물성 탄수화물로 열량을 공급한다.
④ 가열하면 팽윤되어 점성을 갖는다.

답 ③

✏️ 암기 노트

> 📁 **수박선생**
> **박력분에 대해 알아보자.**
> - 글루탱이 적은 것이 박력분이다.
> - 글루탱이 적다는 것은 탱탱함이 적다는 것이다.
> - 탱탱함이 적다는 것은 쫄깃하지 않고 바삭한 요리에 쓰인다.
> - 마카로니, 우동은 다 쫄깃하기에 박력분이 아니다.

27

박력분에 대한 설명 중 옳은 것은?

① 마카로니 제조에 쓰인다.
② 우동 제조에 쓰인다.
③ 단백질 함량이 9% 이하이다.
④ 글루텐의 탄력성과 점성이 강하다.

답 ③

✏️ **암기 노트**

> 📁 **수박선생**
> **돼지 지방으로 만든 식품에 대해 알아보자.**
> - 동물농장에서 돼지가 탈출했습니다. 돼지가 탈출해서 지방에 뭐 하러 갈까요? 일하러 갈까요? 놀러 갈까요? 놀러 가겠죠? 돼지가 지방에 나드리 간다. 돼지 지방, 나드리(라드)
> - 돼지 지방으로 라드를 만듭니다.

28

돼지의 지방조직을 가공하여 만든 것은?

① 헤드치즈
② 라드
③ 젤라틴
④ 쇼트닝

답 ②

✏️ **암기 노트**

> 📁 **수박선생**
>
> 삶은 달걀 노른자에 암녹색 방지방법에 대해 알아보자.
> - 삶은 달걀을 찬물에 넣으면 노른자 색이 덜 변하는 이유는 색을 변하게 하는 기체성분이 껍질 밖으로 나가기 때문이다.
> - 껍질 잘 까지라고 찬물에 넣는 것 외에 1석 2조의 효과가 있는 것이다.

29

달걀을 삶은 직후 찬물에 넣어 식히면 노른자 주위의 암녹색의 황화철이 적게 생기는데 그 이유는?

① 찬물이 스며들어가 황을 희석시키기 때문
② 황화수소가 난각을 통하여 외부로 발산되기 때문
③ 찬물이 스며들어가 철분을 희석하기 때문
④ 외부의 기압이 낮아 황과 철분이 외부로 빠져 나오기 때문

답 ②

✏️ **암기 노트**

30

고등어 100g당 단백질량이 20g, 지방량이 14g이라 할 때 고등어 150g의 단백질량과 지방량의 합은?

① 34g
② 51g
③ 54g
④ 68g

> 📝 **수박선생**
>
> 고등어 100g 과 150g의 차이는 1.5배이다.
> 단백질 20g×1.5배=30
> 지방 14g×1.5배=21
> 단백질과 지방의 합=30+21=51

답 ②

✏️ **암기 노트**

> 📁 수박선생
>
> **단체급식의 목적에 대해 알아보자.**
> - 단체급식은 관련시설에서 취식자의 공공 목적에 따른다.
> - 작업능률과 관련 있는 것은 생산회사이다.

31

급식시설 종류별 단체급식의 목적으로 <u>틀린</u> 것은?

① 학교급식 - 심신의 건전한 발달과 올바른 식습관 형성
② 군대급식 - 체력 및 건강증진으로 체력단련 유도
③ 사회복지시설 - 작업능률을 높이고, 효과적인 생산성의 향상
④ 병원급식 - 환자상태에 따라 특별식을 급식하여 질병 치료나 증상 회복을 촉진

답 ③

✏️ 암기 노트

> 📁 수박선생
>
> **전자렌지 조리 원리에 대해 알아보자.**
> - 전자렌지는 전자파 그 중 초단파를 이용한다.
> - 전자파라고 많이 들어 봤을 것이다.
> - 전자 하면 파로 끝나는 답을 찾아야 한다.

32

전자레인지의 주된 조리 원리는?

① 복사
② 전도
③ 대류
④ 초단파

답 ④

✏️ 암기 노트

> 📁 수박선생
>
> **식재료와 달걀의 어떤 점을 이용한 것인지 알아보자.**
> - 달걀은 잘게 자른 재료의 결합제로도 사용된다.
> - 만두 속에 두부와 파, 채소 등을 뭉칠 때 서로 뭉치도록 끈적임을 제공한다.

33

달걀의 이용이 바르게 연결된 것은?

① 농후제-크로켓
② 결합제-만두속
③ 팽창제-커스터드
④ 유화제-푸딩

답 ②

✏️ 암기 노트

> 📁 수박선생
>
> **황화수소의 특성에 대해 알아보자.**
> 달걀 노른자를 녹색으로 변하게 하는 황화수소는 황화수소 자체가 녹색이 아니라 황화제1철 성분이 녹변을 만드는 것이다.

34

달걀 삶기에 대한 설명 중 <u>틀린</u> 것은?

① 달걀을 완숙하려면 98 ~ 100℃의 온도에서 12분 정도 삶아야 한다.
② 삶은 달걀을 냉수에 즉시 담그면 부피가 수축하여 난각과의 공간이 생기므로 껍질이 잘 벗겨진다.
③ 달걀을 오래 삶으면 난황 주위에 생기는 황화수소는 녹색이며 이로 인해 녹변이 된다.
④ 달걀은 70℃ 이상의 온도에서 난황과 난백이 모두 응고한다.

답 ③

✏️ 암기 노트

> 📁 **수박선생**
> - 식품조리 목적의 출제 의도는 질병치료 목적이 아니라는 점을 알고 있는 지이다.
> - 질병예방과 치료는 제약의 목적이지 조리의 목적이 아니다.
> - 만약 질병예방과 치료를 식품조리의 목적으로 천명한다면 의료계와 식품계의 밥그릇을 놓고 치열한 공방전이 생긴다. 식품광고에 아무리 몸에 좋은 음식이라도 어떤 병에 치료효과가 있다고 하면 과장광고가 되는 이유이기도 하다.

35

식품조리의 목적과 가장 거리가 먼 것은?

① 식품이 지니고 있는 영양소 손실을 최대한 적게 하기 위해
② 각 식품의 성분이 잘 조화되어 풍미를 돋구게 하기 위해
③ 외관상으로 식욕을 자극하기 위해
④ 질병을 예방하고 치료하기 위해

답 ④

✏️ **암기 노트**

> 📁 **수박선생**
> **신선한 식재료 감별법에 대해 알아보자.**
> 육류는 탄력 있는 것이 신선한 것이다.

36

식품구입시의 감별방법으로 틀린 것은?

① 육류가공품인 소시지의 색은 담홍색이며 탄력성이 없는 것
② 밀가루는 잘 건조되고 덩어리가 없으며 냄새가 없는 것
③ 감자는 굵고 상처가 없으며 발아되지 않은 것
④ 생선은 탄력이 있고 아가미는 선홍색이며 눈알이 맑은 것

답 ①

✏️ **암기 노트**

37

감자 150g을 고구마로 대체하려면 고구마 약 몇g이 있어야 하는가?(단, 당질 함량은 100g 당 감자 15g, 고구마 32g)

① 21g
② 44g
③ 66g
④ 70g

> 📝 **수박선생**
> 문제에서 원하는 것은 당질의 함량을 서로 같게 하자는 것이다.
> 감자 150g×당질 15g=고구마 몇g×당질 32g
> 고구마 몇g=(감자 150g×당질 15g)÷당질 32g=70.3

답 ④

✏️ **암기 노트**

> 📂 **수박선생**
> 과일 성숙에 따른 변화에 대해 알아보자.
> - 과일이 성숙하면 단맛이 증가된다.
> - 감을 생각해보자, 처음엔 떫지만 시간이 지나면 달콤해 진다. 따라서 과일이 성숙해지면서 떫은 맛 즉 탄닌은 감소하게 된다.
> - 탄닌은 떫은 맛이다.
>   "그거 탔니? 떫은 탄 맛이 난다." 탄니(**탄닌**)은 떫은 맛

38

과일이 성숙함에 따라 일어나는 성분변화가 아닌 것은?

① 과육은 점차로 연해진다.
② 엽록소가 분해되면서 푸른색은 엷어 진다.
③ 비타민C와 카로틴 함량이 증가한다.
④ 탄닌은 증가한다.

답 ④

✏️ **암기 노트**

> 📁 **수박선생**
> 마요네즈통에 신선한 마요네즈를 조금 넣으면 기름 분리를 늦춰 준다.

39

마요네즈가 분리되는 경우가 <u>아닌</u> 것은?

① 기름의 양이 많았을 때
② 기름을 첨가하고 천천히 저어주었을 때
③ 기름의 온도가 너무 낮을 때
④ 신선한 마요네즈를 조금 첨가했을 때

답 ④

✏️ 암기 노트

> 📁 **수박선생**
> **젤라틴의 용도에 대해 알아보자.**
> - 젤라틴은 아이스크림, 마시멜로우, 족편에 쓰인다.
> - 젤라틴 하면 본젤라또를 떠올리자.
> - 본은 영어로 뼈이고 뼈에 붙은 연골조직에 젤라틴 성분이 함유되어 있다.
> - 본젤라또는 아이스크림 브랜드이다.
> - 양갱은 한천으로 만들고 식물성이다.

40

일반적으로 젤라틴이 사용되지 <u>않는</u> 것은?

① 양갱
② 아이스크림
③ 마시멜로우
④ 족편

답 ①

✏️ 암기 노트

> 📁 수박선생
>
> **쌀의 물 흡수량에 대해 알아보자.**
> - 쌀은 보통 1.5배의 물을 흡수한다.
> - 밥을 할 때 밥솥에 물을 넣고 적당한지 손을 넣어 본다.
> - 일반적으로 손등을 덮지 않을 정도로 물량을 맞추는데 그 물 높이가 2cm 미만이다.
> - 어려우면 1배라 생각하고 뜸도 필요하니 물량을 좀 더 넣어준다고 생각하자.

41

일반적으로 맛있게 지어진 밥은 쌀 무게의 약 몇 배 정도의 물을 흡수하는가?

① 1.2~1.4배
② 2.2~2.4배
③ 3.2~4.4배
④ 4.2~5.4배

답 ①

✏️ **암기 노트**

> 📁 수박선생
>
> **생선 맛이 좋아지는 시기에 대해 알아보자.**
> - 생선은 산란기 전에 맛이 좋다.
> - 생선의 맛은 쫄깃함을 기준으로 하는데, 생선은 수영으로 다져진 운동 살인데 산란기 때 부터는 뱃 속 아기에게 신경 써야 하기 때문에 예전처럼 운동을 잘 못한다.
> - 산란기 이후 몇 개월 까지도 산후조리 차원에서 예전처럼 운동을 잘 못한다. 따라서 산란기 전에 생선 맛이 제일 좋다.

42

일반적으로 생선의 맛이 좋아지는 시기는?

① 산란기 몇 개월 전
② 산란기 때
③ 산란기 직후
④ 산란기 몇 개월 후

답 ①

✏️ **암기 노트**

> 📁 **수박선생**
>
> 급속해동법에 어울리는 식품에 대해 알아보자.
> - 급속해동은 냉동피자, 냉동만두와 같은 제품에 어울린다.
> - 육류, 어류 등 고기는 육질의 손상을 최소화 하기위해 냉동고에서 냉장고로 옮겨 해동 시켜야 한다.

43

다음 식품 중 직접 가열하는 급속해동법이 많이 이용되는 것은?

① 생선
② 소고기
③ 냉동피자
④ 닭고기

답 ③

✏️ 암기 노트

> 📁 **수박선생**
>
> 두부에 새우젓국을 넣어 끓이면, 간수를 넣어 두부가 응고되듯이 짠 새우젓국을 넣으면 단단해 지지 않을까 생각할 수 있겠지만, 소금 량이 많아져 끓는 온도가 높아지고 따라서 더 오래 끓이게 되므로 부드러워진다.

44

다음 보기의 (   ) 안에 알맞은 말은?

두부를 새우젓국에 끓이면 물에 끓이는 것보다 더 (   )

① 단단해진다.
② 부드러워진다.
③ 구멍이 많이 생긴다.
④ 색깔이 하얗게 된다.

답 ②

✏️ 암기 노트

> 📁 수박선생
>
> **식재료와 매운 맛 성분에 대해 알아보자.**
> - 마늘의 매운 맛 성분은 알리신이다.
>   복싱의 신인 무하마드 알리도 마누라에겐 찍 소리 못한다 한다 : 알리(알리신), 마누라(마늘)
> - 생강의 매운 맛 성분은 진저롤이다.
>   생강차 매운 맛에 진절머리가 난다 : 생강차(생강), 진절머리(진저롤)
> - 고추의 매운 맛 성분은 캡사이신이다.
>   남자들은 포경수술을 하게 되면 상처 아물 때까지 캡을 싸 메고 다닌다 : 캡 싸 메고(캡사이신)
> - 호박산은 신맛 성분으로 조개나 김치에서 나온다.

45

식미에 긴장감을 주고 식욕을 증진시키며 살균작용을 돕는 매운맛 성분의 연결이 <u>틀린</u> 것은?

① 마늘 - 알리신
② 생강 - 진저롤
③ 산초 - 호박산
④ 고추 - 캡사이신

　　　　　　　　　　　　　　　　📋 ③

✏️ **암기 노트**

> 📁 수박선생
>
> **닭고기의 살이 분홍색인 경우에 대해 알아보자.**
> - 분홍색은 근육의 화학적 반응에 의한 것으로 먹어도 된다.
> - 객관식을 맞추는 팁 하나 소개한다.
> - 보기 중 먹지 못한다가 2건 먹어도 된다가 1건이라면 정답은 먹어도 된다가 정답이다.
> - 객관식의 답이 2개 이상이 나올 수 없기 때문이다.

46

닭튀김을 하였을 때 살코기 색이 분홍색을 나타내는 것은?

① 변질된 닭이므로 먹지 못한다.
② 병에 걸린 닭이므로 먹어서는 안 된다.
③ 근육성분의 화학적 반응이므로 먹어도 된다.
④ 닭의 크기가 클수록 분홍색 변화가 심하다.

　　　　　　　　　　　　　　　　📋 ③

✏️ **암기 노트**

> 📁 수박선생
> 오이의 녹갈색 변색 원인에 대해 알아보자.
> - 오이의 녹갈색 변색 원인은 페오피틴 때문이다.
> - 어머니가 오이 팩을 했는데 녹색이었던 오이가 말라서 누렇게 됐다.
> - 오이, 팩(페오피틴) 정도로만 기억하자.

47

오이피클 제조 시 오이의 녹색이 녹갈색으로 변하는 이유는?

① 클로로필리드가 생겨서
② 클로로필린이 생겨서
③ 페오피틴이 생겨서
④ 잔토필이 생겨서

답 ③

✏️ 암기 노트

> 📁 수박선생
> 표준조리레시피 기재사항에 대해 알아보자.
> - 레시피 기재 사항에 단가는 기재할 필요 없다.
> - 단가 나오는 레시피를 본 적은 없을 것이라 생각 한다.

48

표준조리레시피를 만들 때 포함되어야 할 사항이 아닌 것은?

① 메뉴명
② 조리시간
③ 1일 단가
④ 조리방법

답 ③

✏️ 암기 노트

> 📁 수박선생
>
> **매월 고정비에 대해 알아보자.**
> - 매월 고정된 비용은 감가상각비다.
> - 나머지 비용들은 상황에 따라 인상될 수도 적을 수도 또는 없을 수도 있다.

49

매월 고정적으로 포함해야 하는 경비는?

① 지급운임
② 감가상각비
③ 복리후생비
④ 수당

 ②

✏️ 암기 노트

> 📁 수박선생
>
> **원가 산출 공식에 대해 알아보자.**
> - 담배를 좋아하는 노무현 대통령이 담배가격이 올라 불만이었다. 어느 날 (노무)현 대통령이 담배공사 지나다가 (경비)원에게 (재료)비가 얼만지 (직접) 물어보러 갔다.
>   **노무+경비+재료=직접원가**
> - 대통령 신분을 밝히고 (직접) 물어볼까 하다가(간접)적으로 (제조)하는데 얼마 들어가는지 물어보기로 마음을 바꿨다.
>   **직접+간접=제조원가**
> - 경비원이 대통령인지 모르고 담배가게 하려는 상인이라 생각하고 귀찮다는 듯 말한다.
>   (제조원가)는 왜 물으세요? (판매관리) 하려고요? 대통령이 말씀하길 어데요 (총) 맞았습니까?
>   **제조원가+판매관리=총원가**
> - (총) 맞기 싫으면 어여 갈 길 가세요, (이익)은 많은데 아무나 못 (팝니다)
>   **총원가+이익=판매가격**

50

다음 자료에 의해서 총원가를 산출하면 얼마인가?

- 직접재료비 170000원
- 간접재료비 55000원
- 직접노무비 80000원
- 간접노무비 50000원
- 직접경비 5000원
- 간접경비 65000원
- 판매경비 5500원
- 일반관리비 10000원

① 425000원
② 430500원
③ 435000원
④ 440500원

 ④

> 📁 **수박선생**
> **감염병의 감염경로에 대해 알아보자.**
> - 폴리오는 음식물에 의해 감염되는 것이다.
> - 해장국을 먹으니 속이 풀리오(폴리오)

51

감염병과 주요한 감염경로의 연결이 틀린 것은?

① 공기 감염-폴리오
② 직접 접촉감염-성병
③ 비말 감염-홍역
④ 절지동물 매개-황열

답 ①

✏️ **암기 노트**

> 📁 **수박선생**
> - 인공능동면역이란 인간 스스로 병원에 찾아가 예방주사 접종하면 면역이 생기는 것을 말한다.
> - 해장국을 먹으니 속이 풀리오(폴리오), 폴리오는 음식물에 의해 감염
> - 해장국을 먹으려면 인간이 스스로 가게에 찾아가서 먹어야 한다.
> - 다시 말하면 폴리오는 인공능동면역에 관계가 있다.

52

인공능동면역에 의하여 면역력이 강하게 형성되는 감염병은?

① 이질
② 말라리아
③ 폴리오
④ 폐렴

답 ③

✏️ **암기 노트**

> 📁 **수박선생**
> **하수처리방법에 대해 알아보자.**
> - 하수처리방법 중 메탄가스가 많이 발생되는 처리법은 혐기성처리법이다.
> - 작업 중에 메탄가스가 많이 발생되면 좋은가? 싫은가?
> - 혐오스러운 가스 냄새가 나기 때문에 혐기성이다. 싫은 사람을 혐오스럽다 말하듯 말이다.

53

하수처리방법 중에서 처리의 부산물로 메탄가스 발생이 많은 것은?

① 활성오니법
② 살수여상법
③ 혐기성처리법
④ 산화지법

답 ③

✏️ **암기 노트**

> 📁 **수박선생**
> **감염병과 연관된 곤충에 대해 알아보자.**
> - 이로 저기 있는 재 귀를 깨물어 보라, 열 낼 거다 아마도 : 이, 재귀열
> - 밤새 모기가 피 빨아 먹어 피를 말리네 : 모기, 피말리네(말라리아)
> - 인플루엔자는 바이러스다. 많이 알려진 건 조류 독감 바이러스다.
> - 진드기 같은 놈, 쯧쯧 가자 무시 해버려 : 진드기, 쯔쯔가무시

54

곤충을 매개로 간접 전파되는 감염병과 가장 거리가 먼 것은?

① 재귀열
② 말라리아
③ 인플루엔자
④ 쯔쯔가무시병

답 ③

✏️ **암기 노트**

> 📁 **수박선생**
> **DPT와 연관된 감염병에 대해 알아보자.**
> - DPT와 연관된 감염병은 백일해, 파상풍, 디프테리아이다.
> - DPT를 댄스파티의 약자로 생각해보자. 백일기념으로 파도풀이 보이는 곳으로 예약한 호텔이야, 여기서 댄스파티하자.
> - 백일(백일해), 파도풀(파상풍), 호텔이야(디프테리아) - 댄스파티(DPT)

55

DPT 예방접종과 관계없는 감염병은?

① 페스트
② 디프테리아
③ 백일해
④ 파상풍

답 ①

✏️ **암기 노트**

> 📁 **수박선생**
> 살균력 하면 "균들아, 영원히 자도록 만들어 주마!" 한다고 해서 자외선이 가장 세다.

56

미생물에 대한 살균력이 가장 큰 것은?

① 적외선
② 가시광선
③ 자외선
④ 라디오파

답 ③

✏️ **암기 노트**

> 📁 수박선생
> **군집독의 원인에 대해 알아보자.**
> - 군집독이란 막힌 공간에 사람이 많이 모이면 발생될 수 있는 것으로, 산소부족, 실내기온 증가도 원인이겠지만 가장 큰 원인은 공기의 이화학적 조성 변화이다.
> - 어떤 사람은 청국장 먹고 오고 어떤 사람은 생선 먹고 오고, 어떤 사람은 삽결살 먹고 오고
> - 서로 모여 놓으면 꾸리꾸리한 냄새로 불쾌감, 구토, 두통을 유발하게 한다.

57

군집독의 가장 큰 원인은?

① 실내 공기의 이화학적 조성의 변화 때문이다.
② 실내의 생물학적 변화 때문이다.
③ 실내공기 중 산소의 부족 때문이다.
④ 실내기온이 증가하여 너무 덥기 때문이다.

답 ①

✏️ **암기 노트**

> 📁 수박선생
> **영아사망률에 대해 알아보자.**
> 영아 사망률은 생후 1년도 안돼 사망한 수이다.

58

영아사망률을 나타낸 것으로 옳은 것은?

① 1년간 출생수 1000명당 생후 7일 미만의 사망수
② 1년간 출생수 1000명당 생후 1개월 미만의 사망수
③ 1년간 출생수 1000명당 생후 1년 미만의 사망수
④ 1년간 출생수 1000명당 전체 사망수

답 ③

✏️ **암기 노트**

> 📁 **수박선생**
> **예방접종의 의미에 대해 알아보자.**
> - 예방접종은 병원소의 제거가 아니라 감수성 숙주의 관리에 있다.
> - 감수성이란 병균이 몸에 들어와도 감수할 수 있느냐 다시 말해서 감당할 수 있는지를 말한다.
> - 예방접종은 병균을 제거하는 것이 아니라 연구소에서 임상실험 거친 병균을 몸에 극소량 투입하여 스스로 감당할 수 있는 항체를 기르게 함이 목적이다.

59

예방접종이 감염병 관리상 갖는 의미는?

① 병원소의 제거
② 감염원의 제거
③ 환경의 관리
④ 감수성 숙주의 관리

답 ④

✏️ **암기 노트**

> 📁 **수박선생**
> - 사회보험은 국가에서 공적으로 관리하는 보험이다.
> - 끝에 공단(공공단체)이라 이름 붙여 이상하지 않은 것은 사회보험이다.

60

우리나라에서 사회보험에 해당되지 않는 것은?

① 생명보험
② 국민연금
③ 고용보험
④ 건강보험

답 ①

✏️ **암기 노트**

기출 9. 암기비법 540

> 📁 **수박선생**
> - 육색 유지에 관련된 식품첨가물은 종종 출제되니 암기해야 한다.
> - 발색제 - 육색고정 - 질산 세개는 한 묶음으로 외우고 있어야 한다.
> - 발육을 튼튼히 하려면 어릴 때부터 지리산을 오르도록 해봐
>   발육(발색제, 육색고정) 하려면 지리산(질산)을 오르도록 해봐

01

식육 및 어육 등의 가공육제품의 육색을 안정하게 유지하기 위하여 사용되는 식품첨가물은?

① 아황산나트륨
② 질산나트륨
③ 몰식자산프로필
④ 이산화염소

답 ②

✏️ **암기 노트**

> 📁 **수박선생**
> **식품위생 목적에 대해 알아보자.**
> - 시험은 담당 공무원 측면에서 생각해야 한다.
> - 산업의 발전은 민간회사의 영역이다.

02

식품위생의 목적이 아닌 것은?

① 위생상의 위해방지
② 식품영양의 질적 향상도모
③ 국민보건의 증진
④ 식품산업의 발전

답 ④

✏️ **암기 노트**

> 📁 **수박선생**
>
> **식품위생 목적에 대해 알아보자.**
> - 시험은 담당 공무원 측면에서 생각해야 한다.
> - 산업의 발전은 민간회사의 영역이다.

03

다음보기에서 설명하는 곰팡이 독소물질은?

> 1960년 영국에서 10만마리의 칠면조가 간장 장해를 일으켜 대량 폐사한 사고가 발생하여 원인을 조사한 결과 땅콩박에서 Aspergillus flavus가 번식하여 생성한 독소가 원인 물질로 밝혀졌다.

① 오크라톡신(ochratoxin)
② 에르고톡신(ergotoxin)
③ 아플라톡신(aflatoxin)
④ 루브라톡신(rubratoxin)

답 ③

✏️ **암기 노트**

> 📁 **수박선생**
>
> **식육 가공 시 생기는 발암물질에 대해 알아보자.**
> - 아질산염과 아민이 반응하면 발암물질인 엔니트로사민이 생성된다.
> - 옷가게에 간 어머니가 철수야 어디니? 아직 산이에요, 엥? 그럼 추울텐데 니트로 산다.
>   아직 산이에요.(아질산염), 엥? 니트로산다.(엔 니트로사민)
> - 아질산염에 의해 생기는 발암물질은 엔 니트로사민이다.

04

식육 및 어육제품의 가공시 첨가되는 아질산염과 제2급 아민이 반응하여 생기는 발암물질은?

① 벤조피렌(benzopyrene)
② PCB(polychlorinated biphenyl)
③ 엔 니트로사민(N-nitrosamine)
④ 말론알데히드(malonaldehyde)

답 ③

✏️ **암기 노트**

> 📁 **수박선생**
> - 알레르기성 식중독 문제를 풀기 위해선 히스타민, 알레르기, 모르가니균을 한세트로 암기해야 한다.
> - 노처녀 히스테리는 알다가도 모르겠어
> - 히스테리(히스타민), 알다가도(알레르기성), 모르겠어(모르가니균)

05

알레르기성 식중독에 관계되는 원인 물질과 균은?

① 아세토인(acetoin), 살모넬라균
② 지방(fat), 장염 비브리오균
③ 엔테로톡신(enterotoxin), 포도상구균
④ 히스타민(histamine), 모르가니균

답 ④

✏️ **암기 노트**

> 📁 **수박선생**
> - 술의 주성분은 에탄올 그리고 그의 이종 사촌 메탄올은 증상이 비슷하다.
> - 술 마시면 눈에 뵈는 것이 없다고 한다. 메탄올도 마찬가지 눈이 안 보이는 실명의 위험이 있다.

06

초기에 두통, 구토, 설사 증상을 보이다가 심하면 실명을 유발하는 것은?

① 아우라민
② 메탄올
③ 무스카린
④ 에르고타민

답 ②

✏️ **암기 노트**

> 📁 **수박선생**
> **감자의 부패의 원인물질에 대해 알아보자.**
> - 감자 부패에 관여하는 물질은 셉신이다.
>   세신사는 씻을 세, 몸 신, 선비 사, 목욕탕에서 몸을 씻겨 주는 분이다.
>   세신사(셉신)가 말하길 감자 너, 안 씻으면 몸 석는다.(부패)
> - 참고로 감자의 독은 솔라닌이다.
>   강원도에서는 기념일에 감자를 쏜다고 한다.
>   "오늘 내가 감자 솔라니까(솔라닌)"
> - 감자의 독은 솔라닌이고 감자를 썩게 만드는 부패에 관여하는 물질은 셉신이다.

07

감자의 부패에 관여하는 물질은?

① 솔라닌(solanine)
② 셉신(sepsine)
③ 아코니틴(aconitine)
④ 시큐톡신(cicutoxin)

답 ②

✏️ **암기 노트**

> 📁 **수박선생**
> **발육 최적온도에 대해 알아보자.**
> - 온도는 사람의 체온을 기준으로 보자.
> - 사람의 체온은 36.5도다.
> - 사람의 체온 범위를 중간온도라고 보면 된다.
> - 36.5도 정도의 온도가 최적온도인 균을 중온균이라 한다.

08

발육 최적온도가 25 ~ 37°C인 균은?

① 저온균
② 중온균
③ 고온균
④ 내열균

답 ②

✏️ **암기 노트**

> 📁 **수박선생**
> - 한식에서는 간장을 많이 사용하다 보니 간장 보존료에 대해 자주 출제된다.
> - 간장 - 보존료 - 안식향산을 세트로 암기해야 한다.
> - 술을 좋아하시던 할아버지가 간암으로 돌아가셨다.
>   아범아, 사당에 위패를 보존하고 편안히 안식할 수 있도록 향을 피워드리거라.
> - 간암(**간장**), 위패 보존(**보존제**), 안식 향(**안식향산**)

09

우리나라에서 간장에 사용할 수 있는 보존료는?

① 프로피온산(propionic acid)
② 이초산나트륨(sodium diacetate)
③ 안식향산(benzoic acid)
④ 소르빈산(sorbic acid)

답 ③

✏️ **암기 노트**

> 📁 **수박선생**
> **장독소에 의한 식중독에 대해 알아보자.**
> - 장독소에 의한 대표적 식중독이 황색포도상구균 식중독이다.
> - 장염은 매우 흔히 발생될 수 있기에 자주 출제된다.
> - enterotoxin을 풀이하면 enter 입으로 들어가면, toc 톡쏘는, xin 신맛
> - 입에 들어가면 톡 쏘는 신맛 즉 포도를 말한다.
> - 어떻게 포도가 시냐? 레몬이 시지! 이렇게 생각할 수도 있겠지만 한 입에 넣을 수 있는 신포도를 생각하자. 그래야 외우기 쉽다.

10

세균의 장독소(enterotoxin)에 의해 유발되는 식중독은?

① 황색포도상구균 식중독
② 살모넬라 식중독
③ 복어 식중독
④ 장염비브리오 식중독

답 ①

✏️ **암기 노트**

> 📁 **수박선생**
> 용기포장에 기재하는 표시의 범위에 대해 알아보자.
> - 포장에 기재할 수 있는 것은 문자, 숫자, 도형이다.
> - 포장지에 귀를 대도 음향은 들리지 않는다. 음향은 표시 대상이 아니다.

11

식품위생법상 식품, 식품첨가물, 기구 또는 용기 포장에 기재하는 "표시"의 범위는?

① 문자
② 문자, 숫자
③ 문자, 숫자, 도형
④ 문자, 숫자, 도형, 음향

답 ③

✏️ **암기 노트**

> 📁 **수박선생**
> - 면허증을 반납할 때는 지자체의 공무원 우두머리인 시, 군, 구청장에게 제출해야 한다.
> - 물론 제도가 그렇다는 이야기이고 지자체에 가면 시, 군, 구청장이 직원에게 권한 위임을 했기에 지자체 담당직원에게 제출하면 된다.
> - 제주도에 있는 사람이 면허증 반납하러 보건복지부장관이나 식약품안전처장을 만나러 세종시청사를 가는 건 매우 번거로운 일이다. 따라서 거주지의 행정조직을 관장하는 우두머리 즉 시, 군, 구청장에게 반납해야 한다.

12

조리사 면허의 취소처분을 받은 때 면허증 반납은 누구에게 하는가?

① 보건복지부장관
② 특별자치도지사, 시장, 군수, 구청장
③ 식품의약품안전처장
④ 보건소장

답 ②

✏️ **암기 노트**

> 📁 **수박선생**
> **영업허가와 영업신고의 차이에 대해 알아보자.**
> - 신고는 나 이거 합니다. 하는 것이고
> - 허가는 나 이거 해도 되나요? 하고 허락을 득하는 것이다. 따라서 관공서에서 허락을 해 주어야만 하는 건 동네에서 자주 볼 수 없는 것을 찾자.
> - 주택가 주위에 배달전문점, 치킨집, 콩나물 판매는 쉽게 볼 수 있지만 유흥주점은 아이들 교육 상 관공서 허락 없이 들어설 수 없는 영업허가업종이다…

13

영업허가를 받아야 하는 업종은?

① 식품운반업
② 유흥주점영업
③ 식품제조가공업
④ 식품소분판매업

답 ②

✏️ **암기 노트**

> 📁 **수박선생**
> **식품 위생 취급기준에 대해 알아보자.**
> - 식초나 간장, 소금 등은 냉장시설이 아닌 상온에 두고 써도 문제가 없다.
> - 객관식에서 답안에 모두라는 단어가 들어가면 의심 한번 해봐야 한다.

14

식품위생법에서 정하고 있는 식품 등의 위생적인 취급에 관한 기준에 대한 설명으로 틀린 것은?

① 식품 등의 제조, 가공, 조리에 직접 사용되는 기계, 기구 및 음식기는 사용후에 세척, 살균하는 등 항상 청결하게 유지, 관리하여야 한다.
② 어류, 육류, 채소류를 취급하는 칼, 도마는 각각 구분하여 사용하여야 한다.
③ 제조, 가공하여 최소판매 단위로 포장된 식품을 허가 받지 아니하고 포장을 뜯어 분할하여 판매하여서는 아니 되나, 컵라면 등 그 밖의 음식류에 뜨거운 물을 부어 주기 위하여 분할하는 경우는 가능하다.
④ 식품 등의 원료 및 제품 등은 모두 냉동, 냉장시설에 보관, 관리하여야 한다.

답 ④

✏️ **암기 노트**

> 📁 **수박선생**
> - 식품제조검사기록서는 2년은 보관해야 한다.
> - 문서는 조사 시 원인파악이나, 소송 시 근거자료로 필요하다.
> - 소송 걸리면 1년은 휙 지나간다. 그런데 1년 지났다고 문서를 파기한다면 중요한 판단 자료가 없어져 난감하게 된다. 그래서 최소 2년은 자료를 보관하고 있어야 조사관이 기록문서를 찾는데 용이하다.

15

식품 등을 제조, 가공하는 영업을 하는 자가 제조, 가공하는 식품 등이 식품위생법 규정에 의한 기준, 규격에 적합한지 여부를 검사한 기록서를 보관해야 하는 기간은?

① 6개월
② 1년
③ 2년
④ 3년

답 ③

✏️ **암기 노트**

> 📁 **수박선생**
> **탄수화물의 구성요소에 대해 알아보자.**
> - 탄수화물의 구성요소는 탄소, 산소, 수소, 줄여서 탄산수이다.
> - 탄수화물의 대표적인 식품이 쌀과 밀이다.
> - 탄수화물만 먹으면 목 메인다.
> - 탄수화물은 탄산수와 함께 먹어야 속 시원히 내려간다.
> - 탄수화물 – 탄(탄소), 산(산소), 수(수소)
> - 요즘엔 건강을 위해 탄수화물은 자제하고 단백질을 많이 먹자는 추세다.
> - 다시 말해서 양보단 질이라는 이야기다.
> - 단백질 – 질(질소)
> - 단백질의 구성요소에는 양보다는 질, 질소가 추가된다.

16

탄수화물의 구성요소가 아닌 것은?

① 탄소
② 질소
③ 산소
④ 수소

답 ②

✏️ **암기 노트**

> 📁 **수박선생**
> **라이코펜에 대해 알아보자.**
> - 피노키오는 거짓말하면 코가 쑥 자라난다. "산불이다" 산불을 끄러 사람들이 몰려간다.
>   거짓말을 한 피노키오의 코가 쭉 늘어나 있다.
>   동네 사람들이 코를 한대식 때려 주고 가니 붉게 되었다.
> - 산불 끄러(산화방지제) - 거짓말 코를 때려 (라이코펜) - 코가 (붉은 색)
> - 라이코펜은 붉은색이다.

17

라이코펜은 무슨 색이며, 어떤 식품에 많이 들어있는가?

① 붉은색 - 당근, 호박, 살구
② 붉은색 - 토마토, 수박, 감
③ 노란색 - 옥수수, 고추, 감
④ 노란색 - 새우, 녹차, 노른자

답 ②

✏️ **암기 노트**

> 📁 **수박선생**
> - 알칼리 식품의 성분은 나트륨, 칼슘, 칼륨, 마그네슘이다.
> - 이름으로 알 수 있듯이 알칼리는 이름의 끝 자가 윰자 돌림을 쓰는 형제들이다.

18

알칼리성 식품의 성분에 해당하는 것은?

① 유즙의 칼슘(Ca)
② 생선의 황(S)
③ 곡류의 염소(Cl)
④ 육류의 인(P)

답 ①

✏️ **암기 노트**

> 📁 **수박선생**
>
> **식품의 구성 영양소에 대해 알아보자.**
> - 동물 즉 육류와 어류는 영양소에 단백질은 기본적으로 들어가야 한다.
> - 동물은 기본적으로 단백질 합성체 이기 때문이다.

19

함유된 주요 영양소가 잘못 짝지어진 것은?

① 북어포 : 당질, 지방
② 우유 : 칼슘, 단백질
③ 두유 : 지방, 단백질
④ 밀가루 : 당질, 단백질

답 ①

✏️ **암기 노트**

> 📁 **수박선생**
>
> **단당류와 이당류에 대해 알아보자.**
> - 단당류에는 포도당, 갈락토오스, 과당이 있다.
>   술꾼이 술을 마시면 술이 달다고 한다. 특히 과실주는 마실 때는 좋으나 취함이 오래 간다.
>   술이 달당, 포도주 마시고 가다 토하고 꽈당 쓰러지다.
>   달당(단당류) - 포도주(포도당), 가다토하고 (갈락토오스), 꽈당(과당)
>   단당류는 포도당, 갈락토오스, 과당이다.
>   술이 달아 포도주 먹고 가다 토하고 꽈당
> - 이당류에는 자당, 유당, 엿당이 있다.
>   옛날 자유당 때 국회의원의 설탕 사재기 비리가 심했다고 한다.
>   그래서 이당 하는 다시 말해 탈당하는 사람들이 자유당 엿당이라며 비난하며 떠났다 한다.
>   이당(이당류) - 자(자당), 유(유당), 엿(엿당)
> - 자당은 설탕이다.

20

이당류인 것은?

① 설탕(sucrose)
② 전분(starch)
③ 과당(fructose)
④ 갈락토오스(galactose)

답 ①

✏️ **암기 노트**

> 📁 **수박선생**
>
> **훈연에 대해 알아보자.**
> - 훈연을 하면 풍미와 보전성이 향상된다.
> - 훈연으로 보전성 향상에 관여하는 물질은 페놀류다.
> - 연기 중의 페놀성분은 잡균들을 패서 눌러준다고 알려져 있다.
> - 잡균들을 패서 누른다고 패눌, 영어식 발음으로 페놀
> - 잡균들이 죽어 나가니 보전성이 좋아진다.

21

훈연 시 육류의 보전성과 풍미 향상에 가장 많이 관여하는 것은?

① 유기산
② 숯성분
③ 탄소
④ 페놀류

답 ④

✏️ **암기 노트**

> 📁 **수박선생**
>
> **사후경직에 대해 알아보자.**
> - 동물이 도축된 후는 사후(죽은 후)와 같은 말이다.
> - 동물은 죽으면 근육이 경직되면서 딱딱해진다.

22

동물이 도축된 후 화학변화가 일어나 근육이 긴장되어 굳어지는 현상은?

① 사후경직
② 자기소화
③ 산화
④ 팽화

답 ①

✏️ **암기 노트**

> 📁 **수박선생**
> - 기능사 문제 중 5문제 정도는 초고난이도 문제가 나온다.
> - 100점자가 많이 나오면 문제가 쉬웠다며 지난 시험에서 떨어진 수험생들로부터 형평성 논란이 생길 수 있기 때문이다.
> - 조리기능사 시험에서 화학구조를 알아야 할 필요는 없는데 출제되었다면 이런 의도이다…
> - 자동차 포르쉐는 말이 로고이다. 한자로 말 마자를 기억해주자.
> - 포르쉐(포르피린) - 말(마그네슘)

23

클로로필(chlorophyll) 색소의 포르피린 고리에 결합되어 있는 이온은?

① Cu^{2+}
② Mg^{2+}
③ Fe^{2+}
④ Na^+

📌 ②

✏️ **암기 노트**

> 📁 **수박선생**
> **생선과 쇠고기의 육질 차이를 주는 성분에 대해 알아보자.**
> - 콜라겐은 피부를 탱탱하게 만들어 주는 걸로 알려져 있다.
> - 돼지껍데기에 많이 있다고 여성 분들이 자주 찾기도 한다.
> - 콜라겐이 많으면 육질이 더 탱탱하기에 더 질기다.
> - 생선은 육류보다 콜라겐이 적어 좀 더 연한 것이다.

24

생선 육질이 쇠고기 육질보다 연한 것은 주로 어떤 성분의 차이에 의한 것인가?

① 글리코겐(glycogen)
② 헤모글로빈(hemoglobin)
③ 포도당(glucose)
④ 콜라겐(collagen)

📌 ④

✏️ **암기 노트**

> 📁 **수박선생**
>
> 단백질 변성에 대해 알아보자.
> - 단백질이 변성된다는 이야기는 보통 소멸되는 과정으로 잘게 분할 된다는 이야기다.
> - 잘게 분할 되면 소화가 잘 된다.

25

식품의 단백질이 변성되었을 때 나타나는 현상이 아닌 것은?

① 소화효소의 작용을 받기 어려워진다.
② 용해도가 감소한다.
③ 점도가 증가한다.
④ 폴리펩티드(polypeptide) 사슬이 풀어진다.

답 ①

✏️ **암기 노트**

26

고구마 100g이 72kcal의 열량을 낼 때, 고구마 350g은 얼마의 열량을 공급하는가?

① 234kcal
② 252kcal
③ 324kcal
④ 384kcal

> 📝 **수박선생**
>
> 고구마 100g : 열량 72 = 고구마 350g : 열량?
> 열량? = 72 × 350 ÷ 100 = 252

답 ②

✏️ **암기 노트**

📁 **수박선생**

우유단백질 응고 효소에 대해 알아보자.
- 단백질 응고 효소는 렌닌, 단백질 분해 효소는 프로타아제이다.
- 구 소련은 고기와 같은 단백질을 좋아해서 사냥을 많이 했다고 한다.
  현재 러시아 대통령인 푸틴도 호랑이를 사냥해 동물보호운동가로부터 비난을 받았다.
  공산주의자 레닌은 철통정치로 단결하자 강조했고 프로레타리아 혁명을 통해 자본주의를 붕괴하자고 했다.
- 소련 단백질, 레닌(렌닌)-철통단결(응고), 프로레타리아(프로테아제)-자본주의붕괴(분해)
- 단백질의 응고는 렌닌, 단백질의 분해는 프로테아제와 관련 있다.

27

치즈제조에 사용되는 우유단백질을 응고시키는 효소는?

① 프로테아제(protease)
② 렌닌(rennin)
③ 아밀라아제(amylase)
④ 말타아제(maltase)

답 ②

✏️ **암기 노트**

📁 **수박선생**

쌀의 도정에 대해 알아보자.
- 도정이란 쌀의 외부 표면을 깍아내는 작업이다.
- 거친 표면을 깍아 낼수록 빛깔은 투명하니 좋아진다.
- 깍아 낸 만큼 익히는 시간이 줄어드니 조리시간이 줄어든다.
- 거친 부분도 제거했으니 소화도 잘 된다. 하지만 껍질에 영양이 많다는 이야기는 들어 보았듯이 껍질을 깍아내면 영양분은 감소한다.

28

쌀의 도정도가 증가할 때 나타나는 현상은?

① 빛깔이 좋아진다.
② 조리시간이 증가한다.
③ 소화율이 낮아진다.
④ 영양분이 증가한다.

답 ①

✏️ **암기 노트**

> 📁 **수박선생**
>
> **비타민에 대해 알아보자.**
> - 카로틴은 비타민A이다.
>   슈퍼카로 십대 그랑프리 석권한 선수를 에이스라 부른다.
>   카로 십대(**카로틴**) - 에이스(**A**)
> - 비타민E는 토코페롤이라 한다.
>   E는 엉덩이 모습을 닮았다. 똥꼬
>   E - 똥꼬(**토코페롤**)
> - 비타민B₁₂는 코발트를 함유한다…
>   베이비크림은 코, 발이 틀 때 발라 주면 좋아
>   베이비(**B₁₂**) - 코, 발이 틀 때(**코발트**)
> - 비타민C 결핍 시 괴혈병이 생긴다.
>   성적표에서 C가 없다는 것은 A, B가 많다는 것이다.
>   이런 학생들 별명이 보통 괴물이다. 얼마나 코피 쏟으며 공부했을까?
>   C 결핍 - 괴물 코피(**괴혈병**)

29

비타민에 대한 설명 중 <u>틀린</u> 것은?

① 카로틴은 프로비타민 A이다.
② 비타민 E는 토코페롤이라고도 한다.
③ 비타민 B₁₂는 망간(Mn)을 함유한다.
④ 비타민 C가 결핍되면 괴혈병이 발생한다.

답 ③

✏️ **암기 노트**

> 📁 **수박선생**
>
> **점탄성을 위한 첨가제에 대해 알아보자.**
> - 전을 부칠 때 전분을 묻히는 것은 점탄성(**점도와 탄성**)을 위한 것이다.
> - 생선묵도 전분을 바르지 않으면 살이 흐트러져 버린다.
> - 전분은 일종의 먹을 수 있는 접착제로서의 역할을 한다.

30

생선묵의 점탄성을 부여하기 위해 첨가하는 물질은?

① 소금
② 전분
③ 설탕
④ 술

답 ②

✏️ **암기 노트**

> 📁 **수박선생**
> **육류조리에 대해 알아보자.**
> - 목심은 질기기 때문에 수분을 더 빼는 건열 조리보다 수증기로 익히는 습열 조리가 적당하다.
> - 안심으로 국 끓여 먹은 적 있는가? 대부분 스테이크로 구워 먹는다.
> - 고기 맛을 좋게 하려면 물에 적은 시간 담그고, 국물 맛이 좋게 하려면 오랜 시간 담근다. 따라서 편육 고기 맛을 좋게 하려면 냉수 때부터 고기를 넣지 않고 물이 끓었을 때 고기를 넣고, 국물 요리에선 찬물일 때부터 고기를 넣어 끓여야 한다.

31

육류조리에 대한 설명으로 맞는 것은?

① 목심, 양지, 사태는 건열 조리에 적당하다.
② 안심, 등심, 염통, 콩팥은 습열 조리에 적당하다.
③ 편육은 고기를 냉수에서 끓이기 시작한다.
④ 탕류는 고기를 찬물에 넣고 끓이며, 끓기 시작하면 약한 불에서 끓인다.

답 ④

✏️ **암기 노트**

> 📁 **수박선생**
> 주방에서 증기를 빼내는 환기 기계를 후드라고 부른다.

32

냄새나 증기를 배출시키기 위한 환기시설은?

① 트랩
② 트랜치
③ 후드
④ 컨베이어

답 ③

✏️ **암기 노트**

33

시금치나물을 조리할 때 1인당 80g이 필요하다면, 식수인원 1,500명에 적합한 시금치 발주량은?(단, 시금치 폐기율은 5%이다.)

① 100kg
② 122kg
③ 127kg
④ 132kg

> 📝 **수박선생**
> 80g×1500명÷(100-폐기율 5)
> =126,315g =약 127kg

답 ③

✏️ **암기 노트**

> 📂 **수박선생**
> - 근육의 주요 구성원은 단백질이다.
> - 근육맨들이 단백질 보충제를 먹는 이유이기도 하다.

34

신체의 근육이나 혈액을 합성하는 구성영양소는?

① 단백질
② 무기질
③ 물
④ 비타민

답 ①

✏️ **암기 노트**

> 📁 **수박선생**
> - 기능사 시험 중 5문제 정도는 초고난이도 문제가 출제된다.
> - 화학 구조나 화학식에 관련된 문제가 해당된다.
> - 맞추려 많은 시간 고민하지 말고, 모르는 문제라면 과감히 찍고 다음 문제에 집중하자.
> - 보기를 보면 2의 배수로 증가한다는 걸 알 수 있다.
> - 부제탄소원자가 3개가 존재하면 2를 3번 곱한다 생각 하자. 2×2×2=8

35

단당류에서 부제탄소원자가 3개 존재하면 이론적인 입체 이성체 수는?

① 2개
② 4개
③ 6개
④ 8개

답 ④

✏️ **암기 노트**

> 📁 **수박선생**
> **전분의 호화와 점성에 대해 알아보자.**
> - 소금과 산은 전분을 탱탱하게 해주는 효과가 있어 호화와 점도를 늦춰 준다.
> - 서류는 덩굴이나 뿌리를 먹는 식자재다.
> - 햇빛 받으며 온화한 곳에서 자란 곡류보다 척박한 곳에서 자란 덩굴 뿌리는 거칠기 때문에 높은 온도에서 조리해야 하기에 호화 온도가 높다.

36

전분의 호화와 점성에 대한 설명 중 옳은 것은?

① 곡류는 서류보다 호화온도가 낮다.
② 전분의 입자가 클수록 빨리 호화 된다.
③ 소금은 전분의 호화와 점도를 촉진시킨다.
④ 산 첨가는 가수분해를 일으켜 호화를 촉진시킨다.

답 ②

✏️ **암기 노트**

> 📁 **수박선생**
> 매쉬드 포테이토 감자에 적당한 감자에 대해 알아보자.
> - 점성이 없고 보슬보슬해야 한다는 것은 충분히 숙성된 감자이어야 한다.
> - 충분히 숙성이 안된 감자는 끈적끈적한 점성이 많다.

37

점성이 없고 보슬보슬한 매쉬드 포테이토(mashed popato)용 감자로 가장 알맞은 것은?

① 충분히 숙성한 분질의 감자
② 전분의 숙성이 불충분한 수확 직후의 햇감자
③ 소금 1컵 : 물 11컵의 소금물에서 표면에 뜨는 감자
④ 10℃ 이하의 찬 곳에 저장한 감자

답 ①

✏ **암기 노트**

> 📁 **수박선생**
> 김치의 물러짐 방지법에 대해 알아보자.
> - 김치 국물은 산성이 강해서 김치를 김치 국물에 푹 담가 두면 물러지지 않는다.
> - 반대로 김치가 국물 위로 노출되면 물러지게 된다.
> - 배추와 무를 충분히 씻는 것과 물러짐과는 관계가 없다.

38

김치를 담근 배추와 무가 물러졌을 때 그 원인에 해당하지 <u>않는</u> 것은?

① 김치 담글 때 배추와 무를 충분히 씻지 않았다.
② 김치 국물이 적어 국물 위로 김치가 노출되었다.
③ 김치를 꺼낼 때마다 꾹꾹 눌러 놓지 않았다.
④ 김치 숙성의 적기가 경과되었다.

답 ①

✏ **암기 노트**

> 📁 **수박선생**
> **난백의 기포성에 대해 알아보자.**
> - 난백은 계란의 흰자를 말하며 기포는 거품을 말한다.
> - 부동산이든 뭐든 오래 묵히면 거품이 발생한다.
> - 신선한 달걀 보다 좀 묵힌 달걀이 거품이 더 잘 발생한다.
> - 수양난백은 흰자가 물처럼 투명한 것이 많은 것, 농후난백은 흰자가 백색이 짙은 것
> - 흰자는 노른자(병아리)에게 영양분을 공급하는 영양소이다,
> - 시간이 지남에 따라 흰자는 투명해 진다.
> - 냉장고에서 싱싱하게 보관된 것보다 실온에서 더 빨리 노화된다.
> - 거품이 잘 발생하는 것은 오래된 것을 찾으면 된다.

39

난백의 기포성에 관한 설명으로 옳은 것은?

① 신선한 달걀의 난백이 기포형성이 잘된다.
② 수양난백이 농후난백보다 기포형성이 잘된다.
③ 난백거품을 낼 때 다량의 설탕을 넣으면 기포형성이 잘된다.
④ 실온에 둔 것보다 냉장고에서 꺼낸 난백의 기포 형성이 쉽다.

답 ②

✏️ **암기 노트**

> 📁 **수박선생**
> **식품 감별법에 대해 알아보자.**
> - 송이는 봉오리가 작아야 한다. 오래될수록 봉오리가 커져 상품가치가 떨어진다.
> - 달걀이 헷갈릴 수 있는데 신선한 달걀은 표면이 거칠고 광택이 없다.
> - 못 생긴 것이 맛이 좋다고 달걀에게 딱 맞는 말이다. 하지만 사람들이 깨끗하고 반질반질한 것을 선호하고 있기에 표면을 닦는 작업을 한다고 한다. 표면을 닦아 안 좋은 점은 계란 껍질의 모공이 커져 보다 빨리 노화된다.

40

식품의 감별법 중 <u>틀린</u> 것은?

① 감자 - 병충해, 발아, 외상, 부패 등이 없는 것
② 송이버섯 - 봉오리가 크고 줄기가 부드러운 것
③ 생과일 - 성숙하고 신선하며 청결한 것
④ 달걀 - 표면이 거칠고 광택이 없는 것

답 ②

✏️ **암기 노트**

> 📁 **수박선생**
> 버터는 소의 젖 즉 우유로 만들기 때문에 동물성이다.

41

식물성 유지가 아닌 것은?

① 올리브유
② 면실유
③ 피마자유
④ 버터

답 ④

✏️ **암기 노트**

> 📁 **수박선생**
> - 슬라이서는 얇게 채를 낼 때 쓰는 도구이다.
> - 믹서는 흔히 재료를 분쇄할 때 쓰는 도구로 아는데 영어의 원 뜻은 혼합기라는 점을 기억하자.

42

조리기기 및 기구와 그 용도의 연결이 틀린 것은?

① 필러(peeler) : 채소의 껍질 벗길 때
② 믹서(mixer) : 재료를 혼합할 때
③ 슬라이서(clicer) : 채소를 다질 때
④ 육류파우더(meat pounder) : 육류를 연화시킬 때

답 ③

✏️ **암기 노트**

> 📁 **수박선생**
>
> **커피의 성분에 대해 알아보자.**
> - 커피하면 카페인이다. 카페인은 중독성이 있을 만큼 자극성을 띤다.
> - 쓴 맛은 다들 싫어하는 맛이지만 커피의 쓴 맛을 즐기는 건 자극성이 있기 때문이다.

43

알칼로이드성 물질로 커피의 자극성을 나타내고 쓴맛에도 영향을 미치는 성분은?

① 주석산(tartaric acid)
② 카페인(caffein)
③ 탄닌(tannin)
④ 개미산(formic acid)

답 ②

✏️ **암기 노트**

> 📁 **수박선생**
>
> **전분으로 만드는 음식에 대해 알아보자.**
> - 전분은 감자가루를 의미한다.
> - 도토리묵은 묵을 만들 때 도토리가루에다 쫀득한 점성을 위해 전분을 추가한다.
> - 크림스프, 죽도 마찬가지로 걸죽한 점성을 위해 전분을 추가한다.
> - 두부는 콩만으로 만든다.

44

전분을 주재료로 이용하여 만든 음식이 아닌 것은?

① 도토리묵
② 크림스프
③ 두부
④ 죽

답 ③

✏️ **암기 노트**

> 📁 **수박선생**
>
> **에너지(열) 전달에 대해 알아보자.**
> - 복사는 공기중 직접 열이 전달되는 방식이다.
> - 전도는 고체를 통해 열이 전달되는 방식, 냄비를 구매할 때 열전도율을 따지는 이유이다.
> - 대류는 물을 통해 열이 전달되는 방식, 수란 같은 중탕가열과 같다. 따라서 열 전달 속도는 복사가 제일 빠르다.

45

에너지 전달에 대한 설명으로 틀린 것은?

① 물체가 열원에 직접적으로 접촉됨으로써 가열되는 것을 전도라고 한다.
② 대류에 의한 열의 전달은 매개체를 통해서 일어난다.
③ 대부분의 음식은 전도, 대류, 복사 등의 복합적 방법에 의해 에너지가 전달되어 조리된다.
④ 열의 전달 속도는 대류가 가장 빨라 복사, 전도보다 효율적이다.

답 ④

✏️ **암기 노트**

> 📁 **수박선생**
>
> **냉동육류를 해동 시키는 방법에 대해 알아보자.**
> - 고기는 온도차이가 심하면 조직이 파괴된다.
> - 영화에서 악당을 급속하게 얼린 후 깨 부수는 장면을 본 적이 있을 것이다. 따라서 영양소 파괴를 적게 하려면, 온도차이를 최소로 해야 하기에 냉동고에서 냉장고로 옮겨 해동해야 한다.

46

냉동 육류를 해동 시키는 방법 중 영양소 파괴가 가장 적은 것은?

① 실온에서 해동한다.
② 40℃의 미지근한 물에 담근다.
③ 냉장고에서 해동한다.
④ 비닐봉지에 싸서 물속에 담근다.

답 ③

✏️ **암기 노트**

> 📁 **수박선생**
> 쌀과 연관 비타민을 알아보자.
> - 쌀은 어디에서 나오는가? 벼에서 나온다.
> - 왠지 발음상 B와 닮았다. 쌀에는 비타민 B가 있다.
> - 쌀을 지나치게 씻으면 비타민B_1이 손실된다.

47

쌀을 지나치게 문질러서 씻을 때 가장 손실이 큰 비타민은?

① 비타민 A
② 비타민 B_1
③ 비타민 D
④ 비타민 E

답 ②

✏️ **암기 노트**

> 📁 **수박선생**
> 단체급식에서는 대량구입이 필요하므로 제철식품을 사야 단가가 절감된다.

48

단체급식의 문제점이 아닌 것은?

① 영양가의 산출 오류나 조리 기술의 부족은 영양저하를 일으킬 수 있다.
② 식중독 및 유독물질이나 세균의 혼입으로 위생사고가 발생할 수 있다.
③ 짧은 시간 내에 다량의 음식을 준비하므로 다양한 음식의 개발이 어렵다.
④ 국가의 식량정책에 협조하여 식단을 작성하므로 제철식품의 사용이 어렵다.

답 ④

✏️ **암기 노트**

> 📁 수박선생
>
> **생선 조리 방법에 대해 알아보자.**
> - 국물 맛을 좋게 하려면 물에 오래 담가야 하므로 찬물에서부터 넣고 끓여야 한다. 그런데 생선은 찬물에서부터 넣고 끓이면 국물 맛은 좋을지 몰라도 육질이 약해 너무 쉽게 살들이 부서져 어죽처럼 국이 지저분해 지기에 물이 끓은 후 생선을 넣어야 한다.
> - 어취제거를 위한 생강은 나중에 넣어야 한다.

49

생선조리 방법으로 적합하지 않은 것은?

① 탕을 끓일 경우 국물을 먼저 끓인 후에 생선을 넣는다.
② 생강은 처음부터 넣어야 어취 제거에 효과적이다.
③ 생선조림은 양념장을 끓이다가 생선을 넣는다.
④ 생선 표면을 물로 씻으면 어취가 감소된다.

답 ②

✏️ **암기 노트**

> 📁 수박선생
>
> **육류의 사후강직에 대해 알아보자.**
> - 육류가 죽을 때는 억 하며 피토하고 죽으면서 가축으로 태어나게 한 신을 미워한다고 한다.
> - 육류 죽을 때(사후강직), 억! 토하고, 미워신(액토미오신)
> - 사후강직과 관련된 건 액토미오신이다.

50

육류의 사후강직과 숙성에 대한 설명으로 틀린 것은?

① 사후강직은 근섬유가 미오글로빈(myoglobin)을 형성하여 근육이 수축되는 상태이다.
② 도살 후 글리코겐이 혐기적 상태에서 젖산을 생성하여 pH가 저하된다.
③ 사후강직 시기에는 보수성이 저하되고 육즙이 많이 유출된다.
④ 자가분해효소인 카텝신(cathepsin)에 의해 연해지고 맛이 좋아진다.

답 ①

✏️ **암기 노트**

> 📁 **수박선생**
> 감염병 전파의 근원을 근원 원이라는 말이 들어간 감염원이라 한다.

51

감염병의 병원체를 내포하고 있어 감수성 숙주에게 병원체를 전파시킬 수 있는 근원이 되는 모든 것을 의미하는 용어는?

① 감염경로
② 병원소
③ 감염원
④ 미생물

답 ③

✏️ **암기 노트**

> 📁 **수박선생**
> **식품과 기생충에 대해 알아보자.**
> - 소고기 무국(무구조충) : 소고기 - 무구조충
>   돼유? 안돼유? 돼지유 : 돼지 - 유구조충
>   이장이 밭을 지나다 똥을 밟았다.
>   십(욕이다) 이지(이곳 밭에) 장(똥장) 눈 사람 누구야?
> - 십이지장충은 밭에 거름으로 준 똥에 있던 기생충이 상처 난 피부로 침투한다.

52

채소류로부터 감염되는 기생충은?

① 동양모양선충, 편충
② 회충, 무구조충
③ 십이지장충, 선모충
④ 요충, 유구조충

답 ①

✏️ **암기 노트**

> 📁 **수박선생**
> 모기와 연관된 감염병을 알아보자.
> - 모기와 관련된 감염병은 말라리아다.
> - 모기는 피를 쪽쪽 빨아 피를 말려버리리라 하고 각오를 다진다고 한다.
> - 모기 피를 말려버리리라(말라리아)

53

모기에 의해 전파되는 감염병은?

① 콜레라
② 장티푸스
③ 말라리아
④ 결핵

답 ③

✏️ **암기 노트**

> 📁 **수박선생**
> 광화학적 오염물질에 대해 알아보자.
> - 광화학적 오염물질에는 오존, 케톤, 알히드 등이 있다.
> - 탄화수소 자체는 광화학적 오염물질이 아니다. 다만 탄화수소의 대표적인 물질인 석유와 천연가스처럼 오염물질은 아니지만 사용되면서 오염물질이 생성되는 것이다.

54

광화학적 오염물질에 해당하지 <u>않는</u> 것은?

① 오존
② 케톤
③ 알히드
④ 탄화수소

답 ④

✏️ **암기 노트**

> 📁 **수박선생**
> 소음의 크기 표시는 데시벨이고 음의 크기 단위는 폰이다.

55

소음에 있어서 음의 크기를 측정하는 단위는?

① 데시벨(dB)
② 폰(phon)
③ 실(SIL)
④ 주파수(Hz)

답 ②

✏️ **암기 노트**

> 📁 **수박선생**
> 면역 구분법에 대해 알아보자.
> - 어머니가 수유를 통해 아기가 면역을 형성하는 것은 자연수동면역이라 한다.
> - 모유를 공장에서 만들었나요? 자연적으로 만들어지죠? 자연
> - 아기가 스스로 젖을 먹을 수 있나요? 어머니가 젖을 주어야 먹을 수 있죠? 수동
> - 모유 면역은 자연수동면역이다.

56

모체로부터 태반이나 수유를 통해 얻어지는 면역은?

① 자연능동면역
② 인공능동면역
③ 자연수동면역
④ 인공수동면역

답 ③

✏️ **암기 노트**

> 📁 **수박선생**
>
> **해충과 관련 질병을 알아보자.**
> - 모기 피 쪽쪽 빨아 피 말리리라(말라리아)
> - 이, 벼룩 이나 벼룩이 될 때 외치는 구호가 (발진)이라고 한다.
> - 진드기 진드기 그만 붙어, 쯧쯧, 가자 무시해(쯔쯔가무시)

57

질병을 매개하는 위생해충과 그 질병의 연결이 틀린 것은?

① 모기 - 사상충증, 말라리아
② 파리 - 장티푸스, 발진티푸스
③ 진드기 - 유행성출혈열, 쯔쯔가무시증
④ 벼룩 - 페스트, 발진열

답 ②

✏️ **암기 노트**

> 📁 **수박선생**
>
> **군집독에 대해 알아보자.**
> 한 곳에 많은 사람을 군집해 놓으면 청국장 먹고 온 사람, 생선 먹고 온 사람, 삼겹살 먹고 온 사람 등 뒤 섞여 공기중 이화학적 조성으로 인해 불쾌한 실내 공기 냄새가 불쾌감, 구토, 현기증을 유발한다.

58

다수인이 밀집한 실내 공기가 물리, 화학적 조성의 변화로 불쾌감, 두통, 권태, 현기증 등을 일으키는 것은?

① 자연독
② 진균독
③ 산소중독
④ 군집독

답 ④

✏️ **암기 노트**

> 📁 **수박선생**
>
> **온열요소를 알아보자.**
> - 온열요소란 말은 사람에 의해 정의되었기에 사람이 느낄 수 있는 것이 주요 요소가 된다.
> - 사람은 온도, 습도, 바람은 느끼지만 기압은 쉽게 느끼지 못한다.
> - 일반인들은 오늘 기압이 센지 아닌지 궁금해하지 않기 때문에 기압은 온열요소가 아니다.

59

온열요소가 <u>아닌</u> 것은?

① 기온
② 기습
③ 기류
④ 기압

답 ④

✏️ **암기 노트**

> 📁 **수박선생**
>
> **공중보건에 대해 알아보자.**
> - 자주 출제되는데 출제 의도는 공중보건에 치료목적이 포함되어 있는지 아닌지를 물어본다.
> - 공중보건이라 해서 보건소를 떠올리면 헷갈릴 수 있다.
> - 개인의 질병 치료는 의료인의 역할이지 공중보건의 역할이 아니다.
> - 만약 조리기능사에서 다루는 공중보건에 치료목적이 포함되어 있다고 한다면 의료업계와 식음업계 간 밥그릇 싸움이 시작될 것이다.

60

공중보건에 대한 설명으로 <u>틀린</u> 것은?

① 목적은 질병예방, 수명연장, 정신적, 신체적 효율의 증진이다.
② 공중보건의 최소단위는 지역사회이다.
③ 환경위생 향상, 감염병 관리 등이 포함된다.
④ 주요 사업대상은 개인의 질병치료이다.

답 ④

✏️ **암기 노트**

조리기능사 한식 양식 중식 일식 복어
필기 단기합격을 위한 재미있는 기출문제 암기비법서

발행일 2021년 12월 30일		**발행인** 조순자	
편저자 수박선생		**편집·표지디자인** 홍현애	
발행처 지식오름		**주 소** 경기도 파주시 산남로 11 -11, 가동(산남동)	
전 화 070-7445-4351		**팩 스** 031-942-1152	

※ 낙장이나 파본은 교환해 드립니다.
※ 이 책의 무단 전제 또는 복제행위는 저작권법 제136조에 의거하여 처벌을 받게 됩니다.

정 가 19,000원   **ISBN** 979-11-91292-26-8